PHIA QUANTIUS

Bombenkopf

PHIA QUANTIUS
Mit Sylvie Gühmann

BOMBENKOPF

WIE MIGRÄNE MICH AUSMACHT

Lübbe LIFE

Der Abdruck der Atemübung auf Seite 81/82 aus dem Band *Mein Trainingsbuch Selbstvertrauen. Die Ab-in-den-Müll-Kur für Ihre Ängste* von Erich Kasten erfolgt mit freundlicher Genehmigung von verlag modernes lernen.

Die Bastei Lübbe AG verfolgt eine nachhaltige Buchproduktion. Wir verwenden Papiere aus nachhaltiger Forstwirtschaft und verzichten darauf, Bücher einzeln in Folie zu verpacken. Wir stellen unsere Bücher in Deutschland und Europa (EU) her und arbeiten mit den Druckereien kontinuierlich an einer positiven Ökobilanz.

MIX
Papier | Fördert gute Waldnutzung
FSC® C014496

Originalausgabe

Textredaktion: Dr. Matthias Auer, Bodman-Ludwigshafen
Umschlaggestaltung: © Camille Lezaun | Foto: © Isabel Hayn
Illustrationen Innenteil: © Shutterstock
Einband-/Umschlagmotiv: © Isabel Hayn
Satz: two-up, Düsseldorf
Gesetzt aus der Adobe Text
Druck und Verarbeitung: GGP Media GmbH, Pößneck

Printed in Germany
ISBN 978-3-431-07056-9

5 4 3

Sie finden uns im Internet unter luebbe.de
Bitte beachten Sie auch: lesejury.de

INHALTSVERZEICHNIS

VORWORT

Hi. Mein Name ist Sophia Theresa Quantius, aber für die meisten bin ich Phia. 1998 bin ich als Früh- und Sturzgeburt in einem roten VW Passat in die Welt gerutscht. An der Stelle ein fettes Dankeschön an meine Eltern, die mich nach langem Überlegen doch nicht Passata getauft haben. Das stand tatsächlich kurz zur Debatte, ich möchte nicht darüber reden.

Nachdem ich vor dem Krankenhaus noch im Auto von den Ärzt:innen aus der Latzhose meiner Mutter befreit wurde, begann ich mein friedliches Leben mit damals drei älteren Geschwistern in einem kleinen Dorf in NRW. Mittlerweile besteht meine Familie aus meinen Eltern, meiner Schwester, meinen fünf Brüdern und mir. Wenn ich meine Kindheit mit drei Worten beschreiben müsste, dann wären das folgende: chaotisch, lustig, liebevoll.

Das war sie allerdings nicht nur: Ich arbeite seit meinem 15. Lebensjahr freiberuflich als Model. Entdeckt wurde ich damals in Köln beim Bummeln. Dass es ernsthaft klappen würde, damit hatte ich nicht gerechnet: Ich war damals ein ziemlicher Strich in der Landschaft, was mich in dem Alter nicht gerade selbstsicherer gemacht hat. Während ich also mit der Agentin sprach, wartete ich eigentlich nur darauf, dass Guido Cantz mit seiner versteckten Kamera um die Ecke kommt. Tatsächlich passierte nichts dergleichen. Sie überreichte mir ihre Visitenkarte, und spätestens da wurde mir klar, dass sie es ernst meinte.

Wie du bis hierhin vielleicht gemerkt hast, kam mein Selbstbewusstsein erst mit den Jahren und der Erfahrung als Model.

Ich wurde bei dem Job ins eiskalte Wasser geworfen. Was ich bis zu dem Zeitpunkt nur als glitzernde Welt aus dem Fernsehen kannte, stellte sich ziemlich schnell als nicht nur funkelnd heraus. Kurz gesagt: Als was es nach außen hin vor allem scheint (und was oft auch der Wirklichkeit entspricht), ist gleichzeitig ein knallhartes Business und manchmal auch eine brutale Welt, die nichts mit dem gemein hat, was bei *Germany's Next Topmodel* gezeigt wird. Glücklicherweise ging ich parallel weiter zur Schule, machte mein Abi und blieb mit einem Bein in einer bodenständigen Welt, in der mich Freund:innen und Familie immer wieder auffingen. 2017 hielt ich dann mein Zeugnis in den Händen. Geil, dachte ich mir. Und was jetzt? Ich hatte keine Ahnung, wohin die Reise gehen sollte.

Das klingt jetzt so, als wüsste ich mittlerweile, wo sie hingehen soll, aber wenn ich ganz ehrlich bin, habe ich noch immer keinen blassen Schimmer. Doch das ist ein anderes Thema. Zu meinem Glück hatte meine Agentur damals mehr Plan als ich und schickte mich kurze Zeit später kreuz und quer durch die Weltgeschichte.

Neun Jahre später, siehe da, bin ich immer noch in der Branche. Hin und wieder bin ich zudem ehrenamtlich als Tierschützerin mit einem Verein unterwegs, der sich für Straßenhunde einsetzt. Was absolut logisch ist, weil Hunde die tollsten Wesen auf dieser Welt sind. Zusätzlich mache ich ab und an Kram auf Social Media, wobei ich mich zeige, wie ich bin: Neben Einblicken in meine Arbeit als Model und Telefonaten mit meiner kölschen Oma greife ich auch Themen auf, die mir wichtig sind. Beispielsweise spreche ich über meine Periode und darüber, wie sich PMS (Prämenstruelles Syndrom) jeden Monat bei mir auswirkt (nämlich ätzend). Ich finde es wichtig, in der Öffentlichkeit Dinge zu thematisieren, über die weniger gesprochen wird. Das nimmt ihnen oft ein wenig Wucht und hilft zumindest mir dabei, besser mit ihnen umzugehen. Dass ich so denke, hat vielleicht auch mit der Krankheit zu tun, die mich schon ziemlich lange auf brutale Art und Weise begleitet – und die für die meisten leider unsichtbar ist. Und damit kommen wir auch schon zum eigentlichen Thema dieses Buches:

Meine Migräne, meine Aura und ich

Was sich jetzt nach einer Komödie für die ganze Familie anhört, ist in Wahrheit leider eine relativ beschissene neurologische Erkrankung, die einen Großteil meines Lebens ausmacht. Vielleicht merkst du an dieser Stelle, dass ich die meisten Rückschläge in meinem Alltag mit Humor abschmettere.

Ich komme aus der Nähe von Köllefornia, wie ich vorhin schon angeschnitten habe. Ich bin also ein echtes kölsches Mädel und liebe den Karneval. Dass ich sechsmal im Monat einen in meinem Kopf habe, eher weniger. Ich sage dir ganz ehrlich: Der Karneval am 11.11. hätte mir auch gereicht. Schönen Dank für nichts. Ich bin also nicht nur Model, Enkelin und eine Frau. Ich bin auch Migränikerin mit Aura, seit ich elf Jahre alt bin. Zum jetzigen Zeitpunkt begleitet mich meine Krankheit schon mehr als die Hälfte meines Lebens – und schränkt mich damit fundamental in all meinen Lebensbereichen ein. Klingt scheiße, ist auch scheiße. Allgemein würde ich auch eher sagen, dass Migräne ein riesengroßes Arschloch ist.

Aber wem sag ich das. Du hältst wahrscheinlich dieses Buch in der Hand, weil du entweder auch betroffen bist oder jemanden kennst, der mit dieser Krankheit kämpft. Also weißt du vielleicht schon, wie massiv Migräne die Lebensqualität einschränkt. Doch wenn du nicht zu den oben aufgezählten Personen gehörst, dann wird dir vielleicht spätestens nach diesem Buch klar, dass diese Krankheit die reinste Hölle ist.

Damit kommen wir auch schon zu dem Grund, warum ich dieses Buch überhaupt geschrieben habe. Ich habe mich lange

Zeit mit der Krankheit alleingelassen gefühlt. Ich habe das große Los gezogen, die Einzige in meiner näheren Familie zu sein, von der bekannt ist, dass sie Migräne hat. Mein Umfeld war zwar immer hilfsbereit und verständnisvoll, aber wie wir damit am besten umgehen, wusste keiner von uns. Wirklich darüber gesprochen habe ich auch nicht. Außer natürlich mit Ärzt:innen. Und das ganz schön viel. Gebracht hat das in den meisten Fällen herzlich wenig. Ich rannte von Praxis zu Praxis, ich beschrieb Symptom für Symptom, litt immer weiter und bekam im Gegenzug Spruch für Spruch gedrückt. »Warte einfach, bis du dein erstes Kind bekommen hast, dann ist das alles weg« – den hörte ich übrigens im zarten Alter von elf Jahren. Chillig, dachte ich mir da. Dann warte ich halt noch zwanzig Jahre. Meine Schmerzen sind ja quasi nicht vorhanden. Ich will meinen Kopf bei Anfällen nur aus Spaß gegen die Wand rammen. Ob ich überhaupt Kinder haben möchte, danach hat er natürlich nicht einmal gefragt. Geholfen hat der Spruch jedenfalls nicht – du findest zu dem Thema später ein eigenes Kapitel.

Also saß ich da. Mit elf Jahren und dem gelben Zettel mit der Diagnose Migräne mit Aura darauf. Letzteres habe ich sowieso nicht gerafft. Was bitte soll eine Aura sein? Positiv war die jedenfalls nicht, wie ich schnell feststellen musste. Zusammengefasst: Ich fühlte mich einsam. Ich hätte mir damals nichts mehr gewünscht als irgendeine Art von Unterstützung bei meinem Weg mit der Krankheit. Deshalb möchte ich dir an dieser Stelle schon eine Sache mitgeben, sofern du selbst betroffen bist:

Du bist nicht allein.

Nicht mit der Krankheit und auch damit nicht, mit ihr zu leben. Ich würde gern so viel mit dir darüber teilen, wie ich kann. Einfach, um dir deinen Weg vielleicht ein bisschen zu erleichtern und ein kleines bisschen Last zu nehmen, die du mit dir schleppst.

Denn das ist diese neurologische Erkrankung – Ballast. Migräne ist eine Krankheit, die noch nicht einmal ansatzweise genügend erforscht worden ist. Nicht in ihrem Ausmaß, aber auch nicht in ihren Facetten, die sie eben hat. Und die – was das Leben mit ihr noch schwieriger macht – oft nicht ernst genug genommen wird – weder von der Gesellschaft noch von Expert:innen.

Ich möchte an dieser Stelle ausdrücklich darauf hinweisen, dass mein Buch dir weder zahlreiche Untersuchungen ersetzen kann noch die volle Last nimmt, damit zu leben. Ich bin keine Ärztin. Ich schreibe nicht als Expertin. Ich schreibe als Betroffene. Und vielleicht als deine Freundin und Mutmacherin, wenn du magst.

Denn das ist es, was ich eigentlich möchte:

Mut machen.

Ja, Migräne ist ein Arschloch. Migräne ist beschissen. Aber zusammen finden wir vielleicht einen Weg, wie wir am besten mit ihr umgehen können. Ich habe, und das möchte ich hier auch ausdrücklich betonen, leider kein Heilrezept für dich. Ich wünschte, ich hätte eines! Glaub mir. Dafür kann ich alles teilen, was ich bisher mit der Krankheit erlebt und schon ausprobiert habe. Mir ist wichtig, dass wir alle den Kampf mit der Krankheit nicht aufgeben. Auch ich kämpfe noch täglich mit ihr.

Dennoch möchte ich, dass du alles, was ich hier aufführe, mit deinem Arzt oder deiner Ärztin besprichst. Denn meine Migräne ist nicht deine Migräne. Auch dazu findest du später mehr.

Ansonsten möchte ich meine Plattform, die ich dankenswerterweise habe, dafür nutzen, diese unsichtbare Erkrankung ein bisschen sichtbarer zu machen, um es für uns Migräniker:innen in unserer Gesellschaft leichter zu machen. Wir schlagen uns schon genug mit der Krankheit herum. Es wäre schön, wenn wir nicht zusätzlich auch noch Kraft dafür verschwenden müssten, ernst genommen zu werden. Weil Dinge existieren, auch wenn wir sie nicht sehen. Deshalb schon einmal jetzt ein dickes Dankeschön an dich, solltest du Migräniker:in sein, aber auch an dich, solltest du keine:r sein. Danke, dass du dir die Zeit nimmst, dir meine Geschichte anhörst und Teil davon wirst.

Was jede:r, der oder die mit Erkrankungen zu tun hat, auch weiß: Es betrifft nicht nur die erkrankte Person. Es wirkt sich auf alle Lebensbereiche aus, und es trifft das gesamte Umfeld, weshalb hier meine Familie und mein Freund Malte zu Wort kommen. Und zu guter Letzt: Damit du nicht nur meine Tipps und Tricks als Hobbyärztin liest, findest du in diesem Buch immer wieder Gastbeiträge aus ganz verschiedenen Fachbereichen (Berufsverband Deutscher Psychologinnen und Psychologen, Berufsverband Deutscher Neurologen und Neurologinnen, Bund Deutscher Heilpraktiker und Heilpraktikerinnen). Ich wollte meine sehr persönliche Geschichte gern durch Ausführungen von Expert:innen untermauern, durch die auch ich dazulernen durfte. Freundlich unterstützt wurde ich zusätzlich von Prof. Dr. Hartmut Göbel von der Schmerzklinik Kiel.

Kurz: Du begleitest mich mit diesem Buch durch mein Leben – und auf meinem Weg mit meiner Erkrankung.

Ich habe mich in meinem Leben noch nie so nackt gefühlt wie mit diesem Buch – nicht einmal bei einem Nackt-Shooting. Ich wünsche mir einfach, dass dir meine Geschichte zumindest eine kleine Stütze sein kann. Denn trotz allem, trotz der ganzen Untersuchungen, Sprüche und Zusammenbrüche bin ich mehr als nur meine Migräne. Wir Migräniker:innen sind alle mehr als unsere Krankheit. Und ich hoffe, dass dieses Buch dazu beiträgt, sie besser zu verstehen oder – solltest du betroffen sein – ein bisschen Kraft schenken kann. Und dir dabei hilft, nicht aufzugeben. Auch wenn es schwer ist. Jetzt aber wirklich langer Rede kurzer Sinn: Willkommen in meinem Bombenkopf.

Eure Phia

DIE BOMBE TICKT

Ich war elf Jahre alt, und der Sommer lag in der Luft, als die Bombe in meinem Kopf hochging. Ich ging in die fünfte Klasse, war gerade aufs Gymnasium gekommen und generell ziemlich cool: Ich trug jetzt Schlaghosen, ein Top mit fliederfarbenen Strickjacken – und einen geflochtenen Zopf, den ich mir jeden Morgen in mein damals stiftkurzes blondes Haar klippte. Wie cool das in Wirklichkeit war, kannst du dir jetzt aussuchen.

Meine Mutter brachte mich zum Geburtstag meiner besten Freundin, die nur ein paar Querstraßen entfernt wohnte, als ich zum ersten Mal spürte, dass mit mir etwas nicht stimmte. Es war ein ganz normaler Tag im Juni, und die Sommerferien standen vor der Tür. Ich erinnere mich daran, wie doll ich mich auf die Feier mit meinen Freundinnen gefreut hatte und wie aufgeregt ich gewesen bin. Es war die Zeit, als sich Kindergeburtstage noch wie Weihnachten anfühlten. Egal, ob es der eigene oder der von wem anders war.

Als mir an diesem Tag flau im Magen wurde, ignorierte ich das Gefühl, weil ich es nicht greifen konnte. Ich band mir die Schuhe zu. Mir fehlten noch die Worte für das, was ich fühlte. Wenig zielführend sagte ich: »Meine linke Augenbraue tut weh.« Ich meinte damit ein Stechen, das sich langsam von meinem Nacken über meinen Kopf bis hin zu meiner linken Augenbraue ausbreitete. Meine Mutter reagierte darauf mit einem Satz, den ich von diesem Tag an immer wieder hören sollte: »Du musst mehr trinken!«

Als wir uns auf den Weg machten, stand die Sonne hoch am

Himmel über Much, dem Dorf, aus dem ich komme. Bei meiner besten Freundin angekommen, stopften wir Kinder uns mit Benjamin-Blümchen-Torte voll, bis uns schlecht war. Wenig später brachen wir zur Schnitzeljagd auf. Ich hatte klebrige Hände vom Kuchen und ein bisschen auch vom Schwitzen, immerhin war es Hochsommer und die Luft um uns herum schwül. Wir Kinder waren froh, der Hitze im Wald entfliehen zu können, wo die Eltern meiner Freundin rote Luftballons mit kleinen Hinweisen zwischen den Bäumen versteckt hatten.

Die Suche nach den Ballons fühlte sich unfassbar aufregend an, und wir stießen alle paar Meter Schreie aus, sobald jemand den nächsten Zettel fand. Mir kam das wie eine Ewigkeit vor, wahrscheinlich dauerte die Suche nur eine halbe Stunde. Wir zehn Mädels jubelten wie verrückt im Wald, als wir die Holztruhe mit den Süßigkeiten fanden.

Ich glaube, ich habe an dem Tag angefangen, meine Umgebung anders wahrzunehmen. Ich habe intensiver gesehen. Geräusche hörten sich anders an. *Ich* fühlte mich anders an.

Denn obwohl der Waldboden und das Laub die Geräusche der Landstraße hätten schlucken müssen, fühlte es sich so an, als wäre ich nicht im Wald, sondern neben einer Baustelle mit Presslufthämmern. Immer häufiger rieb ich mir über den Nacken und drückte auf verschiedene Punkte. Ich quetschte Haut zwischen meinen Fingern zusammen, um Gegendruck gegen etwas zu erzeugen, das ich nicht ausmachen konnte. Ich kniff die Augen zusammen, weil ich Flecken und Blitze sah, als hätte ich zu lange in die Sonne geguckt, obwohl ich im Schatten stand.

Vor allem jedoch versuchte ich angestrengt, all das auszublenden und mir vor den anderen nichts anmerken zu lassen. Denn wenn ich eines gar nicht konnte, dann das: mir einzugestehen, dass ich eigentlich nach Hause gehen musste. Auf gar keinen Fall wollte ich einen Kindergeburtstag sausen lassen. Unter meinen Freundinnen war ich die Frechste von allen. Ich war mit Abstand die Lauteste, für meine Oma war ich nur »die wilde Hilde« – ich hatte wirklich nur Quatsch im Kopf. Trotzdem fiel es mir an jenem Tag immer schwerer, so zu tun, als wäre alles okay: Die Bombe in meinem Kopf hatte zu ticken begonnen.

Es fühlte sich so an, als wäre ich nicht mehr ich selbst. Ich war wie ausgewechselt. Jetzt war ich nicht mehr laut. Ich sagte kein Wort. Ich wusste selbst nicht, was mit mir los war. Zurück im Haus trennten meine beste Freundin und ich uns von den anderen. Während der Rest schon nach unten in den Keller stürmte, gingen wir ins Bad, und erst da sprach ich zum ersten Mal aus, wie ich mich fühlte: Mir war kotzübel. Die Stiche hinter meiner Augenbraue schnitten so tief, dass meine Gedanken nicht mehr anders konnten, als darum zu kreisen. Es war fast, als hätte der Schmerz sein eigenes Leben, als wäre er ein Organ mit Puls und als schlüge es im selben Takt wie mein Herz.

Aus dem Keller stiegen die Kinderlieder hoch in den Flur, wo die anderen auf uns warteten. Wir wollten T-Shirts batiken, worauf ich mich schon die ganze Woche gefreut hatte, und ich lehnte mich mit aller Kraft auf. Ich nahm ein paar Stufen auf einmal, hinunter in den Keller, ignorierte, wie meine Knie zitterten, und sog dabei das Färbemittel aus der Luft ein. Der chemische Geruch ätzte in meiner Nase, Schweißperlen liefen über meine Stirn, ich riss meine Augen immer wieder unkontrolliert auf, um nicht das Bewusstsein zu verlieren. Ich muss ausgesehen haben wie ein Reh auf der Fahrbahn, mitten im Scheinwerferlicht.

Ich stützte mich mit einer Hand am Geländer ab und hörte die Stimmen der anderen nur noch verzerrt, wie ein Echo, irgendwer sang »Heute kann es regnen, stürmen oder schneien«, und so fühlte sich das in meinem Kopf auch an, und ich war komplett allein damit. Alles wurde lauter, krasser, der Schmerz aggressiver, bis ich plötzlich nichts mehr sah: Mein Sichtfeld zerplatzte in tausend Einzelteile, mein Herz raste, die Bombe explodierte.

Wenn ich mich heute an den Moment zurückerinnere, in dem

ich zu mir gekommen bin, sehe ich die vielen fremden Köpfe auf mich herabstarren. Ich weiß noch, wie komisch ich damals alle anderen fand. Ich brauchte ein paar Minuten, um zu checken, dass ich es war, die jetzt komisch war – dass mit mir etwas nicht stimmte. Die Erwachsenen schauten mich an, als wäre ich ein Tier im Zoo.

Irgendwer hatte mir eine alte kratzige Wolldecke übergeworfen, kalter Schweiß stand mir auf der Stirn. Meine Beine zitterten, ich konnte meinen linken Arm nicht mehr anheben. Ich hatte keine Kontrolle mehr über mich, mein Körper gehörte mir nicht mehr.

Am Rande bekam ich mit, wie meine Mutter ins Zimmer gestürzt kam. Die Panik stand ihr im Gesicht, aber ich konnte nichts tun, um sie zu beruhigen. Ich konnte mich nicht rühren, nichts sagen, nichts machen. Der Vater meiner Freundin trug mich zum Auto. Ich war nicht mehr in der Lage, eigenständig zu laufen.

Ich nahm an dem Tag mit elf Jahren meine erste Ibu 400. Ich würgte die Tablette herunter, die sich in meinem Mund viel zu groß anfühlte, wie ein Fremdkörper. Ich rang mit meiner Übelkeit und schluckte die Pille mit Wasser runter. Zu Hause angekommen, trug mich mein Vater in mein Zimmer, wo er mich ins Bett brachte. Ich zog die Knie unter meine Brust und versuchte in Embryonalhaltung, die Schmerzen auszuhalten, bis es nicht mehr ging. Ich kotzte in die blaue Backschüssel, die meine Geschwister und ich bekamen, wenn wir krank waren. Irgendwann spuckte ich Magensäure. Ich bemerkte nicht, dass sich meine Eltern im selben Raum aufhielten, so weggetreten war ich. »Vielleicht ein Sonnenstich«, hörte ich meinen Vater irgendwann murmeln, nahm seine Stimme aber nur undeutlich wahr. Ich konnte seit der Ohnmacht nur noch Laute von mir geben, drehte mich ächzend um und schlief ein.

Am nächsten Morgen war es, als wäre nie etwas passiert. Ich war, abgesehen von meiner Schlappheit, wieder gesund. Das dachte ich jedenfalls, und meine Eltern dachten es auch. Wir wussten noch nicht, wie falsch wir damit lagen. Ein paar Ohnmachtsanfälle, Sehstörungen und höllische Kopfschmerzen später bekam ich nach meinem ersten MRT-Termin von einem Mann im weißen Kittel einen Zettel in die Hand gedrückt: »Migräne mit Aura«. Was das bedeuten sollte, wusste ich nicht.

Wenn eine Bombe explodiert, entsteht innerhalb eines Wimpernschlags Wärme von bis zu tausend Grad Celsius. Meine damalige Chemielehrerin hat mal gesagt, die meisten Stoffe dehnten sich bei Hitze aus. Das passiert auch bei Sprengstoffen. Sie nehmen mehr Raum ein, bis es plötzlich zu einer Druckwelle kommt. Zu einer besonders schweren Explosion kommt es, wenn die Druckwelle mit Überschallgeschwindigkeit voranprescht und ein Überdruck entsteht, der sich mit einem Schlag entlädt.

Das Gleiche passiert in meinem Kopf, wenn ich einen Migräneanfall habe. Die Gefäße in meiner Hirnhaut weiten sich aus. Sie nehmen so viel Raum ein, bis sie Nerven stimulieren und Schmerzreize wie Druckwellen weiterleiten. Nur eins unterscheidet meinen Kopf dann noch von einer tickenden Zeitbombe:

Ich weiß nie, wann die nächste hochgeht.

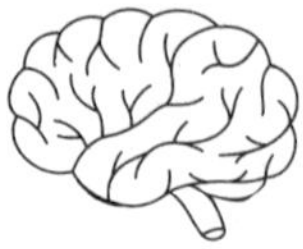

BERUFSVERBAND DEUTSCHER NEUROLOGEN UND NEUROLOGINNEN: NEUROLOGE PROF. DR. GEREON NELLES

Zum Begriff der Migräne gibt es zwei verschiedene Theorien. Erstere vermutet, dass er aus dem Griechischen stammt und sich von *hemikrania* ableitet (hemi = halb, kranion = Schädel). Das würde dazu passen, dass der Migräneschmerz häufig auf nur einer Kopfseite auftritt. Die zweite Theorie führt den Begriff auf das Lateinische und das Wort *migrare* zurück, was so viel wie »umherziehen« oder »wandern« bedeutet, was zur Ausbreitung der Migräne passt. So beginnt die Aura mit einem Kribbeln – beispielsweise – in den Fingerspitzen und breitet sich langsam von dort über den gesamten Arm bis zum Gesicht aus.

Fakt ist vor allem eins: Betroffene sind mit ihrer Erkrankung nicht allein. So zählt die Migräne gemeinsam mit dem Spannungskopfschmerz zur häufigsten Kopfschmerzform. Laut Angaben der renommierten Schmerzklinik Kiel leiden 47 Millionen Erwachsene regelmäßig unter Kopfschmerzen. Bei 25 Millionen Menschen handelt es sich um Spannungskopfschmerz, bei 18 Millionen Betroffenen um Migräne. Zum Vergleich: In den Niederlanden leben insgesamt 17,5 Millionen Menschen – in Deutschland leben also mehr Migräniker:innen, als es dort Einwohner:innen gibt.

Besonders beeinträchtigt werden Betroffene durch eine chronische Migräne: Ein bis zwei Prozent der Bevölkerung – das sind bundesweit 1,66 Millionen Menschen – leiden an mindestens fünfzehn Tagen im Monat unter erheblichem Migräneschmerz, der den gesamten Körper in Mitleidenschaft ziehen kann.

Zwischen dem 20. und dem 50. Lebensjahr tritt die Migräne besonders häufig auf. In dieser Lebensphase sind Frauen bis zu dreimal häufiger betroffen als Männer. Warum das so ist, ist bislang nicht ausreichend geklärt. Dennoch soll ein abweichender Hormonhaushalt, genauer gesagt eine veränderte Östrogen- und Gestagenkonzentration im Blut, eine Rolle dabei spielen. Das erklärt mitunter das häufigere Auftreten bei Frauen.

FAKTEN AUF EINEN BLICK:

Wenn du jetzt auch ein richtiger Vollprofi für Migräne sein möchtest, dann lies dir hier gern noch einmal die Fakten aus dem Jahre 2020, aufgelistet von der Schmerzklinik Kiel, durch:

- Jeden Tag sind in Deutschland 900.000 Menschen betroffen. 100.000 Menschen sind wegen Migräne pro Tag arbeitsunfähig und bettlägerig.
- Repräsentative Studien deuten darauf hin, dass 71 Prozent der Deutschen im Laufe ihres Lebens an Kopfschmerzen leiden.
- Migräne ist die dritthäufigste Erkrankung der Welt (hinter Zahnkaries und Spannungskopfschmerzen) mit einer geschätzten globalen Einjahres-Prävalenz von 14,7 Prozent (etwa eine von sieben Personen).
- Im Alter zwischen 30 und 40 Jahren ist nahezu jede dritte Frau betroffen.
- Migräne betrifft der Statistik und erfassten Zahlen nach dreimal so viele Frauen wie Männer.
- Migräne kommt häufiger als Diabetes, Epilepsie und Asthma zusammen vor.
- Chronische Migräne betrifft etwa 2 Prozent der Weltbevölkerung.
- 8,3 Millionen Deutsche nehmen im Mittel jeden Tag eine Kopfschmerztablette über Selbstmedikation.

- 853 Triptan-Einzeldosen werden im Mittel jeden Tag in Deutschland eingenommen.
- Die Zahl umfasst alle heute bekannten 367 verschiedenen Arten von Kopfschmerzen.
- In Deutschland leben also über 54 Millionen Menschen, die immer wieder Kopfschmerzen ertragen müssen.
- Kopfschmerzen können über lange Spannen des Lebens auftreten, häufig über 40 bis 60 Jahre.
- Sie führen zu einem großen Leidensdruck und zu erheblichen Einschränkungen der Lebensqualität und der Arbeitsfähigkeit.
- Die Weltgesundheitsorganisation listet die Migräne auf Platz 1 der am schwersten behindernden Erkrankungen bis zum 50. Lebensjahr.
- Kopfschmerzerkrankungen sind für mehr als 75 Prozent aller durch neurologische Erkrankungen bedingten Jahre mit Behinderung verantwortlich, einschließlich Schlaganfall, Demenzerkrankungen, M. Parkinson, Multiple Sklerose, Epilepsie.
- Mehr als die Hälfte der Betroffenen erlebt eine schwere Beeinträchtigung durch die Anfälle.
- Migräne beginnt oft in der Pubertät. Am stärksten behindert sie im Alter zwischen 35 und 45 Jahren. Aber auch viele junge Kinder sind betroffen. In den letzten Jahren zeigt sich besonders bei Kindern eine starke Zunahme.
- Es wird geschätzt, dass die deutsche Wirtschaft 32 Millionen Arbeitstage im Jahr durch Migräne verliert.
- Schwere Migräneattacken werden von der Weltgesundheitsorganisation unter die am stärksten behindernden Krankheiten eingestuft, vergleichbar mit Demenz, Querschnittlähmung, bei der alle vier Gliedmaßen, also sowohl Beine als auch Arme, betroffen sind, und aktiver Psychose.
- Migräne und chronische Kopfschmerzen sind zweithäufigster Grund für kurzfristige Arbeitsunfähigkeit.

- Arbeitsunfähigkeit durch Migräne allein kostet 3,1 Milliarden Euro pro Jahr in Deutschland, berechnet auf der Grundlage von 32 Millionen Fehltagen.
- Allein die durch Migräne bedingten Fehltage pro Jahr in Deutschland entsprechen der Jahresarbeitszeit von 185.000 Vollerwerbstätigen mit geschätzten Kosten von 3,5 Milliarden Euro.
- Hinzu kommt der Produktivitätsverlust mit Blick auf nicht bezahlte Arbeit im Haushalt, in der Kindererziehung oder in der Pflege Angehöriger.
- Das Risiko für Depression, Angsterkrankungen und Suizid ist bei Betroffenen bis zu siebenmal höher als bei Gesunden.
- Das Risiko für Kreislauferkrankungen, Herzinfarkt und Schlaganfall ist bis zu zweimal höher als bei gesunden Individuen. Dies trifft besonders auf junge Frauen unter 45 Jahren zu.
- Es ist anzunehmen, dass Migräne eine genetische Grundlage hat. Mittlerweile sind 44 Genvarianten auf 38 Risikogenen für Migräne bekannt.
- Die jährlichen Gesamtkosten der Kopfschmerzen von Betroffenen im Alter von 18 bis 65 Jahren betragen in Europa 173 Milliarden Euro.
- Weniger als 20 Prozent der Betroffenen in Europa werden ärztlich versorgt.
- Weniger als 10 Prozent erhalten eine leitliniengerechte Prävention oder Akuttherapie.
- Weltweit werden im Mittel während des sechsjährigen Medizinstudiums nur ca. zwei Stunden zur Information über Kopfschmerzdiagnose und -behandlung angeboten.
- Eines der häufigsten Gesundheitsprobleme, das mit wissenschaftlich ungesicherten unkonventionellen Therapien behandelt wird, ist Kopfschmerz.

SYMPTOME, VERLAUF, URSACHEN:

Die Migräne ist ein anfallsartiger Kopfschmerz, der unregelmäßig auftritt. Der Schmerz ist pulsierend, pochend oder stechend. Er tritt häufig einseitig an einer Kopfhälfte auf, kann aber auch beidseitig bestehen. Die Attacken können von wenigen Stunden bis zu über drei Tagen andauern. Die Kopfschmerzen werden von Übelkeit, Lärm-, Licht- und Geräuschempfindlichkeit begleitet. Patient:innen haben oftmals während der Attacke ein starkes Ruhebedürfnis und müssen sich in einem dunklen Raum hinlegen.

Als eine wichtige Ursache der Migräneattacke gilt das Ungleichgewicht von Schmerzzentren im Hirnstamm. Zwischen den Blutgefäßen im Gehirn und den Nervenzellen des Gesichtsnervs (Nervus trigeminus), der sich im Hirnstamm befindet, besteht eine wichtige Verflechtung. Feinste Verästelungen des Trigeminus-Nervs durchziehen die Wände aller Blutgefäße im Gehirn. Eine Überaktivität der Nervenzellen im Hirnstamm führt dazu, dass die Blutgefäße erweitert werden und die Gefäßwände für Blutflüssigkeit durchlässig werden. Es kommt zu einer Art Entzündung des Hirngewebes und der Hirnhäute. Diese sogenannte neurogene Entzündung verursacht wiederum Schmerzimpulse, welche ausstrahlen und den Migränekopfschmerz bewirken. Moderne Migränetherapeutika setzen genau hier an.

DIAGNOSE MIGRÄNE:

Ohne einen klaren Namen für die Erkrankung gibt es keine wirksame Behandlung. Die Migräne gehört zu den Krankheiten, die sich häufig ausschließlich auf die Schilderung der Betroffenen stützen. Der neurologische Befund ist außerhalb der Migräneattacke normal. Bis 1988 konnten sich Mediziner:innen noch ihre eigene Definition von Kopfschmerzen zusammenschustern. Erst seitdem gibt es überhaupt eine Klassifikation, die von der Weltgesundheitsorganisation herausgegeben wird.

Trotzdem gibt es andere Erkrankungen, die wir ausschließen müssen – dabei handelt es sich um Differentialdiagnosen, die abgeklärt werden müssen. Zunächst einmal muss geklärt werden, ob der Kopfschmerz tatsächlich der Migräne zuzuschreiben ist und nicht etwa Folge einer anderen Erkrankung ist. Gerade bei einer Attacke, die eine Aura beinhaltet, kann es zu Störungen beim Sprechen kommen. Einige Betroffene geben zudem Schwindel, Gangunsicherheit oder Doppelbilder an. Die Aura dauert in der Regel zwischen 5 und 30 Minuten an. In dieser Zeit kann die Abgrenzung gegenüber einem Schlaganfall nicht immer einfach sein. Mehr zum Thema Aura findet ihr später unter »Migräne-Formen«.

Unterschieden werden muss die Migräne von dem Spannungskopfschmerz, dem Clusterkopfschmerz und der Trigeminusneuralgie. Die Unterscheidung kann bei einem untypischen Verlauf mitunter eine längere Verlaufsbeobachtung und vor allem eine genaue Dokumentation der Migräneattacken (Kopfschmerzprotokoll) vonseiten der Patient:innen erfordern.

Die Einteilung ist, wie so oft in der Medizin, der Versuch, ein so individuelles Krankheitsbild wie die Migräne diagnostisch einzurahmen. Das ist gerade aus diesem Grund natürlich nicht einfach. Die Grenzen verschwimmen und gehen ineinander über. Hilfreich kann hierbei die Klassifikation anhand der Internationalen Kopfschmerzgesellschaft (IHS) sein, sollte aber nicht als starres Muster begriffen werden (mehr dazu später im Kapitel Vestibu-was?).

MEIN NEUES HOBBY

Als Kind und Jugendliche hatte ich 100 Hobbys. Ich will nicht überheblich klingen, aber ich war eines dieser Kinder, das du in jede Sportart stecken konntest. Sei es Fußball, sei es Basketball, Tanzen, Golfen oder Tennis – und je mehr davon, je intensiver, desto besser. Nur vor Pferden hatte ich Angst, wenn ich ganz ehrlich bin. Reitsport fiel damit flach.

Ich gehörte also offensichtlich zu den nervigen Personen, die sich im Schulsport über eine »Zwei« aufgeregt haben und die du deshalb sehr wahrscheinlich und völlig zu Recht gehasst hast. An dieser Stelle entschuldige ich mich bei meiner damaligen Sportlehrerin, die vermutlich die Hälfte der Schulstunde mit mir über meine Note diskutiert hat. Und wenn ich sowieso gerade dabei bin, mich unbeliebt zu machen – habe ich schon damit angegeben, dass ich 2009 im Gardetanz mit meiner damaligen Gruppe gleich vierfache deutsche Meisterin wurde?

Und ich merke gerade: Nach 14 Jahren bin ich immer noch stolz darauf. Irgendwo auch mit Recht, immerhin habe ich mir damals den Arsch dafür aufgerissen. Ich bin auf einem Gymnasium gewesen und hatte dort dank G8-Schulsystem dreimal die Woche bis 16:30 Uhr Unterricht. Danach bin ich eine Stunde mit dem Bus nach Hause gefahren, habe meine Tasche in die Ecke geworfen, mir das vorgekochte Essen meiner Mutter warm gemacht und inhaliert. Um 18:10 Uhr habe ich mich auf den Weg zum Training gemacht. Nach zwei Stunden Unterricht ging es nach Hause und – zum Glück für alle – noch schnell unter die Dusche.

Jetzt denkst du vielleicht, dass ich danach nur noch ins Bett gefallen bin, aber davor kam noch etwas anderes: Hausaufgaben. So sah mein Alltag jeden Dienstag, Mittwoch und Donnerstag aus. Hinzu kamen ein dreistündiges Training am Samstag und die wöchentlichen Turniere, die jeden Sonntag von morgens bis abends abliefen. Also irgendwie kein Wunder, dass ich nach so langer Zeit immer noch damit angebe, oder? Immerhin hat das alles einen Großteil meines Lebens eingenommen.

Das war aber noch längst nicht alles. Wie ich ja bereits sagte, war ich eine richtige Sportskanone. Deshalb hatte ich natürlich jeden Montag und Samstag nach dem Tanztraining auch noch zusätzlich Golftraining. Sehr zu meinem damaligen Ärger hatte ich mich auf diese beiden Sportarten festlegen müssen, angeblich musste auch ich zur Schule gehen.

Rückblickend kommt mir das alles wie ein völlig anderes Leben vor. Wenn ich heute die Treppen zu meiner Wohnung im dritten Stock hochlaufe, muss ich erst mal tief Luft holen und klarkommen. Die guten alten Zeiten. Ich habe es geliebt, ständig unterwegs zu sein. Ständig Sport zu machen und in einem Team zu sein. Bis heute vermisse ich vor allem das Tanzen. Bei meinem letzten Turnier habe ich geweint. Obwohl wir damals gewannen, kamen mir die Tränen, weil ich wusste, dass es mein letzter Auftritt sein sollte. Ich hatte keine Wahl.

Zuerst hörte ich das Golfen auf, obwohl mein Trainer damals sagte, dass er Potenzial in mir sehe. Dabei war Golfen für mich nicht einmal ansatzweise das, was Tanzen für mich war. Ich trat bei den Tanztrainings kürzer. Dabei hatte ich zuvor nie auch nur eine Stunde gefehlt. Ich schwänzte nicht. Ich war niemand, der faul war.

Dann fing es an, dass ich Auftritte absagen musste. Schließlich durfte ich nicht einmal mehr bei Turnieren mitmachen. Ich hätte zu oft gefehlt, hieß es. Ich habe für das Tanzen gelebt. Mir brach es das Herz. Und Grund dafür war nicht, wie bei anderen im Jugendalter, der immer härter werdende Schulstoff oder die noch mehr werdenden Unterrichtsstunden, die wachsende Klausurenflut – oder die ersten Partys. Damit kam ich zurecht. Grund dafür war nur eines: meine Migräne mit Aura. Nach und nach hörte ich jedes meiner Hobbys auf. Meine Trainingseinheiten wurden Stück für Stück von Migräneanfällen ersetzt. Hatte ich sie nicht schon nach der Schule, bekam ich sie spätestens während oder nach dem Training.

Im Gegenzug bekam ich noch ein anderes Hobby dazu. Eines, das ich mir nicht ausgesucht hatte: Marathonläufe zu den verschiedensten Praxen. Ich hatte jahrelang andauernden Leistungssport hinter mir, aber mit diesem Ausmaß konnten meine anderen Hobbys nicht mithalten. Denn obwohl ich recht früh die Diagnose »Migräne mit Aura« bekam, konnte ich trotzdem nichts mit dieser unsichtbaren Krankheit anfangen.

Ich hatte zu diesem Zeitpunkt eigentlich gar keine Ahnung, was Migräne wirklich ist. Starke Kopfschmerzen, das wusste ich bereits, weil ich es am eigenen Leib erfahren musste, aber was das nach sich zieht, welche Symptome es gibt, wie die Migräne funktioniert und warum sie immer kommt, wann sie will, das wusste ich alles noch nicht. Letzteres weiß ich bis heute noch nicht, um ehrlich zu sein.

Und genau deshalb, wegen dieses Unwissens, rannte ich ab da von einer Praxis zur nächsten. Ich weiß gar nicht mehr, wo ich als Erstes gewesen bin. Einmal ging ich nicht zur Schule und saß stattdessen mit meiner Mutter im Wartezimmer beim Zahnarzt. Ich klagte seit Tagen über Zahnschmerzen oder Zahnfleischschmerzen, so genau wusste ich es selbst nicht. Der Schmerz breitete sich langsam, aber sicher über meine linke Gesichtshälfte aus.

Als ich endlich dran war, konnte die Ärztin mir nach stundenlanger Untersuchung nicht weiterhelfen. Sie vermutete eine Nasennebenhöhlenentzündung und dass sich Schleim in meinen

Nebenhöhlen abgesetzt habe. Also zogen wir weiter zum Hals-Nasen-Ohrenarzt. Da wir spontan vorbeigekommen waren, musste ich weitere zwei Stunden mit Schmerzen darauf warten, bis ich drankam. Der Arzt stellte mich auf den Kopf – nur fand auch er nichts Auffälliges.

Da mein Schmerz immer schlimmer wurde und ich Stück für Stück abbaute, überwies er mich zu einem Spezialisten, einem Kieferorthopäden. Denn er war sich sicher, dass meine Schmerzen in Verbindung mit meinem Kiefer stünden. Überraschung: Auch da wurde nichts gefunden. Mittlerweile war ich so schwach auf den Beinen und litt unter so starken Schmerzen in der gesamten linken Gesichtshälfte, dass meine Mama mich nur noch nach Hause fuhr und mich mit einer Schmerztablette, einer Wärmflasche und Wasser ins Bett schickte.

Und wieder ein verschwendeter Tag.

Am nächsten Tag ging ich mit Schmerzen zur Augenärztin, ich sah noch immer auf dem linken Auge verschwommen und schwarze Punkte. Ich glaube, das war der Tag, an dem ich das erste Mal über Stunden nur auf einem Auge klar sehen konnte. Ich verfiel nicht einmal mehr in Panik, dafür fehlte mir die Kraft. Außerdem war da wieder diese leise Hoffnung. Die Hoffnung, dass mir diesmal endlich und wirklich geholfen werden könnte. Ich meine, ich habe was an den Augen, also muss eine Augenärztin mir doch helfen können, richtig? Falsch gedacht. Auch dort wurden unzählige Tests gemacht, aber es wurde nichts festgestellt. Ausruhen, Schmerzmittel und Augentropfen, das waren die Dinge, die mir ans Herz gelegt wurden. Ich hing in der Luft. Schon wieder.

Eine Woche später saß ich beim Neurologen. Mir wurde empfohlen, alle drei Monate zu kommen: zur Kontrolle. Und das tat ich auch. Ich erzählte von meinen Schmerzen und den Symptomen, und er wunderte sich, warum ich so viele Tabletten genommen hatte.

Damals hatten meine Eltern mit mir bereits alle möglichen Mediziner:innen abgeklappert. Ich war bei mehreren Hausärzt:innen in Behandlung, ich ging regelmäßig zur MRT und Physiotherapie, war in den Notaufnahmen der Stadt so regelmäßig zu Gast wie bei meinen Freund:innen. Wir gingen zur Apotheke wie in den Supermarkt. Ich hatte sogar eine Stempelkarte. Wenn die Karte voll war, habe ich gratis Tabletten bekommen. Dass das kein Stoff zum Angeben ist, verstand ich erst in meiner Jugend. Es war für andere wohl normaler, eine Stempelkarte für den Dönerladen im Dorf zu haben als bei der Apotheke. Und dazu noch die Sprechstunden, in denen Expert:innen uns für all das belächelten und zusätzlich mit Schmerzmitteln nach Hause schickten, die angeblich einen ausgewachsenen Elefanten ausgeknockt hätten. Nicht aber mich – mein Körper hatte sich längst an die Tabletten gewöhnt.

Langer Rede kurzer Sinn: Ich hatte natürlich nichts mit meinen Nasennebenhöhlen, nichts an den Zähnen oder am Zahnfleisch. Ich hatte natürlich auch nichts an meinem Kiefer. Und ich hatte auch nichts an den Augen.

Ich habe Migräne mit Aura.

Bis ich das jedoch raffte, sind gefühlt weitere 100 Ärztemarathons und Jahre vergangen. Ich habe mich so einsam gefühlt. Nicht einmal Experten und Expertinnen können mir helfen?

Ich habe damals beim Tanzen nicht immer gewonnen. Ich habe hin und wieder verloren. Aber das hier war etwas anderes. Das war nicht wie Tanzen. Das hier hat keinen Spaß gemacht. Ich tat es nicht freiwillig. Es tat weh. Und es fraß meine Zeit. Und Nerven. Es gab keine Fortschritte.

Hierbei gab es nicht mal eine Aussicht auf den Sieg.

DAS MESSER

TRIGGERWARNUNG SUIZIDALITÄT
Wenn du daran denkst, dir das Leben zu nehmen, dann versuch, mit anderen Menschen darüber zu reden. Die Telefonseelsorge ist anonym, kostenlos und rund um die Uhr erreichbar. 0800/1110111 und 0800/1110222. Der Anruf ist kostenfrei, er taucht auch nicht auf der Telefonrechnung oder im Einzelverbindungsnachweis auf.

Ich hörte Vögel durch das geschlossene Fenster im Garten zwitschern, als ich die Schublade aufriss und darüber nachdachte, mir ein Messer in den Kopf zu rammen.

Es gibt Erinnerungen, die wir lieber in einer Schachtel verstauen und unter unser inneres Bett schieben, um sie nicht mehr sehen zu müssen. Wir wissen, dass es sie gibt, diese Schachteln, aber wir beschäftigen uns lieber nicht mit ihnen. Die Erinnerung, von der ich jetzt erzähle, ist vielleicht sogar die schlimmste, die ich habe. Ich habe sie lange weggeschoben und sie in die hinterste Ecke gekickt, um mich nicht damit zu beschäftigen, und trotzdem gehört sie zu mir.

Meine Eltern waren an dem Morgen weg, als ich wach wurde. Unsere Wochenenden waren früher oft so. Mein Vater und meine Mutter glichen einem privaten Taxiunternehmen, so viel waren sie unterwegs. Bestimmt brachten sie an dem Tag meine Geschwister zu einem ihrer Hobbys, zu Wettkämpfen oder Verabredungen. Ich war jedenfalls allein zu Hause und starrte durch das weiße Netz meines Baldachins an die Zimmerdecke.

Bereits vor dem Aufwachen war mir bewusst, dass es ein schlechter Tag werden würde. Ich habe luzide Träume, seit ich denken kann. Sie werden in der Forschung als Klarträume bezeichnet, was eigentlich nur so viel heißt, dass ich meinen Traum währenddessen beeinflussen und lenken kann. Die Fähigkeit dazu besitzt jeder. Es gibt sogar verschiedene Techniken, wie wir das erlernen können, nur träumen manche eben schon von sich aus so. Menschen, die das können, werden Oneironauten genannt, was sich aus dem Griechischen von den Worten »Traum« und »Seefahrer« ableitet. Das trifft es ziemlich gut.

Noch im Schlaf spürte ich den Schmerz in meinem Nacken und wie er in meine linke Kopfhälfte strömte. Ich weiß noch, wie ich im Traum hektisch nach Medikamenten suchte, aber keine fand. Ich rannte und bekam dabei Angst, weil ich wusste, dass Bewegung den Schmerz verschlimmert.

Zu dem Zeitpunkt war ich zwölf Jahre alt und Ibuprofen meine beste Freundin. Nichts half, nur die dicken weißen Pillen. Deshalb wusste ich auch, als ich schweißgebadet aufwachte und die pinkfarbenen Wände in meinem Zimmer musterte, dass es für Tabletten eigentlich zu spät war. Ich wusste mit zwölf Jahren haargenau, wann ich den Kampf verloren hatte und wann ich meine Migräne noch beeinflussen konnte. Ich spürte, wie sich meine Enttäuschung darüber in jeder Zelle meines Körpers ausbreitete. Meine Glieder fühlten sich schwer an. Es war ein verlorener Tag, bevor er überhaupt angefangen hatte.

Ich richtete mich langsam auf, um den Schmerz nicht zu verschlimmern. Bewegung war mein Feind. Jede Art von Regung war die Hölle für mich. Ich schob die Beine mühsam über die Kante und setzte die Füße vorsichtig auf. Mein linkes Sichtfeld verschwamm. Ich schleppte mich in meinem rosafarbenen Nachthemd vorbei an meinem Playmobil-Prinzessinnen-Schloss und machte mich auf den Weg zu meinen Schmerzmitteln.

Im Wohnzimmer merkte ich allerdings, dass ich den Weg bis

in die Küche nicht schaffte. Ich ließ mich erschöpft auf unsere schwarze Ledercouch fallen. Noch packte ich es nicht bis zu meinen Tabletten. Ich spürte, wie sich das kalte Leder an meine Haut drückte, und nahm die braune Wolldecke, um mich zuzudecken. Den Fernseher ließ ich im Hintergrund laufen, weil mir das dabei half, andere Geräusche auszublenden, und ich hörte trotzdem noch die Vögel im Garten. Ich muss ein paar Stunden so dagelegen und vor mich hinvegetiert haben, mit zusammengepressten Augen, bis ich mich dazu aufraffen konnte, in die Küche zu gehen. Ich fühlte mich fremd in meinem eigenen Körper.

Als ich mich schließlich von der Couch hochstemmte, merkte ich, wie mir fast die Beine wegbrachen. Mein Kreislauf streikte, alles drehte sich, und ich stand minutenlang still, bevor ich weitergehen konnte, auf dem linken Auge sah ich fast nichts mehr. Meine schlurfenden Schritte auf unserem Laminatfußboden hörten sich unnatürlich laut im leeren Haus an. Ich hangelte mich zur Küche, roch den abgestandenen Essensgeruch darin und war kurz davor zu kotzen.

Womit hatte ich das verdient? Was hatte ich getan, um so etwas erleben und aushalten zu müssen? Der Schmerz schoss brutal meinen Nacken hoch. Mit zitternden Händen griff ich nach einem Glas und füllte es mit Wasser aus dem Hahn, bevor ich die Schublade mit den Ibus aufriss. Mein linkes Auge konnte ich nur noch unter Anstrengung öffnen, der Lichtwechsel von Raum zu Raum gab mir den Rest. Mein linkes Bein war taub.

Ich war am Ende. Und dann war er da. Der Moment, den ich bis vor Kurzem verdrängt hatte. Den ich unter mein inneres Bett kickte, weil er zu schlimm war. Ich blickte auf mein rosafarbenes Nachthemd und die Schublade hinab, in der das Messer neben den Tabletten lag. Ich wusste, dass ich ab der Einnahme der Tabletten noch 20 Minuten warten musste, bevor sie wirkten, wenn sie es überhaupt taten. Ich hielt es nicht aus. Ich hyperventilierte. Ich schwitzte und war panisch. Ich wusste nicht mehr weiter und war allein. Alles, was ich sah, war das Messer. Ich wollte nur noch eins: es mir in den Kopf rammen, direkt über der linken Augenbraue, wo der Schmerz saß. Alles beenden. Nichts spüren.

Es muss sich dabei nur um ein paar Sekunden gehandelt haben, aber mir kommt es so vor, als hätte ich ewig vor dieser Küchenschublade gestanden. Ich hatte mir vorher noch nie gewünscht, nicht mehr zu leben. Im Gegenteil: Ich war ein glückliches Kind. Ich war laut. Ich war wild. Lebensfroh. Aber wenn die Migräne kam, war ich nicht mehr ich.

Ich entschied mich damals offensichtlich für die Tablette und nicht für das Küchenmesser. Ich schleppte mich zurück aufs Sofa, hörte den Sender im Hintergrund rauschen und schlief erschöpft ein. Stunden später nahm ich durch den Tablettennebel wahr, dass meine Mutter mit meiner Schwester hereinkam, und drehte mich in gefühlter Zeitlupe um. Ich blickte zu ihnen hoch und fing noch in der Sekunde an zu heulen.

Ich habe noch nie jemandem von dem Moment vor der Schublade erzählt, wahrscheinlich, weil ich es verdrängen wollte, aber es ist wichtig, dass ich es in diesem Buch mache, weil erhöhte Suizidalität Bestandteil der Erkrankung ist, nicht nur bei mir. Auch so kann Migräne aussehen. Ich wollte mir damals selbst nicht eingestehen, dass es so weit gekommen war. Ich behielt das alles für mich. Zwar weinte ich, aber von dem Moment mit dem Messer sagte ich nichts.

Ich verstaute den Moment sorgsam in der Schachtel unter meinem inneren Bett, in der dunkelsten Ecke, die ich finden konnte. Bis vor ein paar Wochen dachte ich selbst nicht mehr daran. Ich hatte zu dem Zeitpunkt schon gelernt, dass Schwäche etwas ist, das man in unserer Gesellschaft besser nicht zugibt.

Heute sehe ich das anders. Dinge hören nicht auf zu existieren, nur weil wir nicht darüber reden. Über Dinge zu reden, die schwierig sind, ist keine Schwäche. Sie gehen vom Schweigen auch nicht weg. Wenn überhaupt, werden sie schlimmer.

BERUFSVERBAND DEUTSCHER PSYCHOLOGINNEN UND PSYCHOLOGEN: NEUROPSYCHOLOGE PROF. DR. ERICH KASTEN

Das Kapitel »Das Messer« enthält ein Füllhorn an wichtigen Informationen. Denn Träume und insbesondere Albträume treten bei allen Schmerz-Patient:innen deutlich häufiger auf als bei anderen Menschen. Die Ursache dafür ist, dass der chronische Schmerz zu einem sehr oberflächlichen und meist fraktionierten Schlaf führt, wie er auch genannt wird. Zudem sind die erholsamen Tiefschlafphasen geringer als bei gesunden Menschen, die Traumphasen dafür aber umso häufiger. Durch die untergründigen Schmerzen sind die Träume oft geprägt von Angst, Terror und dem Gefühl, eingeengt zu sein. Der Schlaf wird meist von Betroffenen nicht als erholsam empfunden, die Betroffenen fühlen sich morgens beim Aufstehen nicht so, als hätten sie sich erholt, sondern eher so, als hätte die ganze Nacht ein Nilpferd auf ihnen gesessen.
Luzide Träume sind solche, die man im Schlaf steuern kann. Das ist eine Kunst, welche von den meisten Menschen nicht beherrscht wird beziehungsweise nur beim Einschlafen, wenn man sich noch bewusst gedanklich auf eine als angenehm empfundene Fantasievorstellung fokussiert.
Ob luzide Träume mit Migräne zusammenhängen, ist wissenschaftlich unbekannt. Im Internet findet man aber einige Beispiele von Betroffenen, die das offenbar als Selbst-Therapie betreiben. Hierbei muss man wissen, dass das schmerzhemmende System im Schlaf besonders aktiv wird.

Vorrangig wird ein Botenstoff mit der Bezeichnung »Gamma-Aminobuttersäure« (GABA) ausgeworfen. GABA macht träge, müde und erzeugt ein gewisses Wohlbefinden. Ein Teil der angenehmen Wirkung eines Gläschens Rotwein erklärt sich daraus, dass Alkohol auf den GABA-Rezeptor wirkt. Dieser Neurotransmitter hemmt Gehirnfunktionen bis hin zum Schlaf, das Gehirn narkotisiert sich über diesen Botenstoff quasi selbst. Hierdurch spürt man Schmerzen in seinem Bewusstsein kaum noch. Luzides Träumen kann hierbei helfen, einzuschlafen und den Kopfschmerz nicht mehr so stark zu spüren. Auf einer unteren Ebene tut es leider trotzdem noch weh, und der Schmerz führt dann zu häufigen Albträumen.

Entsetzlicher ist an dem Beispiel aber, dass Schmerzen so stark sein können, dass sie zu Suizidgedanken führen können. Das ist nicht neu. Selbstmordgedanken und auch erfolgreiche Selbsttötungen tauchen bei Patienten mit chronischen Schmerzen rund doppelt so oft auf wie in der Allgemeinbevölkerung. Die Quote an erfolgreichen Selbsttötungen steigt bei alten Menschen exponenziell an, da man im hohen Lebensalter sehr oft unter chronischen Schmerzen leidet.

Das Fallbeispiel in dem Text zeigt sehr intensiv, wie quälend und zermürbend eine solche Attacke sein kann. Der Gedanke »Wenn ich tot bin, muss ich diese Pein nicht mehr spüren« liegt nahe. Wozu am Leben bleiben, wenn das Leben nur noch aus Schmerzen besteht?

Das vielleicht einzig Positive an Migräne ist hier, dass der Anfall, so grausam die akute Symptomatik auch sein mag, irgendwann vorbeigeht und die Betroffenen ansonsten ein normales Leben führen können. Allerdings liegt in diesem Satz auch schon wieder ein großes Fragezeichen: Die Angst vor der nächsten Attacke kann so gravierend sein, dass auch außerhalb der Anfälle kein »normales« Leben geführt werden kann. Viele Betroffene lassen sich ihr Leben durch die Anfälle diktieren. Sie hatten nach einer Party einen Migräneanfall, also gehen sie besser auf keine Party mehr. Sie hatten schlimme Kopfschmerzen, nachdem sie schwimmen gegangen waren. Also treiben sie besser keinen Sport mehr. Sie hatten eine Attacke, nachdem sie Currywurst gegessen haben, also essen sie nichts Scharfes mehr.

Wer sich so von seiner Krankheit tyrannisieren lässt, dem bleibt irgendwann nichts Schönes mehr im Leben. Was bleibt, ist der Schmerz. Verständlich, dass dann der Gedanke auftaucht:

Wozu das alles noch?

AUSGELIEFERT

Jahre später habe ich begriffen: Ich bin in meiner Summe mehr als meine Krankheit. Und das stimmt. Wirklich. Sie ist ein Teil von mir, sie hängt an mir wie ein unsichtbarer Körperteil, aber sie definiert nicht, wer ich sein will und wer ich bin. Ich bin also von außen betrachtet völlig gesund. Zumindest, bis sie zuschlägt.

Ich bin ein eigenständiger Mensch. Ich bin eine Schwester. Ich bin eine Tochter. Ich bin eine gute Freundin. Und mir ist Unabhängigkeit wichtig. Ich bin mit dem Modeln selbstständig, seit ich fünfzehn bin. Ich verdiene mein eigenes Geld. Ich weiß, was ich will. Ich weiß, was ich nicht will. Ich bin jung. Ich lebe mein Leben. Ich liebe mein Leben. Bis sie kommt. Dann bleibt nichts mehr von alldem übrig. Denn wenn sie die Kontrolle übernimmt, ist es scheißegal, was ich will. Es ist scheißegal, wohin ich möchte. Scheißegal, was ich fühle. Ich bin machtlos.

In meiner Jugend waren andere am Wochenende feiern, auf Partys, verloren, verknallt. Ich war all das auch, aber irgendwie auch nicht. Ich war auch jung. Ich war auch voll mit Hormonen von Kopf bis Fuß. Nur hatte ich längst angefangen, mein Leben zu kalkulieren. Bewegungen. Geräusche. Licht. Essen. Trinken. Tabletten. Atmen. Alles, was ich mache, ist an tausend Dinge geknüpft. Ich treffe zig Entscheidungen, bevor ich das Haus verlasse, ich renne nicht einfach los. Ich weiß nicht, wie es ist, kopflos zu sein. Und in der Regel funktioniert mein System. In der Regel fängt mich mein selbst gesponnenes Sicherheitsnetz auf. Doch trotz all dieser Fäden falle ich regelmäßig auf die Fresse.

Das erste Mal bin ich als Jugendliche in der Öffentlichkeit bewusstlos geworden. Wir hatten Winterferien. Ich war auf dem Weg zu meinem damaligen Freund ins für mich mittlerweile Nachbardorf Much und hatte meine Umhängetasche geschultert, weil ich für ein paar Tage bei ihm schlafen wollte. An dem Morgen wachte ich mit Kopfschmerzen und Übelkeit auf, hatte aber längst die Phase hinter mir gelassen, in der ich deshalb zu Hause blieb. Ich schluckte routiniert eine Ibu, von der ich vorher schon wusste, dass sie kaum noch wirken würde: Ich war in dem Alter längst resistent. Draußen war es kalt, und ich spürte, wie mir die Kälte trotz meiner dicken Jacke entgegenschlug. Sie zog unangenehm an meiner Haut, an Migränetagen spüre ich Kälte besonders intensiv.

Ich rannte zum Bus, weil ich – wie immer – zu spät dran war. Ich plane zwar jeden Tag bis ins kleinste Detail, pünktlich schaffe ich es trotzdem selten irgendwohin. Zumindest das bisschen Chaos habe ich mir bewahrt. Die Tasche war damals auch so schwer, wie es nur eine Teenagerin hinkriegt: Glätteisen, Schminke, viel zu viele Klamotten – und bei mir eben auch Tabletten. Wir wohnten am Arsch der Heide in Siegburg, aber Much war noch sehr viel mehr am Arsch der Heide, weshalb ich schon vor der Fahrt wusste, dass der Weg eine Ewigkeit dauern würde.

Der Bus hielt auf der Strecke auch gefühlt alle zehn Schritte. Ich sprintete die letzten Meter und schaffte es gerade noch rechtzeitig hinein. Ich schwitzte in meiner dicken Jacke, der Schmerz in meinem Kopf pochte im selben Takt wie mein sich überschlagendes Herz. Der Bus war voll, und ich quetschte mich hindurch zum einzig freien Platz am Fenster. Ich drückte mir auf meiner linken Gesichtshälfte rum, weil der Schmerz mittlerweile auch hier angekommen war. Im Bus nach Siegburg kannte ich jedes Gesicht aus meinem Kaff, jeden Fahrgast. Im Bus nach Much war das nicht so.

Die Strecke führte um Kurven, die meinen Körper nach links und rechts drückten. Mein Magen drehte und wendete sich mit dem Weg, und ich versuchte, mich mit Musik abzulenken. Dabei vermied ich, aufs Handy-Display zu schauen, weil mir davon noch schlechter wurde. Ich konnte ohnehin kaum noch sehen, meine Aura war längst da. Ich lehnte meinen Kopf nach hinten an den Sitz und döste vor mich hin. Ich wollte nur noch den Weg hinter mich bringen. Ich dämmerte weg, bis ich vom Ruckeln der Räder wach wurde, die über unebene Strecke fuhren. Ich merkte, wie das Dösen rein gar nichts gebracht hatte. Meine Beine zitterten unkontrolliert, mein Atem ging schneller, und ich spürte, wie die gute alte Panik wieder in mir aufstieg. Klar, ich hätte zwar aussteigen können, wäre von hier aus dann aber auch nicht wieder weggekommen.

Der Bus befand sich genau in der Mitte zwischen Siegburg und Much. Wäre ich ausgestiegen, hätte ich eine Stunde auf den nächsten Bus warten müssen, und ich traute meinen Beinen nicht. Ansprechen wollte ich auch niemanden. Ich war mitten in der Pubertät und genauso unsicher wie alle anderen wahrscheinlich auch. Ich wollte niemandem sagen, wie schlecht es mir ging, und versuchte, mich weiter zusammenzureißen.

Ich spürte, wie ich die Kontrolle über meinen Körper mit jedem weiteren Meter mehr und mehr verlor. Mein Blick fiel jetzt doch auf das für mich völlig verschwommene Handy, weil ich wissen wollte, wie lange wir noch fahren würden. Das hätte ich mir sparen sollen. Das Display war das Letzte, was ich sah ...

Hinter meinen geschlossenen Lidern sammelten sich Lichtpunkte. »Keine Sorge, ich bin Tierarzt«, hörte ich jemanden sagen. Vielleicht träumte ich also doch noch. Ich öffnete meine Augen. Richtig beruhigt war ich nicht, als ein fremder Mann mit Schnauzer auf mich hinabstarrte und diesen Satz zu mir sagte. Irgendwer hatte mir meine Jacke ausgezogen und unter den Kopf gelegt. Ich hatte keine Ahnung, wo mein Geld war, wo mein Handy, wie spät es war oder wo ich überhaupt war. Eine halbe Stunde später stand ich draußen auf wackligen Beinen und versuchte, einen Tierarzt davon zu überzeugen, dass er keinen Krankenwagen rufen müsse.

Wenn Leute über Migräne sprechen, reden die meisten von Kopfschmerzen. Oder vom Katern. Oder sie benutzen Migräne als Ausrede dafür, wenn sie keinen Bock auf Sex haben. Wie es ist, wenn du die komplette Kontrolle über deinen Körper verlierst, darüber spricht kaum jemand. Wie es ist, wenn nichts mehr von dir übrig bleibt. Das Ausgeliefertsein. Umringt von Fremden aufzuwachen und sein eigenes Leben zu verpassen. Wenn Leute feiern gehen und Alkohol trinken, haben sie manchmal einen Filmriss. Ich trinke keinen Alkohol. Ich bekomme trotzdem in regelmäßigen Abständen einen.

Ich bin ein eigenständiger Mensch. Ich bin eine Schwester. Ich bin eine Tochter. Ich bin eine gute Freundin. Mir ist Unabhängigkeit wichtig. Ich bin selbstständig, seitdem ich fünfzehn bin. Ich verdiene mein eigenes Geld. Ich weiß, was ich will. Ich weiß, was ich nicht will. Ich bin jung. Ich lebe mein Leben. Ich liebe mein Leben.

Bis sie zuschlägt. Und ich ihr schutzlos ausgeliefert bin.

NORMALE NÄCHTE

Ich verbrachte früher selten die Nacht in meinem Bett. Das hört sich jetzt sehr wild an, was es auch war, aber aus einem weniger naheliegenden Grund. Mein Vater arbeitet im Paketversand und schiebt häufig Schichten. Normale Nächte sahen früher, als ich noch zu Hause gewohnt habe, folgendermaßen für uns aus: Meistens kam er morgens gegen vier Uhr zurück, aß noch etwas in der Küche und machte es sich auf der Couch gemütlich. Wenn ich ihm nicht schon heulend mit ausgestreckten Armen entgegenkam, fand er mich zu der Uhrzeit oft im Bad vor der Kloschüssel.

In solchen Nächten wickelte er mich in eine Decke und packte mich neben sich auf die Couch. Er wartete so lange, bis ich wieder einschlief. Meine Mutter fand uns nachts häufig so im Wohnzimmer vor: meinen Vater, die Kotzschüssel und mich. Unter der Woche weckte sie uns, damit ich wieder ins Bett ging. Sie fragte nicht, was ich hätte und warum ich nicht im Bett liegen würde. Sie fragte schlicht: »Geht es, oder musst du heute zu Hause bleiben?«

Mein Dad schlief weiter, während meine Mum im Stundentakt nach mir sah, mir Tabletten und etwas zu trinken gab und mich zwang, etwas zu essen. Dadurch, dass meine Migräne mit Übelkeit und Erbrechen einhergeht, fällt es mir oft sehr schwer, ausreichend zu essen, was einen Teufelskreis auslöst: Esse ich, wird mir schlecht. Esse ich nicht, bekommt mein Körper nicht genügend Energie, um sich zu erholen und die Schmerztabletten zu bewältigen, von denen mir auf leeren Magen noch übler wird. Abgesehen davon, bin ich bei einem Anfall ohnehin nicht in der Lage, selbstständig zu essen, weil ich meist nichts sehen oder mich nicht bewegen kann. Das kommt von der Aura und den Lähmungserscheinungen, die mich bei meinen Anfällen begleiten.

Meine Eltern hatten alle Hände voll mit mir zu tun, dabei waren da noch sechs weitere Kinder, die hin und wieder Beschwerden hatten und nicht zu kurz kommen wollten. Kaum verwunderlich also, dass wir alle an unsere Grenzen stießen. Schichtdienst, Autofahrten, unkontrollierbare Tagesabläufe: Wir waren am Ende.

Ich hatte längst Probleme in der Schule, und das nicht, weil ich wie andere aus einer Laune heraus lässig schwänzte, sondern weil ich nicht dazu imstande war, den Unterricht zu besuchen. Meine Eltern sorgten sich um meine Zukunft. Wir diskutierten, wir weinten, wir stritten. Ich blieb zu Hause und hatte Schmerzen. Ich ging zur Schule trotz Schmerzen. Und ich fühlte mich so einsam wie nie zuvor: Ärzt:innen verstanden mich nicht, Freund:innen verstanden mich nicht, meine Eltern verstanden mich nicht – und ich verstand mich ja auch nicht. Zudem war ich mitten in der Pubertät, niemand versteht sich in der Zeit selbst. Parallel dazu ging ich feiern, ließ keine Party aus und marschierte mit hämmernden Kopfschmerzen schnurstracks in jede Sause. Und ich trank – wie alle anderen auch – Alkohol. »Keine Feier ohne Frau Meier«, sagte meine Mutter immer und schüttelte ihren Kopf. Nur hatte ich nicht wie alle anderen nach der Party einen Kater, ich hatte ihn schon davor. Ich war noch weit entfernt davon, meine Krankheit als eine solche zu begreifen. Doch obwohl ich sie manchmal selbst provozierte, waren meine Eltern auch in solchen Momenten für mich da. Und sie sorgten sich, immer wieder, ganz gleich, wie sehr sie sich an meine Attacken gewöhnten.

Trotzdem gab es einen Anfall im Rahmen all dieser verlorenen Tage, der sich besonders in unser Hirn brannte. Ich war damals bei einem Freund zu Besuch. Wegen der Party in der Nacht davor hatte ich schlecht geschlafen, fühlte mich schlapp und bewegte mich wenig. Mein Kopf pochte immer stärker, ich übergab mich in immer kürzeren Abständen. Mein Kumpel, der mich so noch nie gesehen hatte, wurde panisch. Er bat darum, einen Krankenwagen rufen zu dürfen, was ich ablehnte. Ich wollte die Notaufnahme nicht wegen meiner Migräne blockieren. Ich dachte, es gäbe wichtigere Gründe, um da zu landen.

In dem Jahr bin ich wiederholt von Notfallsanitäter:innen nicht ernst genommen worden. Außerdem dachte ich, ich hätte die Situation unter Kontrolle. Kurze Zeit später brach ich endgültig zusammen. Mein Freund versuchte erfolglos, mich wachzurütteln. Als ich wieder bei Bewusstsein war, setzte er mich ins Auto, um mich ins Krankenhaus zu fahren. Ich kollabierte jetzt in Minutenabständen, driftete immer wieder ab, in den Minuten, in denen ich wach war, bekam ich Panikattacken. Ich konnte nicht reden. Ich war orientierungslos. Ich war blind. Ich war gefangen in meinem Körper.

Ich hielt den Schmerz nicht mehr aus. Mein Freund rief verzweifelt meine Mutter an, das Ausmaß schockierte ihn immer mehr. Sie schrie so laut, dass ich ihre Stimme im Auto hören konnte, sie sagte, er solle mich ins Krankenhaus bringen, und machte sich auf den Weg. Später erzählte sie mir, sie sei sich sicher gewesen, ich würde an dem Tag sterben.

Alles, was danach passierte, kenne ich nur aus Erzählungen. Vor Ort riss meine Mutter die Autotür auf, meine Schwester setzte mich in einen Rollstuhl und schob mich in die Notaufnahme. Alle versuchten, mich irgendwie zu erreichen und anzusprechen, die anderen durften nicht mit in die Aufnahme, weshalb meine Mutter immer lauter schrie. Mehrere fremde Menschen packten mich und brachten mich in den Behandlungsraum. Ich war allein mit dem Personal, und ich hörte jemanden das Wort »Schlaganfall« sagen. Dann war ich weg.

Das Erste, was ich hörte, als ich wieder aufwachte, war das

Piepen der Geräte, mit denen mein Körper verbunden war. Ein Schlauch führte von meiner Ellenbeuge zu einem Tropf. Ich hörte noch die Stimme meiner Mutter, die aufgeregt mit dem Personal sprach, und schlief wieder ein.

Als ich endlich wieder wach wurde, lag ich auf der Station und war umringt von meiner Familie. Alle sechs Geschwister waren teilweise sogar mit Partner:innen da, meine Großeltern und meine Eltern standen neben ihnen. Als meine Gedanken ein wenig klarer wurden, sah ich aus dem Augenwinkel, wie sich etwas bewegte. Ich blinzelte. Der Freund meiner Schwester hielt eine aufgeschlagene Bibel in seinen Händen und murmelte: »Dämon, verlasse diesen Körper.« Alle lachten erleichtert auf. Ich brauche an dieser Stelle nicht weiter auszuführen, dass in meiner Familie Extremsituationen mit Humor abgewehrt werden. Irgendwoher muss ich es ja haben. Wir versuchten, irgendwie mit der Situation klarzukommen, aber ich spürte die Sorgen der anderen. Ich sah die müden und erschöpften Gesichter, sah, wie meine Eltern besorgte Blicke wechselten.

Ich schlafe eigentlich ungern woanders. An dem Tag war es mir völlig egal, wo ich lag. Ich schlief, zugedröhnt mit Schmerzmitteln, ein. Meine Mutter sagte, ich würde einige Tage bleiben müssen, es würden Tests gemacht werden. Ich hörte zu, aber ihre Stimme war weit weg. Ein paar Tage später wusste ich: Es war kein Schlaganfall. Nur Migräne. Leider Migräne. Denn damit war auch klar: Ich würde mein Leben lang immer wieder solche Situationen erleben müssen.

Noch heute erinnert sich meine Familie haargenau an den Moment, in dem ich ins Krankenhaus gekommen bin und mehr tot als lebendig war. Das war er also. Der Tag, an dem alle dachten, dass ich sterbe. Die anderen gingen damals um vier Uhr morgens. Und ich? Na ja. Ich schlief wieder nicht in meinem eigenen Bett.

Alles wie immer: normale Nächte halt.

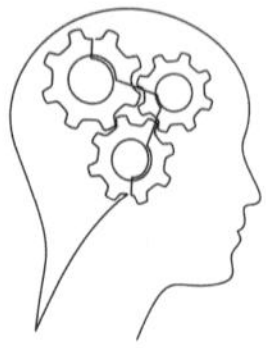

BERUFSVERBAND DEUTSCHER PSYCHOLOGINNEN UND PSYCHOLOGEN: NEUROPSYCHOLOGE PROF. DR. ERICH KASTEN

Dieses Beispiel zu kommentieren würde ich gern vermeiden, da der Text leider Angst verursacht und Befürchtungen jeder Art, einen Migräneanfall zu erleiden, natürlicherweise noch verstärken können, da es dadurch zu Veränderungen der Gehirndurchblutung kommt. Überspringen Sie diesen Text also einfach, sollten Sie sich danach fühlen.

Wie ich sehe, lesen Sie einfach weiter. Nun gut – Ihr Risiko. Im weiteren Verlauf meines Textes gehe ich zunächst auf unterschiedliche neurologische Erkrankungen ein, um Ihnen einen besseren Überblick zu verschaffen. Dabei zähle ich einige Diagnosen auf und gehe näher auf deren Symptomatik ein, um die Migräne als solches klarer abzugrenzen. Dann erst lässt sich eine Antwort auf die Frage finden, warum es bei Frau Quantius eigentlich so schwierig gewesen ist, einen Schlaganfall von einem Migräneanfall zu unterscheiden.

Hirnschädigungen wie etwa Hirnblutungen, Hirntumore, aber auch Infarkte im Gehirn lösen logischerweise Kopfschmerzen aus. Sie sind somit verbunden mit einer Schädigung des Gehirns. Infolge von massiv erhöhtem Blutdruck können bei Risikopersonen, die (oft angeborene) Ausbeulungen von Gehirngefäßen besitzen, Blutgefäße förmlich platzen. Dadurch fließt Blut in das umliegende Hirngewebe. Da das Gehirn aber von einem festen Knochen umgeben ist und das ausfließende Blut nicht richtig abfließen kann, erhöht sich mit einem Mal der »intrakranielle« Druck in der Schädelkalotte, was

zu einem regelrechten Zerquetschen von Nervenzellen führt. Vor allem sind davon umliegende Bereiche betroffen.
Wird der Druck zu hoch, kommt es zu Übelkeit und zur Stimulation des Brechzentrums im Gehirn, also zum sogenannten cerebralen Erbrechen. Bei Blutungen aus Arterien, die direkt vom Herzen kommen, ist der Druck des austretenden Blutes sehr hoch, entsprechend schnell verschlimmern die Symptome sich. Daneben kann es seltener auch zu einem Riss in venösen Blutgefäßen kommen, die das sauerstoffarme Blut zum Herzen zurücktransportieren.
Ursachen sind hier oftmals etwa Unfälle mit Überdehnung von solchen Blutgefäßen. Bei einem Riss dieser Venen suppt das Blut meist eher langsam ins Hirngewebe, es kann Stunden, Tage oder sogar manchmal Wochen dauern, bis solche Symptome auftreten.
Insbesondere bei Kindern, die einen Unfall hatten, sollten Eltern unbedingt darauf achten, selbst wenn die Kopfschmerzen erst Tage später auftreten, dann aber immer schlimmer werden. Entscheidend ist hier, dass der Druck schnellstmöglich verringert wird, etwa durch eine neurochirurgische Bohrung in den Bereich der Blutung.
Der klassische Schlaganfall hingegen wird durch eine Minderdurchblutung eines Hirnareals verursacht. Ursache ist hierbei meist ein Blutpfropf, der sich irgendwo anders gebildet und dann losgerissen hat. Dieser »Thrombus« bzw. »Embolus« wird vom Blutstrom durch die Arterien gedrückt, die sich immer weiter verzweigen und – wie die Äste eines Baumes – letztlich immer kleiner werden. Irgendwann bleibt dieser Blutpfropf schließlich hängen, weil er durch den folgenden Teil des Blutsystems nicht mehr hindurchpasst.
Das Hirnareal, das von diesem Teil der Arterie versorgt wird, erhält nun kein Blut mehr und beginnt abzusterben. Das geht leider ziemlich schnell vonstatten, da Nervenzellen einen riesigen Hunger nach Sauerstoff haben. Die meisten Nervenzellen halten nur wenige Minuten durch. Dennoch gibt es im Gehirn auch hierfür eine Sicherung – viele Hirnareale werden durch kollaterale Blutgefäße notfallmäßig mitversorgt.

Bei kleinen Schlaganfällen gelingt das sehr gut. Bei Verstopfung großer Hirnarterien reicht das Blut aus den Kollateralen irgendwann nicht mehr aus – in einem solchen Fall stirbt ein Hirnteil förmlich ab. Durch die nachfolgende Bildung von Ödemen (Wasseransammlungen) kommt es auch hier zu einer Zunahme des Drucks im Schädel. Bei dieser auch als »ischämische Insulte« bezeichneten Form muss möglichst rasch eine »Lyse« durchgeführt werden, das bedeutet, dass ein Medikament den Thrombus auflöst. Hierbei entscheiden Minuten. Transitorische ischämische Attacken (TIA) entstehen durch eine vorübergehende Minderdurchblutung des Gehirns. Die neurologischen Symptome sind dann nur für einige Zeit vorhanden und bilden sich meist vollständig wieder zurück.

Hirntumore fallen wiederum in eine andere Kategorie. Sie brauchen meist Jahre, bis sie Symptome verursachen, die dann aber chronischer Natur sind und eher geringe Schwankungen zeigen, da der Hirntumor stetig auf das umliegende Gewebe drückt. Aber auch hier gilt das Multikausalitätsprinzip, das heißt, der Zustand ist – abhängig von anderen Faktoren – nicht völlig gleichbleibend. Solche Hirntumore müssen in der Regel operativ entfernt werden.

Eine weitere, weniger bekannte Störung ist der Normdruck-Hydrozephalus. In bestimmten Hohlräumen des Gehirns, den Ventrikeln, wird ständig eine Flüssigkeit produziert, die der Ernährung aber auch der Abfederung des Gehirns bei Erschütterungen dient. Diese Flüssigkeit, im Volksmund gern als »Nervenwasser« bezeichnet, muss auch wieder abtransportiert werden. Dazu dienen eigentlich kleine Kanälchen in der Hirnhaut, die das Hirn umgeben, die aber verstopfen können. Nichtsdestotrotz wird aber weiter stur Flüssigkeit bei steigendem Hirndruck produziert, was insbesondere zu Schäden im Umfeld der Ventrikel führen kann. Bei Kindern kann es zu einem »Wasserkopf« (Hydrozephalus) kommen, da die Schädelplatten noch nicht verwachsen sind und sich noch ausdehnen können. Für den Normdruck-Hydrozephalus ist typisch, dass der Druck durch das Hirnwasser nachts hoch ist, aber tagsüber wieder abnimmt. Der Neurologe kann mit einer »Lumbalpunktion« diese Flüssigkeit aus dem Bereich um das Rückenmark herum entnehmen und prüft dabei auch die Druckverhältnisse. Die sind dann leider am Tag oft normal, da der Druck überwiegend nachts ansteigt. Betroffene leiden unter rasenden Kopfschmerzen morgens beim Aufstehen, die dann besser werden.

Typisch für Hirnschäden wie Schlaganfälle oder Hirnblutungen sind neurologische Symptome wie: halbseitige Lähmung auf nur einer Körperseite (erstes Symptom ist oft ein schiefer Mund), Sensibilitätsstörungen (Gefühllosigkeit, aber auch Kribbelempfindungen in einzelnen Körperteilen, fast immer nur in einer Körperhälfte), Wortfindungsschwierigkeiten, lallende oder verworrene Sprache, Sehstörungen (halbseitige Blindheit, auch »Blitze« oder andere optische Fehlwahrnehmungen), rapide Vergesslichkeit, erhebliche Denkstörungen *(brain fog)*. Bei zunehmendem intrakraniellen Druck kommt es zu dem bereits oben genannten cerebralen Erbrechen, Kreislaufproblemen, Ohnmacht, Koma und im schlimmsten Fall zum Tod.

Der Unterschied zwischen einem schweren Migräneanfall und einem Schlaganfall ist schwer zu definieren. Migräne baut sich meist langsamer auf – der klassische Schlaganfall kommt plötzlich –, allerdings brauchen auch Hirnblutungen oft Zeit, um sich in der Symptomatik zu entfalten. Lähmungserscheinungen sind bei einer Migräne sehr viel seltener als beim Schlaganfall.

Insbesondere, wenn neue Symptome auftreten, die bei bisherigen Migräneanfällen noch nicht vorhanden waren, sollten Experten und Expertinnen auch den Schlaganfall in Betracht ziehen. Hirnblutungen entstehen in der Regel nach Unfällen mit Hirnerschütterung oder bei Bluthochdruck-Krisen infolge starker körperlicher Anstrengung oder auch nach starkem psychischen Stress.

Im Zweifelsfall ist es immer besser und dringend ratsam, den Notarzt zu rufen oder sich gleich in die Notaufnahme der nächstgelegenen Klinik zu begeben. Hier sollten Betroffene aber zunächst alles gründlich abklären lassen, bevor sie darauf verweisen, dass sie Migräne-Patient:innen sind, da sie aufgrund dessen oft nicht als Notfall eingestuft werden. Vielmehr sollten sie auf die typische Symptomatik eines Schlaganfalls verweisen. Eine Untersuchung mit Magnetresonanztomografie zeigt dann rasch, ob es sich am Ende wirklich um einen Schlaganfall handelt.

Problematisch – und hier sollten Sie jetzt wirklich endgültig aufhören zu lesen, sollten Sie keinen guten Tag haben – ist leider, dass Migräne-Patient:innen ein erhöhtes Risiko für Schlaganfälle besitzen. Jeder Kopfschmerz kann ein Warnsignal sein. Aus dieser Sicht müssen Migräne-Betroffene Risikofaktoren dringendst vermeiden.

Diese Risiken sind zwar gemeinhin bekannt und sollten Bestandteil jedes Aufklärungsgespräches über Migräne sein, trotzdem hält sich kaum jemand wirklich an die Empfehlungen. Übergewicht, Rauchen, Alkohol, Schlafmangel, Stress, Bewegungsarmut, Bluthochdruck, hoher Cholesterinspiegel usw. sind allesamt Faktoren, denen der Migräne-Betroffene tunlichst aus dem Weg gehen muss.

DAS PROBLEM

Situationen wie der Tag, an dem meine Eltern dachten, dass ich sterbe, offenbaren noch ein weiteres Problem: mich. Vielleicht wäre die Situation an diesem Tag nicht so eskaliert, hätte ich vorher zugegeben, wie schlecht es mir ging. Vielleicht hätte ich vorher irgendwas gegen die Schmerzen nehmen sollen. Vielleicht wäre ich dann nicht eingeliefert worden. Stattdessen habe ich mich bis zum letzten Moment dagegen gesträubt.

Ich wollte durchhalten, nicht zur Last fallen. Bis heute denke ich bei Anfällen oft darüber nach, ob meine Schmerzen schlimm genug sind, um sie anderen mitzuteilen. Sogar, wenn ich den gesamten Tag über in Ohnmacht falle und über der Schüssel hänge, wäge ich ab. Selbst, als ich meine Diagnose schon hatte und wusste, unter was ich leide, machte ich mir Gedanken darüber. Bis heute ist das ein großes Problem. Denn, wie soll mir jemand helfen, wenn ich nicht sage, dass ich Hilfe benötige? Dabei bin ich nicht immer so gewesen. Ich habe mich durch die Erkrankung nicht nur körperlich verändert.

Ich habe mich als Kind und Jugendliche lange nicht gründlich mit meiner Krankheit auseinandergesetzt. Ich wusste nur, dass ich sie habe und dass es scheiße schmerzhaft ist. Aber wirklich mit ihr beschäftigt habe ich mich nicht, ich hatte als Pubertierende andere Dinge im Kopf. In der Phase trug ich noch eine Kulturtasche voller Schminke mit mir herum und nicht eine mit Schmerzmitteln. Mein Leben meiner Krankheit anzupassen hätte bedeutet, dass ich mir selbst hätte eingestehen müssen, wie krank ich bin. Dadurch wäre es real geworden.

Manchmal wünsche ich mir, ich hätte mich früher damit beschäftigt. Bestimmt denkst du jetzt: Sei froh, dass du wenigstens deine Jugend ein bisschen gelebt hast. Und ja, so würde ich gern fühlen. Aber die Wahrheit ist: Ich habe meine Jugend auch so nicht richtig gelebt. Meine Migräne war immer am Start. Vor allem meine Schulzeit hat dafür gesorgt, dass sich mein eigener Umgang mit mir selbst verändert hat. Betroffene, die schon im Kindes- und Jugendalter unter Migräne gelitten haben, können alles Nachfolgende wahrscheinlich nachvollziehen.

Ich war auf der weiterführenden Schule und ging in die achte Klasse. Meine Migräne begleitete mich zu dem Zeitpunkt seit drei vollen Jahren. Ich konnte längst nicht mehr aufzählen, wie viele Anfälle ich schon hatte. Das ist eine ziemlich lange Spanne, wenn man bedenkt, dass ich in diesen drei Jahren unter starken und lebenseinschränkenden Schmerzen gelitten habe. Das weiß jeder, der schon mal eine Grippe hatte. Trotzdem sollte man meinen, dass ich mich zumindest an die Umstände gewöhnt hatte. Dass ich das gesamte Zusammenspiel von Schmerzen, Übergeben, Ohnmacht – und alles, was dazugehört – kannte.

Falsch gedacht. Bis heute überrascht mich meine Migräne kalt. Vielleicht ist es ein bisschen so wie mit meiner Periode: An einem Tag denke ich noch, ich kriege eine ausgewachsene Depression oder Lebenskrise, und es fühlt sich auch genauso an, am nächsten Tag blute ich mir die Seele aus dem Leib und verstehe Monat für Monat aufs Neue, dass ich doch »nur« PMS hatte. Obwohl ich weiß, dass ich meine Menstruation monatlich bekomme. Der Liebeskummer-Spruch »Zeit heilt alle Wunden« hat bestimmt seine Daseinsberechtigung, stimmt bei Migräne aber mit Sicherheit nicht.

Natürlich wusste ich irgendwann, wie ich im Akutfall mit der Krankheit umzugehen habe, was für Symptome die Migräne auslösen kann und welche Tabletten schnell wirken – aber an die Schmerzen und Begleiterscheinungen werde ich mich vermutlich nie gewöhnen. Worauf ich hinaus möchte, ist, dass ich irgendwann zwar wusste, dass ich Migränikerin bin, aber oftmals noch während der Attacke nicht wusste, dass ich mich gerade mitten in einer befand.

Einmal hatten wir gerade Kunstunterricht, als mein Körper mir signalisierte, dass wir uns in Richtung Migräneattacke bewegten. Ich spreche übrigens oft von meinem Körper und mir, als wären wir zwei verschiedene Einheiten und nicht eine geschlossene. Das kommt, weil er selten das macht, was ich möchte, und manchmal nicht mir, sondern meiner Krankheit gehört.

Aber zurück zur eigentlichen Story: Ich saß im Kunstunterricht und spürte, wie meine ganze linke Körperhälfte sich von mir verabschiedete. Ich legte den Stift weg und sah von meinem Blatt hoch. Mein Lehrer hat damals im Unterricht oft Musik laufen lassen. Meine Mitschüler:innen liefen kreuz und quer durch den Raum. Ich nahm alles nur noch verschwommen wahr. Die Stimmen waren verzerrt. Die Lichter und der Raum zu bunt, zu viel. Der Klebstoff, mit dem viele im Raum arbeiteten, zog mir in die Nase, und mir wurde schlecht. Blitze machten sich in meinem Sichtfeld bemerkbar und hinterließen schwarze Punkte. Mir wurde schwindelig. Kennst du das, wenn du zu lange in die Sonne guckst, zu schnell aufstehst und dann die Kontrolle über den Körper verlierst? Ungefähr so fühlt sich das an. Fünf Sekunden später schlug meine Aura richtig zu.

Ich war komplett neben der Spur. Als meine Freundin meinen leeren Blick bemerkte und sah, dass ich mich nicht mehr bewegen oder reden konnte, legte sie ihre Hand auf meine und fragte mich leise, ob alles okay sei. Ich antwortete nicht. Ich konnte nicht. Tränen liefen mir über die Wangen. Ich bemerkte es kaum. Da packte sie mich und rief laut durch den Raum, dass wir Hilfe bräuchten. Ernst nahm uns keiner. Unser Lehrer, genervt von der Störung, beauftragte sie, mich ins Krankenzimmer zu bringen, er dachte wahrscheinlich, wir würden schwänzen wollen. Wir schafften es bis in den Flur. Ich stützte mich noch an der Wand ab. Dann wurde alles schwarz.

Als ich aufwachte, hatte ich einen stinkenden und nassen Tafellappen auf der Stirn (übrigens absolut nicht zu empfehlen: nichts, wirklich gar nichts, riecht so schlimm wie ein Tafellappen), und meine gesamte Klasse samt Lehrer starrten mich an. Kreidewasser lief mir an meinen Schläfen herunter. Eine Zeit lang lag ich nur da, bis die Schulsanitäter mich vom Boden aufkratzten und ins Krankenzimmer trugen. Da lag ich dann. Mit zwei fremden Dudes um mich herum, die sich selbst Sanitäter nannten, aber eigentlich nur ältere Mitschüler waren, mitten in einem Migräneanfall. Jemand hatte mir meine Tasche gebracht, und ich nahm meine Tabletten, die mich komplett ausknockten. Meine Mutter holte mich ab. Das Sekretariat hatte damals nicht zum ersten Mal zu Hause mit der Bitte angerufen, dass jemand kommen und mich abholen solle.

Als ich langsam wieder zu mir kam, meine Aura verschwunden war und mein Kopf nur noch leicht schmerzte, setzte ich mich auf der Liege auf, die selbsternannten Sanitäter neben mir. »Na, keinen Bock auf Schule, was?«, fragte der eine und grinste mich an. Ich starrte ihn aus meinen mit Mascara verklebten Waschbäraugen heraus an. Hätte ich mich nicht sowieso schon so gefühlt, wäre spätestens dieser Spruch ein Schlag in die Fresse gewesen.

Vorfälle wie dieser waren für mich an der Tagesordnung. Ich ging zur Schule, bekam Anfälle, wurde nicht ernst genommen, kippte um und wurde wieder abgeholt. Meine Mutter kam fast so häufig zur Schule wie ich. Vermutlich dachte sie damals schon darüber nach, ein Busunternehmen zu gründen, so oft, wie sie mich abholen musste.

Mitschüler:innen nahmen mich nicht ernst und drückten mir Sprüche. Ich bekam immer schlechtere Noten, unter anderem, weil ich eben wegen Verdachts auf Schlaganfall zwei Wochen im

Krankenhaus lag, in der Schule gefehlt und »zu viel Stoff versäumt hatte«. Mündlich bekam ich in einem Fach eine glatte Sechs, weil ich durch mein zweiwöchiges Fehlen nicht bewertet werden konnte. Was niemand der Lehrer:innen wusste: Meine Krankschreibung galt eigentlich für volle sechs Wochen. Ich kehrte nach zwei Wochen zurück, weil ich Angst um meine Zukunft hatte, obwohl ich natürlich auch Angst um meine Gesundheit hatte. Sehr starke Angst sogar. Ich musste abwägen. Hausaufgaben und Lernstoff türmten sich in meinem Zimmer. Meine Eltern sorgten sich. Meine Eltern weinten. Versuchten, mich zur Schule zu schicken, selbst wenn mein Körper die heranrollende Attacke schon spürte. Manchmal quälte ich mich auch selbst hin, weil ich es mir selbst beweisen wollte. Nur, um dann nach der Hälfte der Busstrecke auszusteigen und in die Mülltonne neben der Bushaltestelle zu kotzen.

Und meiner Migräne? Der war das alles scheißegal.

Wenn ich so darüber nachdenke: Vielleicht stimmt es gar nicht, was ich zu Beginn des Kapitels gesagt habe. Vielleicht bin gar nicht ich das Problem. Vielleicht war ich es nie. Vielleicht ist es ja die Gesellschaft, die eines ist.

DIE WUNDERPILLE

ACHTUNG:
Ich berichte im folgenden Kapitel nur aus der Sicht einer Migränikerin mit Aura. Ich selbst kenne auch Betroffene, die keine Aura haben, an einer hormonell bedingten Migräne leiden und durch das nachfolgend beschriebene Einnahmemittel positive Veränderungen bezüglich der Migräne verspüren.
Doch auch hier gilt: Bitte informier dich! Bitte besprich alles mit deinem Arzt/deiner Ärztin, und hol dir gern eine Zweitmeinung ein.
Denn hiermit ist wirklich nicht zu spaßen.

Als pubertierendes Mädchen dachte ich, ich sei erwachsen. Ich dachte mit fünfzehn Jahren, ich stünde mitten im Leben. So, als wüsste ich genau, wie das Leben abläuft und funktioniert. Logischerweise saß ich also im Wartezimmer einer Frauenarztpraxis, verschränkte die Arme und verdrehte die Augen, als ich hörte, dass sich meine Mama im Besprechungszimmer lautstark mit meiner Frauenärztin stritt. Wie uncool, dachte ich. Warum legt sich meine Mutter mit der Ärztin an? Wieso schiebt sie nur so nen Film (um es mal in meiner damaligen Jugendsprache zu sagen)?

Dafür, dass ich mich zu dem Zeitpunkt schon komplett erwachsen fühlte, war ich bei dem Frauenarztbesuch ganz schön nervös. So nervös, dass meine Mutter mich nicht nur zu dem Termin hingefahren hat, sondern auch noch mit mir in die Praxis mit reinkommen musste. Ich war saunervös. Erwachsensein hin oder her.

Abgesehen davon finde ich aber übrigens auch heute noch, dass Gynäkologen-Besuche nichts Schönes sind. Die Untersuchung ist einfach nicht angenehm, egal, wie toll die Mediziner:innen sind. Es ist notwendig, in jedem Fall, und man sollte wirklich regelmäßig zu den Kontrollen gehen und sich untersuchen lassen, aber Butter bei die Fische, das ist einfach nicht angenehm. Und die meisten Praxen, die ich bisher besucht habe, sahen wirklich nicht gerade einladend aus. Die meisten sind wahnsinnig kühl eingerichtet. Wobei ich das auch wiederum fast auf alle Praxen, egal, aus welchem Bereich, beziehen könnte.

Trotzdem war ich noch nie so aufgeregt wie vor meinem ersten Frauenarzttermin. Das war, als hätte ich irgendeine Prüfung vor mir. Und es ist ja auch so, dass dich die anderen medizinischen Kontrollen schon dein Leben lang begleiten, beispielsweise bei deinen Zähnen, und bei dieser weißt du gar nicht, dass es sie gibt, bis sie in der Pubertät plötzlich auf der Matte steht.

Wir halten also fest: Ich fühlte mich krass cool zu dem Zeitpunkt. Und trotzdem zitterten meine Knie im Wartezimmer, als gäbe es kein Morgen mehr. Ich wollte natürlich, dass meine Mutter mit in die Praxis kommt, aber natürlich wollte ich auf gar keinen Fall, dass sie mit in den Besprechungsraum geht. Dann wäre ich vor Scham geplatzt. Auch wenn meine Geschwister und ich eine sehr lockere und offene Erziehung genießen durften, wäre das für mein fünfzehnjähriges Ich definitiv zu viel gewesen. Rückwirkend merke ich an der Stelle, dass es Eltern mit Kindern in dem Alter nicht ganz so leicht haben. Vor allem, wenn die Kinder – so wie ich zu dem Zeitpunkt – in ihrer Ich-bin-zu-cool-für-alles-Phase sind.

Die Ärztin war zum Glück sehr freundlich. Ich kam in den Raum rein, und sie hat mir direkt ein gutes Gefühl gegeben. Ich stellte mich vor und erklärte ihr, warum mich mein Weg zu ihr führe. »Primär wegen meiner Migräne«, sagte ich ihr, »und natürlich auch wegen der ganz normalen Kontrolle.«

GANZ NORMALE KONTROLLE, SO ALS HÄTTE ICH DAS JEMALS SCHON MAL GEMACHT.

Mit komplettem Selbstbewusstsein schoss mir dieser Satz heraus, so, als hätte ich in meinem Leben noch nie etwas anderes getan. Nachdem wir die Fragen geklärt hatten, gingen wir in den nächsten Raum – das Behandlungszimmer. Das Zimmer mit diesem viel zu riesigen Stuhl. Die Instrumente, die wie die Requisiten eines Horrorfilms aussahen, direkt daneben, und dann noch diese kalte kleine Kabine in der Ecke, in der man sich »untenrum bitte einmal freimachen« soll.

In der Kabine angekommen, dachte ich kurz, ich muss mich vielleicht übergeben, und das ausnahmsweise mal nicht wegen der Migräne, sondern vor Aufregung. Ich vermute mal, dass ich auch nicht mehr ganz so cool gewirkt habe und die Ärztin mir die Angst angesehen hat und mir deshalb extra viele Fragen stellte. So viele, dass ich beinah vergaß, dass ich auf diesem kalten Stuhl saß und untersucht werde.

Irgendwann kamen wir vom Smalltalk wieder zurück auf meine Migräne zu sprechen. Die Ärztin fragte, seit wann ich unter Migräne litte, was ich bisher für Tabletten dagegen genommen und welche Behandlungen ich schon durchlaufen hätte. Als die Untersuchung endlich vorbei war und wir zurück ins Besprechungszimmer gingen, kam meine Frauenärztin plötzlich auf die Antibabypille zu sprechen. Ich wusste natürlich, dass es sich dabei um ein Verhütungsmittel handelt, mehr aber auch nicht.

Doch die Ärztin erzählte mir, dass man sie auch verschrieben bekomme, wenn man unter Migräne leide. Und in diesem kalten Behandlungszimmer brachte sie mich mit einem Satz in mein persönliches Paradies: »Fast alle meine Patientinnen haben keine Migräne mehr, seitdem sie die Pille nehmen.« Den Satz habe ich bis heute im Kopf.

Zum ersten Mal in meinem Leben mit Migräne hatte ich etwas gehört, das mich etwas fühlen ließ, was ich vorher noch nie gespürt hatte: Hoffnung. Plötzlich bekam ich das Gefühl, dass mein Leiden ein Ende hat. Ich würde mich nicht mehr mit Schmerzen auseinandersetzen und ich würde erst recht nicht mehr von Arzt zu Arzt und von Ärztin zu Ärztin rennen müssen. All die Termine, all die verloren gegangenen Hobbys, Freundschaften – all das würde der Vergangenheit angehören. Ich hätte endlich mein Leben zurück!

Ich würde so intensiv und genauso leben wie alle anderen Jugendlichen auch. Ich hatte genau das, wonach ich mich so verzweifelt gesehnt hatte:

Ich hatte meine Wunderpille gefunden.

Voller Freude und mit einem breiten Grinsen im Gesicht ging ich ins Wartezimmer zurück. Auf dem Weg zum Auto bemerkte meine Mutter mein fettes Strahlen und fragte, warum ich so gut drauf sei. Als ich ihr das Rezept in die Hand drückte und ihr erklärte, dass ich jetzt die Pille nähme und künftig migränefrei sei, blieb Mama stehen. Sie blickte auf das Rezept und sagte ein paar Sekunden lang gar nichts. Dann stürmte sie, mich im Schlepptau, zurück und verlangte nach der Ärztin. An der Stelle muss ich dazu sagen, dass sich das alles vielleicht schlimmer anhört, als es war. Aber ich war nun mal mitten in der Pubertät, verdammt cool (vermutlich eine Perspektivfrage) und versank in dem Moment vor Scham im Boden.

Als wir anschließend im Auto saßen, schwiegen wir uns ein paar Minuten an. Meine Mutter holte tief Luft. Dann gab sie mir das Rezept zurück, und wir machten das, was wir so oft zusammen machten: Wir fuhren in Richtung Apotheke.

Später verstand ich, wieso meine Mutter so reagiert hatte, wie sie reagiert hatte. Sie hatte die Krise bekommen, weil junge Mädels ohne vernünftige Aufklärung die Pille verschrieben bekommen, so als würden sie Bonbons am Kiosk abholen. Oftmals auch noch begleitet von Sätzen wie: »Wenn du die Pille nimmst, bekommst du glänzenderes Haar« oder »Wenn du die Pille nimmst, dann hast du keine Akne mehr« oder sogar mit dem Totschlagargument jeder Fünfzehnjährigen: »Wenn du die Pille nimmst, wachsen endlich deine Brüste.« Was für eine Menge an Chemie und Hormonen wir uns dafür reinhämmern, wird gern verschwiegen.

Der Grund, warum meine Mama mich am Ende des Tages dann aber doch unterstützt hat und mit mir zusammen die Tabletten kaufte, ist der folgende: Wir waren verdammt verzweifelt. Wir wollten nichts unversucht lassen. Und wir haben uns auf die Expert:innenmeinung verlassen.

Wie gesagt: Die Hoffnung stirbt zuletzt.

Im ersten Jahr nach Einnahme der Pille veränderte sich nichts bei mir. Mein Haar wurde nicht glänzender. Meine Brüste wurden nicht größer. Vor allem aber wurden meine Migräneanfälle nicht seltener, und sie verschwanden erst recht nicht einfach durch Zauberhand.

Mir war bewusst, dass man nicht von heute auf morgen eine Veränderung erwarten konnte. Der Körper muss sich erst einmal zurechtfinden und alles einordnen, dachte ich. Also nahm ich das Verhütungsmittel weiter. Irgendwann wurde es zur Gewohnheit, und ich schluckte die Pille weiter. Auch die Hoffnung blieb.

Was aber hinzu kam, war die Angst: Vielleicht haben sich meine Anfälle ja schon verringert, und ich merke es nur nicht, weil ich die Pille schon so lange nehme? Vielleicht kämen meine Anfälle ohne sie häufiger und stärker? Das Beste wird sein, sie einfach weiter zu nehmen. Immerhin spüre ich durch das Medikament keine Nebenwirkungen. Warum also aufhören?

»Frau Quantius, es tut mir leid, Ihnen das sagen zu müssen, aber Sie stehen seit sieben Jahren mit einem Bein im Grab«, sagte mir dann eine andere Frauenärztin ein paar Jahre später. Ein weiterer Satz, der sich tief in mir verankert hat. Ich nahm seit sieben Jahren die Antibabypille, durchgängig und ohne Pause – in der Hoffnung auf ein schmerzfreies Leben –, und kann heute von Glück reden, dass mich in der Zeit nicht tatsächlich noch ein Schlaganfall überrascht hat.

Ich war seit meinem elften Lebensjahr bei ganz verschiedenen Ärzt:innen in Behandlung und nicht eine:r von ihnen hat mich jemals darüber aufgeklärt, dass sich mein Risiko für einen Schlaganfall als Migränikerin mit Aura drastisch erhöhe, wenn ich die Pille nehme. Vor allem, wenn ich sie durchgängig nehme.

Mittlerweile habe ich mich überwinden können, sie abzusetzen. Und siehe da, an meinen Anfällen hat sich nichts geändert. Sie sind nicht stärker geworden und auch nicht schwächer. Meine Hoffnung auf eine Besserung durch das Medikament ist verschwunden, sonst ist alles beim Alten. Außer, dass ich wegen der Antibabypille nicht mehr mit einem Bein im Grab stehe.

NEUROLOGE PROF. DR. GEREON NELLES IN ZUSAMMENARBEIT MIT DER SCHMERZKLINIK KIEL

Manche sagen, du darfst sie nehmen, andere sagen, du darfst sie auf keinen Fall nehmen – fast nirgendwo gehen die Meinungen so stark auseinander wie beim Thema »Migräne und Antibabypille«.

Vorrangig bei hartnäckigen und besonders schwer zu behandelnden Migräneattacken wird die Antibabypille als potenzieller Auslöser ausgemacht. Laut Schmerzklinik Kiel ist es doppelblinden und placebokontrollierten Studien zufolge allerdings so, dass es zwischen den beiden Variablen keine eindeutige Verbindung gibt.

Einen statistischen Zusammenhang gibt es zwar mit dem Zeitraum, in dem Migräneattacken häufig neu auftreten: Anfälle treten gehäuft in der zweiten Lebensdekade auf – also genau dann, wenn oft erstmals die Antibabypille eingenommen wird. So gibt es zumindest einen Zusammenhang – ob die Pille dabei aber auslösend und ursächlich ist, bleibt unklar.

Wichtig ist allerdings laut Schmerzklinik Kiel, dass neue Studien darauf hinwiesen, dass das Risiko von Schlaganfällen bei Migräne zwei- bis dreifach erhöht ist. Da die Antibabypille dieses Risiko zusätzlich erhöht – insbesondere im Zusammenhang mit dem Rauchen – sollte bei plötzlichem Auftreten von neurologischen Störungen (z. B. Schwindel, Lähmungen, Sprachstörungen usw.) möglichst umgehend eine neurologische Untersuchung vorgenommen werden.

So oder so gehen mit der Antibabypille, wie mit jedem anderen Medikament auch, Nebenwirkungen einher, die sorgfältig abgewogen werden sollten.

EIN BLICK IN MEINE HANDTASCHE

Damit meine Migräne nicht schneller zum Zug kommt, als sie muss, habe ich seit meiner frühesten Jugend immer eine Geheimwaffe bei mir: meine Handtasche. Eigentlich darf niemand da reinsehen, weil mir der Inhalt ziemlich peinlich ist. Alles daran ist superchaotisch. Die vielen Sachen sind meine Absicherung dafür, dass ich den Alltag packe. Ohne meine Handtasche gehe ich nicht vor die Haustür. Sobald etwas fehlt, kreisen meine Gedanken darum, was Panikattacken auslöst – und meine Migräne. Dich lasse ich trotzdem mal reinschauen, vielleicht hilft dir der Inhalt auch:

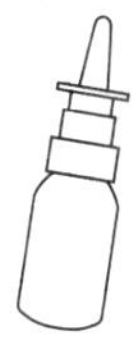

1. Zweimal Nasenspray: Wenn ich Kopfschmerzen habe, nehme ich oft Nasenspray, damit der Sauerstoff auch wirklich ankommt und die Nasennebenhöhlen nicht verstopft werden (zwei, um abgesichert zu sein, dass ich eins dabeihabe).

2. Kopfschmerz-Roll-on: Gibt es überall in der Drogerie, Stift mit Kugelaufsatz, mit Menthol und Lavendel, um zu beruhigen und zu entspannen.
3. Elotrans: Weil ich so viele Tabletten nehme, habe ich oft Magenprobleme.
4. Durchfalltabletten: Der Name der Tabletten spricht für sich, nehme ich an.
5. Tigerbalm: ähnlicher Effekt wie das Roll-on. Haue ich mir gern mal auf die Schläfen, über die Augenbraue und auf

meinen Nacken. Der Balm wirkt erhitzend und soll die Durchblutung an den eingeschmierten Stellen verbessern.

6. Tabletten gegen Panikattacken: Diese lösen Stress und damit oft auch Migräne bei mir aus (mehr dazu später).
7. Vomex: Von dem ganzen Bumms wird einem natürlich auch noch schlecht. Außerdem denkt das Gehirn bei Migräne oft, dass eine Vergiftung vorliege, weshalb der Körper Schadstoffe ausstoßen will. Deshalb übergeben sich Migräniker:innen häufig.

8. Thomapyrin intensiv: bei Migräne- und Spannungskopfschmerz, hilft bei mir aber nicht so gut, weil ich davon Magenprobleme bekomme. Hier entscheide ich mich zwischen Kopfschmerzen und Durchfall.
9. Ibuprofen 400: gegen leichte Kopfschmerzen. Nehme ich sehr selten ein, weil Aspirin – beziehungsweise Acetylsalicylsäure – mir besser gegen Kopfschmerzen hilft. Ibus nehme ich nur, wenn ich nichts anderes vorrätig habe.
10. Ibuprofen 600: gegen stärkere Kopfschmerzen.
11. Aspirin Migräne: Nehme ich ein, wenn die Schmerzen noch okay und aushaltbar sind und ich mich nicht mit Triptanen vollstopfen möchte.
12. Ohrstöpsel: um Geräusche zu reduzieren.
13. Blaulichtfilterbrille: Weil ich arbeitsbedingt viel am Laptop und Handy bin, versuche ich, der Migräne vorzubeugen und meine Augen zu schonen.

14. Ganz viele Triptane: Das Migränemedikament, das mir wirklich hilft, aber ordentlich schallert. Während eines Anfalls bekomme ich oft Herzrasen, Übelkeit, Taubheitsgefühle in Armen und Beinen, Schlappheit und kann häufig nicht reden (ich weiß aber nicht, was davon durch meine Migräne und was durch die Tabletten ausgelöst wird).

15. Femannose: Wegen der vielen Tabletten leide ich unter einer chronischen Blasenentzündung, das Mittel hilft relativ schnell dabei, dass es mir besser geht.
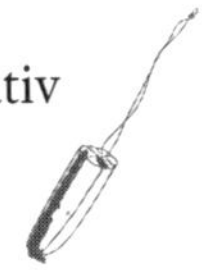
16. Tampons
17. Nasenpflaster in verschiedenen Größen: wie Tape, damit sich meine Nasenflügel weiten und mehr Luft hindurchkommt, außerdem erzeugen sie Gegendruck, was angenehm für mich ist.
18. Geldbeutel
19. Labello
20. Airpods: Damit ich unterwegs Musik und Podcasts hören kann. Allerdings nutze ich sie auch für die Noise-Cancelling-Funktion – also, um Lärm in meinem Umfeld zu reduzieren.

21. Teebeutel (Beruhigungstee)
22. Sonnenbrille: für Events wie Festivals und Konzerte, weil vor allem dort häufig Lichtshows stattfinden, die mich besonders triggern.
23. Schlüssel

Für längere Trips packe ich übrigens immer eine Wärmflasche und sogar einen Wasserkocher ein, weil mir persönlich Wärme bei Attacken hilft (nur passen diese Sachen nicht mehr in meine kleine Handtasche). All diese Dinge helfen mir bei meiner Migräne, bei dir können es ganz andere sein. Da hilft nur: ausprobieren. Leider. Trotzdem helfen dir ja vielleicht ein paar meiner Lifehacks hier.

SHIT, HEISSHUNGER AUF CHIPS

Ich will Chips. Chips mit Paprikageschmack, Chips mit Schärfe, geriffelte Chips, Chips in Känguruform, Chips mit Sourcream-Geschmack, einfach Chips. Jede Art von Chips. Und zwar sofort. Shit.

Falls du jetzt denkst, dass ich gerade schwanger bin, liegst du falsch. Damit bleiben bei mir nur noch zwei mögliche Gründe für den Heißhunger: PMS – und Migräne. Ja, richtig gelesen. Denn was bei anderen Frauen vielleicht im Supermarkt zu einem panischen Griff ins Testregal führt, löst bei mir eine ganz andere Art von Angst aus.

Bei mir ist der Hunger nach Chips nämlich vor allem eines: ein Vorbote. Anders als Trigger, zu denen ich nachher noch komme, sind Vorboten Zeichen meines Körpers, die ziemlich treffsicher einen Anfall ankündigen. Dabei solltest du diese nicht mit einer Aura verwechseln, vielleicht kannst du Vorboten eher als Teil verschiedener Phasen einer Migräne sehen.

MEIN FÜNF-STUFEN-PLAN:

Phase 1: Meine Vorboten, die mich relativ früh auf einen Anfall hinweisen können. Glücklicherweise sind sie mehrdeutig und können natürlich auch einfach andere Gründe haben, weshalb ich hier oft noch unsicher bin, ob die Migräne wirklich anrollt.

Phase 2: Meine Aura – und ich bin ziemlich sicher, dass die Migräne gleich losgeht. Jetzt habe ich nur noch wenig Zeit, um mich irgendwohin zu retten und zu hoffen, dass der Anfall schnell wieder verschwindet.

Phase 3: Krasse Kopfschmerzen und alle Begleitsymptome, die meine Migräne noch mit sich bringt (Sehstörungen, Sprachstörungen, Lähmungserscheinungen etc.).

Phase 4: Nach stundenlangem Kampf mit den Schmerzen folgt endlich die Erholungsphase, in der ich erst mal wieder mit mir selbst klarkommen und mich sortieren muss, weil ich durch die Migräne und die vielen Tabletten aus dem Leben gekickt wurde.

Phase 5: Jetzt heißt es vor allem, wieder Anschluss ans Leben zu finden. Wo bin ich? Was habe ich noch zu tun? Was davon kann ich erledigen? Ist der Anfall wirklich vorüber?

Vorboten sind, wenn man so möchte, Vorwarnungen, die meist sogar ein bis zwei Tage vor einem Anfall auftauchen können. Auch wenn diese meist nervig sind, weil sie sich in Stimmungsschwankungen, Heißhunger, Appetitlosigkeit und Müdigkeit äußern und dadurch auch mit viel Gähnen und Schlappheit einhergehen, können sie doch eine kleine Stütze sein. Denn wenn mir zum Beispiel meine Vorboten auffallen, kann ich mich zumindest mental schon einmal auf einen Anfall vorbereiten. Ich kann beispielsweise meinen Vorrat an Tabletten auffüllen und meine Wärmflasche griffbereit haben. Trotzdem ist es wichtig, dass ich mich nicht zu doll auf die Vorboten fixiere, denn auch wenn ich Heißhunger auf irgendwas habe, heißt es noch lange nicht, dass ich garantiert einen Anfall bekomme.

Solltest du also deine Vorboten entdeckt haben, mach dich

beim dritten Mal Gähnen an einem Tag nicht verrückt, denn das würde nur zusätzlichen Stress für den Körper bedeuten. Und wie du ja wahrscheinlich schon weißt, ist Stress einer der bekanntesten Auslöser von Migräne.

Natürlich kann es trotz allem passieren, dass ich einen Anfall bekomme, obwohl ich alles berücksichtige. Aber da unsere Körper ganz schön viel ackern müssen, wenn wir Anfälle bekommen, sollten wir jede Gelegenheit nutzen, die wir bekommen, um präventiv noch etwas zu verändern. Und einfach mal einen Tick zurückschalten. Wie du vielleicht merkst: Es ist ein schmaler Grat.

Wenn mir meine Vorboten auffallen, nehme ich sie bewusst wahr und versuche, tief durchzuatmen, manchmal rutscht mir dann aber doch auch mal ein: »Shit, ich habe Heißhunger auf Chips« raus. Ich probiere dann, an dem Tag langsamer zu machen und auf meinen Körper zu achten. Vorboten sind also nicht mit einer Aura zu verwechseln (mehr dazu später). Sie sind aber auch keine Auslöser für Anfälle. Nur, weil ich Heißhunger auf Chips bekomme, heißt das also nicht, dass die Chips meine Migräne auslösen.

Ganz einfach. Quasi. Wenn es doch nur einfach wäre ...

Ich habe Angst

Ich habe Angst, dass ich mit Schmerzen aufwache.
Ich habe Angst vor Stress.
Ich habe Angst, dass das Wetter umschlägt.
Ich habe Angst, dass ich meine Wärmflasche nicht dabeihabe, wenn ich woanders bin.
Ich habe Angst, dass ich meine Tabletten nicht dabeihabe, wenn ich das Haus verlasse.
Ich habe Angst vor meinen Tabletten.
Ich habe Angst vor Durchfall.
Ich habe Angst vor meiner Periode.
Ich habe Angst, dass ich mich übergeben muss.
Ich habe Angst, wenn mein Nacken verspannt ist.
Ich habe Angst, wenn Licht zu hell ist.
Ich habe Angst, wenn Musik zu laut ist.
Ich habe Angst, wenn ich rennen muss.
Ich habe Angst, wenn um mich herum zu viel passiert.
Ich habe Angst davor, auf einem Auge nichts mehr zu sehen.
Ich habe Angst vor Lähmungserscheinungen.
Ich habe Angst vor Halluzinationen.
Ich habe Angst, dass ich mein Bewusstsein verliere.
Ich habe Angst davor, dass ich allein bin, wenn ich mein Bewusstsein verliere.
Ich habe Angst davor, dass ich nicht allein bin, wenn ich mein Bewusstsein verliere.

Ich habe Angst davor, dass ich mein Bewusstsein verliere, wenn
ich in der Öffentlichkeit bin. Ich habe Angst, dass ich mein
Bewusstsein verliere, wenn ich in der Öffentlichkeit bin,
weil ich Angst vor der Reaktion anderer habe.
Ich habe Angst davor, dass ich mein Bewusstsein verliere
und unglücklich stürze.
Ich habe Angst davor, dass ich unglücklich stürze
und mich dabei verletze.
Ich habe Angst davor, was andere von mir denken,
wenn sie mich krank sehen.
Ich habe Angst davor, was andere von mir denken,
wenn sie mich sehen und ich nicht krank bin.

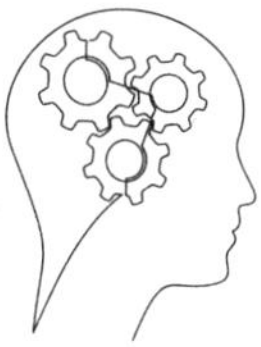

BERUFSVERBAND DEUTSCHER PSYCHOLOGINNEN UND PSYCHOLOGEN: NEUROPSYCHOLOGE PROF. DR. ERICH KASTEN

Millionen Betroffene leiden unter Migräne. Erschreckend ist auch, dass bereits rund 4 bis 5 Prozent der Kinder davon berichten. Aufgrund von Zahlen aus internationalen Studien geht man darüber hinaus davon aus, dass weit über 40 Prozent der Migräne-Patient:innen Angststörungen haben.

Bei mehr als 20 Prozent wurde eine regelrechte Depression festgestellt. Hinzu kommt die permanente Angst, Migräne zu bekommen, denn der Anfall erreicht einen immer zum falschen Zeitpunkt; so, als wenn »da oben« jemand sitzt und auf den Knopf drückt, wenn es absolut und wirklich gar nicht passt. Aufgrund dessen entwickeln manche Patient:innen eine permanente Furcht – insbesondere vor wichtigen Terminen, dass genau dann eine Attacke kommt und einem die Prüfung, Präsentation oder ein Verkaufsgespräch verdirbt oder aber die Betroffenen gar nicht erst hinfahren können.

Den Zahlen nach ist es sogar erschreckenderweise so: Die Wahrscheinlichkeit, eine Angststörung auszubilden, ist als Migräne-Patient:in dreimal so hoch wie bei Nicht-Betroffenen (siehe Abbildung).

Angesichts dieser hohen Anzahl Betroffener sind wunderlicherweise die genauen Ursachen von Migräne erschreckend unklar. Das Gehirn selbst ist schmerzfrei, was zunächst irritierend erscheint, da Kopfschmerzen ja nun einmal extrem wehtun können. Der Schmerz wird in den Blutgefäßen gespürt, die das Gehirn versorgen. Je nach Anforderung können Blutgefäße sich erweitern oder verengen.

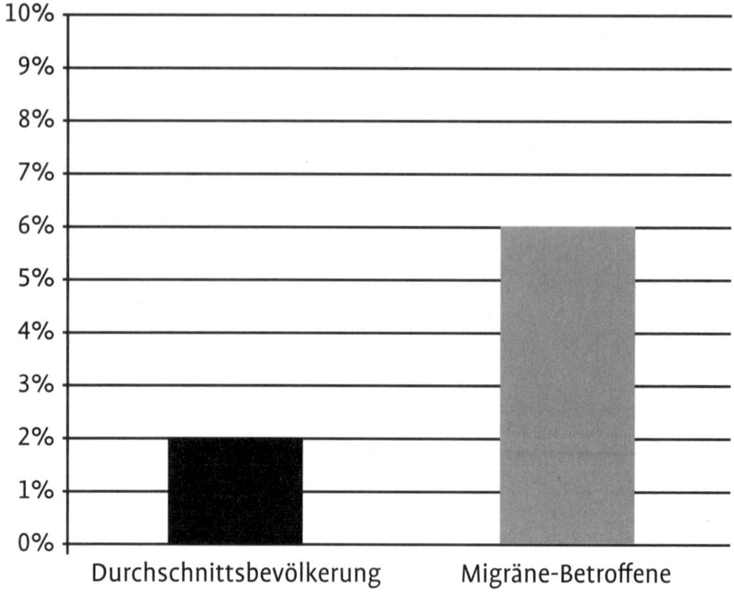

Abb.: Häufigkeit von Angststörungen in der Bevölkerung und bei Migräne-Betroffenen

Ein Hirnbereich, der gerade dringend gebraucht wird, kann dadurch besser versorgt werden als ein Areal, das gerade nicht so wichtig ist. Eine erste Theorie ging davon aus, dass ein zu starkes Zusammenziehen für den Beginn der Attacke verantwortlich ist – das Gehirn merkt die Unterversorgung, und es kommt anschließend zu einer massiven Erweiterung, die nun die zweite Phase des Anfalls einläutet.

Diese Erklärung ist nach heutiger Ansicht aber nur teilweise richtig, sie gilt insbesondere für eine Hirnstruktur, die auf den komplizierten Namen »periäquaduktales Grau« hört, man darf sie aber auch einfach »zentrales Höhlengrau« nennen. Hier kommt es im Verlauf der Migräneattacke zu Schwankungen der Durchblutung. Diese Struktur ist unter anderem für das absteigende Schmerzsystem verantwortlich.

Um dies zu verstehen, muss man wissen, dass es ein aufsteigendes Schmerzsystem gibt (es bringt den Schmerzreiz von der Wunde in der Peripherie des Körpers ins Gehirn) und ein absteigendes Schmerzsystem, welches den Schmerz hemmen kann. Dieses zweite System ist wichtig, denn wenn man gerade von einem Werwolf gebissen wurde, kann man sich nicht weinend hinlegen, weil es so wehtut, sondern muss weiterkämpfen.

Daher wird der Schmerz unterdrückt. Dieses System wird von körpereigenen Opiaten beeinflusst, damit man den Schmerz nicht so intensiv spürt. Das zentrale Höhlengrau hat aber auch eine enge Verschaltung zum Angstzentrum im Limbischen System des Gehirns; möglicherweise erklärt sich dadurch der Zusammenhang von Ängsten und Migräne.

Allerdings scheinen Schwankungen der Durchblutung nicht der einzige Faktor zu sein. Die Ursachen sind weitaus komplexer. Man spricht hier vom »Multikausalitätsprinzip«, das heißt, mehrere Ursachen müssen zusammenkommen, damit diese zermetzelnden Kopfschmerzen entstehen.

Die aktuelle Forschung geht davon aus, dass sich das Gehirn von Migräne-Patient:innen ständig in einem hochgradigen Erregungszustand befindet und in Ruhesituationen nicht so brav herunterfährt wie bei Gesunden. Es befindet sich ständig in einem Hab-Acht-Status, der aber nur die neuronale Grundlage für einen Anfall darstellt. Nun bedarf es noch einer auslösenden Situation.

Dies kann z. B. Stress sein (auf solche »Trigger« gehen wir später noch ein). Es kommt zu einer übermäßigen Aktivierung bestimmter Hirnbereiche, verbunden mit der Ausschüttung von Botenstoffen, die dann unter anderem Übelkeit und Erbrechen auslösen. Diese ständige Hyperaktivität erklärt auch die nahe Verwandtschaft zu Angststörungen.

Denn auch Menschen, die unter einer generalisierten Angststörung leiden, befinden sich stetig in einem hohen Level der Wahrnehmung potenziell gefährlicher Situationen. Auch dass Migräne-Patient:innen oft einen Heißhunger auf Süßigkeiten entwickeln, lässt sich

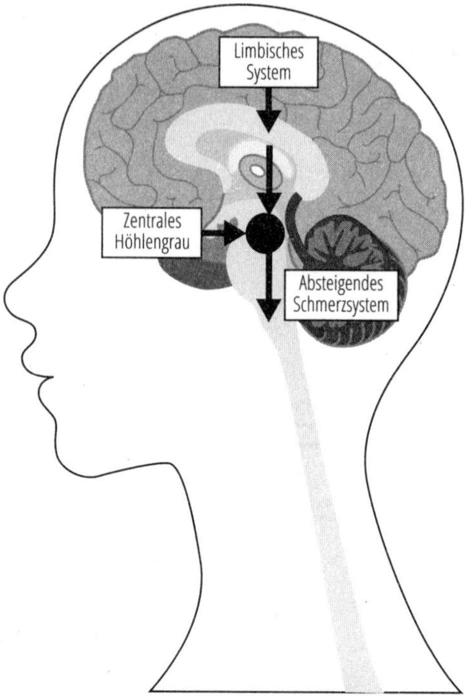

Abb.: Das absteigende Schmerzsystem kann Schmerzen dämpfen.

mit dem Modell der Übererregung erklären: Das Gehirn verarbeitet vorrangig Glukose, um zu funktionieren, und wenn es auf Super-Höchstgeschwindigkeit läuft, benötigt es natürlich höhere Werte von Blutzucker. Das Gehirn schreit sozusagen nach etwas Süßem.

Auch diese Theorie erklärt den Migränezustand aber noch nicht befriedigend, der ja typischerweise in zwei Phasen abläuft. Wie bei dem Modell der Durchblutungsstörung vermutet man, dass auf ein Stadium der totalen neuronalen Übererregung ein übermäßiges Abbremsen der Hirnfunktionen folgt. Dieses Modell geht davon aus, dass durch die massive Ausschüttung neuronaler Transmitter in der Erregungsphase anschließend ein Mangel entstanden ist, vergleichbar mit einem leeren Benzintank im Auto.

Hierbei entstehen als weitere Folge auch Störungen der Konzentration der Elektrolyte im Gehirn, die dann die Schmerzrezeptoren erregen. Auf längere Dauer folgt die Ausschüttung von Entzündungsmediatoren, die offenbar in den Blutgefäßen des Gehirns Mikroentzündungen hervorrufen. Diese Entzündung breitet sich langsam über das Gehirn aus. Langfristig bemerkt das Gehirn dann seine eigene Fehlfunktion und beginnt, den Schaden auszugleichen. Leider kann es mehrere Stunden und zum Teil sogar Tage andauern, bis die Attacke vorüber ist.

ICH HABE ANGST VOR DER ANGST

Ich hatte eigentlich einen meiner guten Tage – als ich bei Minusgraden und in Winterjacke mit meiner Oma auf dem Balkon stand und dachte, dass ich ersticke. Mein Atem ging flach, mein Herz raste, und ich dachte, dass ich sterbe.

In dem Haus, in dem ich groß geworden bin, haben wir zu elft gewohnt. Meine Eltern, meine Geschwister, meine Großeltern und ich. Na ja, und meine Zwergkaninchen Cherry und Charlie. Ich habe sehr schöne Erinnerungen an unser Familienhaus. Es war ein sehr großes weißes Haus mit einer großen blauen Eingangstür und blauen Fensterrahmen. Wir hatten einen riesigen Pool im Garten und ein Trampolin. Die Fußballtore durften natürlich nicht fehlen. Auf genau diesen Spielplatz schaute ich jetzt mitten in der Nacht von unserem Balkon aus. Leider war das nicht ganz so romantisch, wie es klingt. Denn ich war mir in dem Augenblick sicher, dass ich dabei war, gerade zu ersticken.

Wenn meine Eltern damals ausgingen, haben meine Oma und mein Opa auf uns Kinder aufgepasst. Sie gingen dafür einfach die wenigen Treppenstufen von ihrer Wohnung zu unserer runter und waren da. Meine Eltern mussten in meiner frühen Kindheit nie jemanden organisieren, der auf uns aufpasste. Es war fast immer jemand da, und ich habe das geliebt.

Als ich an jenem Tag damals aufgewacht war, wusste ich, ich hatte einen guten Tag vor mir. Nichts ziepte, nichts pochte, nichts tat weh. Ich konnte all das machen, worauf ich Lust hatte, ohne mich mit meiner Gesundheit zu befassen. Ich wachte fast symptomfrei auf und machte das, was ein gesundes Kind so macht.

Unbeschwert leben. Es war ein toller Tag, als meine Großeltern auf uns aufpassten. Zu schön, um wahr zu sein, und das nur, weil ich schmerzfrei durch den Tag ging. Aber das sollte leider nicht so bleiben.

Es muss an einem Wochenende gewesen sein, denn wir durften lange wachbleiben. Ich saß abends also neben meiner Oma auf der Couch, und wir sahen vermutlich eine ihrer Lieblingsserien, den *Bergdoktor* oder *Rote Rosen.*

So lief es abends bei uns immer ab, wenn meine Oma auf uns aufpasste. Außer, wenn mir Omas Serien zu langweilig waren und ich mich manchmal mit meinem Opa in der Wohnung verkroch, um mit ihm *Tatort* zu gucken. Wahrscheinlich kommt daher auch meine Liebe zu Horrorfilmen, Crime-Dokus und Crime-Podcasts. Doch an dem Tag blieb ich bei meiner Oma unten auf der Couch.

Und dann kam sie. Die Angst. Die Angst, dass der Tag sich noch zum Schlechten wenden würde.

Ich bekam Angst, dass ich doch noch Schmerzen bekommen würde. Angst, dass sich wieder wer kümmern muss. Angst, krank zu sein. So viel Angst, dass ich Schmerzen bekam. Ich hatte ein Stechen in der Brust. Mir rann der Schweiß den Rücken herunter. Ich saß und fühlte mich, als wäre ich in ein unsichtbares Loch im Boden gezogen worden. Mir wurde kotzübel, schwindelig, mein Herz überschlug sich. So doll, dass ich mir an die Seite fasste, aufsprang und voller Panik sagte: »Oma, ich kriege keine Luft mehr. Bitte hilf mir.«

Und so stand ich wenig später, in eine dicke Winterjacke gepackt, mit meiner Oma nachts auf dem Balkon und hatte keinen guten Tag mehr. Den Kopf zwischen die Beine gesteckt, die Hand meiner Oma auf dem Rücken, die Kälte im Gesicht. Meine wackeligen Beine zwangen mich auf den Boden.

»Langsam ein- und langsam ausatmen«, hörte ich meine Oma sagen. Da stand ich also mit meiner Oma bei Eiseskälte auf dem Balkon und dachte, ich ersticke. Und das nur, weil ich Angst davor hatte, dass der Tag wieder mit Schmerzen enden würde.

Ich konnte mich zwar wenig später beruhigen, aber dann fingen meine Schmerzen wirklich an.

Dass ich damals auf dem Balkon meine erste Panikattacke hatte, verstand ich erst sehr viel später und erst, nachdem ich in immer regelmäßigeren Abständen welche bekam.

So sehen manchmal meine guten Tage aus. Manchmal habe ich nicht nur Angst. Manchmal habe ich auch Angst vor der Angst.

BERUFSVERBAND DEUTSCHER PSYCHOLOGINNEN UND PSYCHOLOGEN: NEUROPSYCHOLOGE PROF. DR. ERICH KASTEN

Die »Phobophobie« ist eine psychische Störung, bei der jemand Angst davor hat, Angst zu bekommen – und natürlich genau deswegen einen Angstanfall bekommen kann. Jedem wird ab und zu einmal schwindelig, aber wenn Angst-Patienten und -Patientinnen einmal schwindelig wird, interpretieren sie das sofort in die falsche Richtung. Leider gilt diese Angst-vor-der-Angst auch für Betroffene, die unter Migräne leiden.

Situationen oder Symptome, die andeuten, dass es zu einer Migräneattacke kommen könnte, lösen augenblicklich mentalen Stress aus, der dann wiederum dazu führen kann, dass es tatsächlich zu Schmerzen kommt.

Ein Teufelskreis also:

Noch unheimlicher ist, dass, wie im vorliegenden Beispiel, selbst gute Tage zu unsinnigen Fragen führen können. Gedanken wie die folgenden können den Menschen so unter Druck setzen, dass ein belastendes Gedankenkarussell entsteht, welches dann tatsächlich dazu führen kann, dass die quälenden Kopfschmerzen auftreten: »Es kann nicht sein, dass es mir einfach nur gut geht.« Oder: »Ich hatte schon so lange keinen Migräneanfall mehr, jetzt kommt bestimmt bald einer.« Oder vielleicht auch: »Ich habe dieses Wochenende frei, mit Sicherheit versaut mir die Migräne wieder alles Schöne.«

Die Angst führt dazu, dass das komplizierte System, das die Migräne

MIGRÄNE

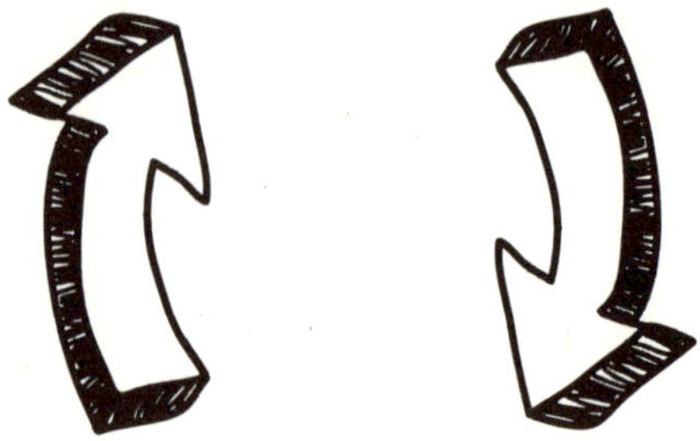

ANGST

auslöst, gestartet wird und dann automatisch abläuft. Deshalb finden Sie im weiteren Verlauf des Kapitels Lösungsansätze der Psychologie.
Beispielsweise sind die oben genannten Denkmuster genau die Schnittstelle des Behandlungsansatzes der kognitiven Verhaltenstherapie. Es geht hier darum, solche auslösenden, belastenden Gedankengänge möglichst frühzeitig zu identifizieren und sanft beiseitezuschieben beziehungsweise durch positive Denkmuster zu ersetzen. Je mehr man sich gedanklich darauf fokussiert, dass der Tag einfach nicht so unbelastet bleiben kann, wie er ist, umso größer wird auch die Angst und umso stärker der Stress, der die Attacke dann auslöst.

Hier wäre eine Möglichkeit, dass Sie beruhigende, aufbauende Alternativen finden, um solche belastende Gedankengänge wie die folgenden zu ersetzen:

»Morgen habe ich einen so stressigen Tag, bestimmt löst die Hektik Migräne aus!«

»Ich gehe heute Abend mit meinen Freunden chinesisch essen, wahrscheinlich ist da irgendwas drin, das Migräne bei mir auslöst.«

»Wir hatten die letzten Tage nur Regenwetter, ab morgen soll es aber sonnig und warm werden. Mit absoluter Sicherheit löst der Wetterumschwung eine Migräneattacke aus!«

»Ich bin schon ganz aufgeregt, am Samstagabend habe ich ein Date. Aber ich habe echt Angst, dass ich genau an dem Abend wieder Migräne kriege.«

Ein weiterer wesentlicher Baustein bei der Behandlung ist das Erlernen eines Entspannungsverfahrens. Ursache für die Schmerzattacke ist die Überstimulierung des Gehirns. Schafft man es, dass Ruhe einkehrt, dann verebbt auch der Schmerz. Wenn man Techniken wie beispielsweise die Progressive Muskelentspannung, Autogenes Training, Meditation oder auch Qigong, Tai-Chi oder Yoga beherrscht, findet man eher seine »innere Mitte« und bleibt auch in kritischen Situationen ausgesprochen ruhig.
Die folgende Atemübung ist dem Band *Mein Trainingsbuch Selbstvertrauen* entnommen. Man kann diese Technik relativ leicht erlernen. Sie hilft gegen Stress und auch dabei, zum Felsen in der Brandung zu werden:

> Atemübungen stellen eine gute Möglichkeit dar, in den Zustand einer tiefen Entspannung zu gelangen. Wichtig hierbei ist, nicht zu beginnen, erzwungen langsam oder tief zu atmen. Ihr Körper weiß, wie er atmen muss, da braucht Ihr Verstand sich nicht einzumischen. Auch Atemübungen kann man im Sitzen, im Liegen und zur Not sogar im Stehen absolvieren. Am besten führt man diese Übungen in der freien Natur durch oder zumindest bei geöffnetem Fenster.
> Spüren Sie einfach Ihren Atem, konzentrieren Sie sich darauf, wie sich dabei Ihre Bauchdecke hebt und senkt bzw. wie sich der Brustkorb ausdehnt und wieder zusammenzieht. Nachdem Sie das einige Zeit wahrgenommen haben, stellen Sie

sich vor, dass Sie mit jedem Ausatmen verbrauchten Müll, Sorgen und Krankheiten aus Ihrem Körper entfernen. Mit jedem Einatmen aber versorgen Sie Ihren Körper mit frischem Sauerstoff! Spüren Sie, wie die saubere Luft in Ihre Lungen hineingezogen wird und sich in Ihrem Körper ausbreitet und jedes Organ mit frischer Energie versorgt. Genießen Sie die völlige Entspannung Ihres Körpers.
Schieben Sie alle belastenden Gedanken zur Seite. Es ist nicht wichtig, sich jetzt Sorgen über irgendetwas zu machen. Darüber können Sie später noch genug nachdenken. Während des Entspannungstrainings ist es nur wichtig, Energie zu tanken, die Sie brauchen, um Ihr Leben zu meistern.

Eine weitere Möglichkeit, um Attacken zu lindern und präventiv zu handeln, ist eine Selbstkonditionierung auf innere Ruhebilder. Man kann sich in schmerzfreien Situationen immer wieder einen ruhigen kleinen Teich vorstellen. Legt man sich bei beginnendem Migräneanfall dann entspannt aufs Bett (zur Not reicht auch die Toilette in der Arbeitsstätte) und stellt sich diesen Teich vor, dann verbindet das Gehirn dies mit einem angenehmen Gefühl, und wenn man Glück hat, tritt die Migräne-Kaskade dann nicht auf.
Wissen muss man allerdings, dass Entspannungsverfahren manchmal nur im Vorfeld etwas nützen, um dem Stress aus dem Wege zu gehen. Ist der vollständige Migräneanfall erst einmal da, dann profitiert nur ein Teil der Betroffenen von der Entspannung. Letztlich bewirken diese Verfahren, dass man sich auf sich selbst konzentriert – dann können körperliche Schmerzen unter Umständen sogar noch stärker werden, wenn es nicht gelingt, sich davon zu defokussieren. Profit aus Entspannungsverfahren ziehen allerdings Menschen, die solche Methoden intensiv trainiert haben und sich dadurch, etwa bei der Meditation, regelrecht aus ihrem Körper herausbewegen können. Sie distanzieren sich mental von dem schmerzenden Kopf, sehen sich quasi von außen.

Ein weiterer therapeutischer Baustein kann die Akzeptanz der Migräne sein. Ein beginnender Migräneanfall löst immer belastende negative Gedanken und Gefühle aus. Aber je mehr man sich darüber ärgert, umso eher wird der Anfall sich ausweiten. Gedanken wie »Es ist, wie es ist, ich kenne das ja schon« können helfen, etwas gelassener mit der Symptomatik umzugehen. Je mehr man gegen den Kopfschmerz ankämpft, desto mehr gerät man auch in Stress, der wiederum die Schmerzen verstärkt.

Es ist aber natürlich leichter gesagt als getan, die Symptomatik einfach hinzunehmen, da es ja nun einmal wehtut. Schmerz erzwingt Aufmerksamkeit, und die Konzentration auf den Schmerz macht die emotionale Innenwelt noch negativer. Einfach alles hinzunehmen und abzuwarten (wenn man nicht gerade bei der Arbeit ist), statt dagegen anzukämpfen, kann den Migräneanfall aber deutlich verkürzen.

Gemäß aktueller Studien sind Migräne-Patient:innen meist fleißig und perfektionistisch, oft tun sie alles für andere, aber nichts für sich. Sie wollen alles selbst machen, und sie wollen es besonders gut machen. Der generelle Ratschlag lautet daher ganz simpel: Man möge einfach sein Leben mehr genießen. Und auch das ist natürlich leichter gesagt als getan.

IHR KIND IST KRANK

»Ihr Kind ist krank« – das ist wahrscheinlich ein Satz, den kein Elternteil jemals hören möchte. Trotzdem mussten ihn meine Eltern im Laufe meines Lebens immer wieder über sich ergehen lassen. Doch sie hörten ihn nicht nur deshalb, weil sie sieben Kinder haben und die Chance einfach sehr hoch ist, dass mindestens eines davon einmal ernstlich krank ist. Der Satz fiel vor allem wegen mir.

Als Erstes haben meine Eltern diesen Satz gehört, da war ich noch nicht einmal auf der Welt. Genauer gesagt, befand ich mich noch im Bauch meiner Mutter. Bei einem Ultraschalltermin war sich die behandelnde Frauenärztin plötzlich sicher, dass ich einen Wasserkopf haben würde (auch: Hydrozephalus). Bei einem Hydrozephalus handelt es sich um eine Erweiterung der Räume im Gehirn, die mit Hirnwasser gefüllt sind. Panisch machten sich meine Eltern auf den Weg zu einem Spezialisten ins Krankenhaus. Nur, um herauszufinden, dass ich kerngesund war.

Nachdem der Schreck verdaut war und beide aufatmeten, sollten sie den Satz bei meiner Geburt zum zweiten Mal hören. Wie du mittlerweile schon weißt, bin ich am 6. November 1998 in einem roten VW Passat als Sturzgeburt auf die Welt gekommen. Ich kam ganze sechs Wochen zu früh zur Welt, und wie so oft bei Frühchen dachten die Ärzt:innen auch bei mir, dass mit mir etwas nicht stimme. Nachdem sie mich auf Herz und Nieren geprüft hatten – wieder grenzenlose Erleichterung: Ich war nicht krank. Nach drei Tagen in der Klinik durfte meine Mama mich mit nach Hause nehmen.

Die Geschichte, wie meine Familie dachte, dass ich sterbe, kennst du schon. In der Klinik wurde ich komplett auf den Kopf gestellt. Kein Schlaganfall, kein Tumor im Kopf und auch kein Herzinfarkt. Nur Migräne mit Aura. Die Ironie bei der Sache: Meine Eltern bekamen den Satz so oft um die Ohren gehauen, erschreckten sich immer wieder aufs Neue und atmeten jedes Mal erleichtert auf, als er sich als falsch herausstellte. Nur bei meiner Diagnose Migräne mit Aura hörten sie ihn nicht ein einziges Mal fallen. Wir rannten von Praxis zu Praxis, verzweifelten von Besuch zu Besuch mehr, und nicht ein einziges Mal sagte meinen Eltern jemand: »Ihr Kind ist krank.«

Niemand möchte diesen Satz hören. Doch wenn er stimmt, ist es manchmal einer, den Eltern hören *müssen.* Einfach, um das Leid anzuerkennen, all die Schwierigkeiten, die ein krankes Kind nach sich zieht. Denn nicht nur mich hat meine Krankheit ge- und betroffen – sondern auch meine Eltern.

Da meine Eltern mich jahrelang aufgefangen haben, möchte ich ihnen an dieser Stelle in einem Interview ein wenig Platz einräumen. Vielleicht hilft das Gesagte auch anderen Familien:

Wann ist euch zum ersten Mal aufgefallen, dass ich anders als die anderen Kinder bin?
MUTTER: Also anders warst du schon immer. *(Alle lachen.)* Vor allem besonders schön.

Ohhh, das ist süß. Nee, aber jetzt ehrlich, Mama. In Bezug auf die Migräne.
MUTTER: Das allererste Mal war wirklich auf dem Kindergeburtstag, dass ich gemerkt habe, dass da was nicht stimmt. Als die anderen da in dem Keller gebatikt haben und du deinen ersten Kreislaufzusammenbruch hattest. Da habe ich noch gar nicht an Migräne gedacht. Ich hatte da noch gar keinen Bezug dazu. Ich dachte damals, gut, das Kind kommt eben in die Pubertät. Dann noch die unheimliche Hitze, der Geruch, die Chemie. Ich dachte allerdings, das wäre eine einmalige Geschichte.
VATER: Ich muss ehrlich gestehen, dass du damals an dem Tag deinen allerersten Anfall hattest, das habe ich so richtig erst verstanden, als du Jahre später in den ganzen Fernsehsendungen gesessen und davon erzählt hast. Ich habe das gar nicht der Migräne zugeschrieben. Für mich ist es in deiner Pubertät real geworden. Vorher habe ich das einfach abgetan, muss ich zugeben, so nach dem Motto: Das haben nun mal Mädels, wenn die sich zur Frau entwickeln. Ich würde sagen, dass ich erst realisiert habe, was Migräne bedeutet, als du dreizehn Jahre alt gewesen bist.

Ihr habt ja selbst auch keine Migräne.
MUTTER: Nee, genau. Ich hatte auch mal einen Kreislaufkollaps, aber da wurden mir die Beine hochgehoben, ich wurde stabilisiert, und dann war ich wieder da. Fertig. So hatte ich mir das zuallererst bei dir auch gedacht.

Und dann haben wir den gelben Zettel mit den Worten Migräne darauf bekommen, damals in Siegburg. Da wurde ich in die Röhre geschoben. Was waren eure Gedanken?
MUTTER: Das fand ich so beklemmend, wie sie dich mit dem Kopf voraus in diese Röhre reingeschoben haben. Du warst so klein. Na ja, und dann kam der Zettel. Ich dachte: Okay, es ist Migräne – aber letztendlich konnte ich immer noch überhaupt nichts damit anfangen. Ich dachte, du hast dann vielleicht deine Anfälle einmal im Halbjahr. Dass dich das so beeinflussen wird, habe ich in dem Augenblick nicht begriffen. Im Endeffekt habe ich meine Erfahrungen auch durch dich sammeln müssen.
Vater: Ich glaube, ich habe deinen Leidensweg in drei Phasen begriffen.

Wie meinst du das, Papa?
VATER: Die erste Phase war, als du deine Pubertät hattest. Vielleicht typisch Mann, aber ich dachte, wenn du da erst mal mit deinen Hormonen eingestellt bist und deine Tage regelmäßig kommen, geht das wieder weg.
Die zweite Phase war, als du regelmäßig Modeljobs im Ausland angenommen hast. Da dachte ich, die Migräne ist dem Lebenswandel geschuldet. Der Stress, die Flüge, zu wenig Schlaf – ich habe das darauf geschoben.
In der dritten Phase habe ich dann verstanden, dass das wirklich eine Krankheit ist, die dich dein Leben lang begleiten wird – und das erst, seitdem du damit an die Öffentlichkeit gegangen bist. Die Videos von dir haben mir den Boden unter den Füßen weggerissen.

Und wie war das bei dir, Mama? Wann hast du begriffen, dass es mit der Diagnose keinen klaren Weg gibt?
MUTTER: Ja, am Ende war das vermutlich auch bei mir ein Prozess. Am Anfang war da der Praxen-Marathon, da dachte

ich noch: Das ist etwas, das kann ich lösen. Die Erfahrungen musste ich dann aber durch dich sammeln, nicht durch die vielen Arztbesuche. Das führte alles ins Nichts. Nichts heilt. Das ist die blanke Überforderung.

Wie war das eigentlich für euch, mich so zu sehen? Gerade, als ich noch zu Hause gewohnt habe, habt ihr alles hautnah mitbekommen. Wie habt ihr euch damals gefühlt?
MUTTER: Besonders zugesetzt haben mir die Momente, wenn es dir so schlecht ging. Wenn dein Kind solche Schmerzen leidet und du dann als Mutter danebenstehst und sagen musst: »Tut mir leid, ich kann dir nicht helfen« – das tut weh. Mit der Ausnahme, dir nach dem Erbrechen die Medikamente zu reichen, kannst du nichts machen, du schaust nur zu. Das ist schon hart. Und ich hatte Angst. Ich hatte Angst davor, dass du allein bist, wenn du einen Anfall hast. Du bist ja nicht unser einziges Kind, aber ich habe mir immer ausgemalt, was passiert, wenn einer von uns einen Moment lang nicht da ist. Mit deiner Aura kannst du nicht einmal mehr deine Medikamente oder dein Wasser sehen und finden. Was ist, wenn du dich mal erbrichst und niemand ist da? Was, wenn du nachher an deinem Erbrochenen erstickst? Das macht mich bis heute verrückt.
VATER: Hilflos. Neben der Verzweiflung immer wieder die Hoffnung zu haben, Heilung zu finden, durch irgendwelche Arztbesuche – nur um irgendwann wieder enttäuscht zu werden und festzustellen, dass es einfach keine Lösung gibt. »Das pendelt sich ein«, »Das ist hormonell bedingt«, »Sie muss nur die Pille nehmen«, »Sie muss nur schwanger werden« – an solche Sätze habe ich mich geklammert wie an einen Strohhalm. Die Ratlosigkeit der Experten hat es nur noch schlimmer gemacht.
MUTTER: Dabei konnten wir nur darauf warten, dass es schnellstmöglich vorbei ist. Und schnellstmöglich waren dann zwei oder drei Tage.

Ich habe das damals gar nicht richtig hinterfragt, aber wie war das für meine Geschwister?

MUTTER: Deine Geschwister sind damit ziemlich toll umgegangen. Wenn das Wort Migräne fiel, hätte man im Haus eine Stecknadel fallen gehört. Die haben keinen Mucks mehr von sich gegeben. Insgesamt war das für uns alle aber natürlich nicht immer einfach.

Könnt ihr euch noch an den Tag erinnern, als ich mit Verdacht auf Schlaganfall ins Krankenhaus eingeliefert worden bin?

MUTTER: Das war der schlimmste Tag in meinem Leben. Ich dachte, du stirbst uns weg.

VATER: Ich weiß noch, dass ich das aber alles damals so gar nicht mit deiner Migräne verknüpft habe. Du hattest einen flachen Puls, und wir haben in meiner Familie Herzrhythmusstörungen, ich dachte also, das wäre es bei dir. Ich weiß nur, dass ich mich noch gewundert habe, dass du vielleicht etwas mit dem Herzen haben könntest, weil du ja so jung warst. Ich hätte das nie in Verbindung mit deiner Migräne gebracht. Ich hätte nie gedacht, dass Migräne so etwas auslösen kann.

Wie haben die anderen den Tag wahrgenommen?

MUTTER: Das war Horror. Der Freund von dir stand unter Schock und ist direkt mit dir ins Krankenhaus gefahren. Ich werde nie vergessen, wie deine Schwester und ich da ankamen und wie leblos du im Auto gelegen hast. Deine Schwester hat nur noch geweint, wir waren komplett in Panik. Von dir kam keinerlei Reaktion mehr. Ich dachte, das war's. Du stirbst. Und dann sind wir mit drei Mann reingestürmt. Das hat richtig tief gesessen.

VATER: Das war einfach nur heftig – für alle Beteiligten.

Ich glaube, die ganze Schulzeit war für uns anstrengend – all das ist ja auch währenddessen passiert. Wie war das eigentlich für euch?
MUTTER: Und wie. Da hatte ich selbst noch gar keinen richtigen Bezug zu Migräne, und wenn du dann gesagt hast, du seist krank, habe ich dich oft trotzdem hingeschickt. Das war wahrscheinlich nicht richtig. Ich dachte lange: Die muss halt an die frische Luft, sich ein bisschen die Beine vertreten, und dann geht es wieder. Bis ich dann gemerkt habe, damit ist es nicht getan. Mein Kind ist krank.
VATER: Meines Erachtens hast du auch oft versucht, stark zu sein und die Intensität deiner Anfälle vor uns zu verbergen. Vielleicht, um auch uns zu schützen, uns die Sorgen zu nehmen.

Das hat bei mir selbst lange gedauert, dass ich mir eingestehen konnte, wie krank ich bin. Wie oft ich gesagt habe, das geht alles schon – und dann nach zwei Bushaltestellen auf dem Weg zur Schule wieder in einen Mülleimer gekotzt habe!
MUTTER: Du warst echt unser Mülleimer-Detektor. Wie du die immer gefunden hast! Egal, wo. Am Flughafen, am Taxistand, an Haltestellen war das immer das Erste, was du ausfindig gemacht hast. Tja, und während der Busfahrt kam dann immer wieder der Anruf: »Mama, bitte hol mich ab!« Und dann funktionierst du, dann bin ich wieder ins Auto gestiegen und bin zu dir gefahren, ich war immer auf Abruf.
VATER: Man wundert sich wirklich. Trotz alledem hat sie ein besseres Abitur als ihre 180 Geschwister *(alle lachen)*.

Trotzdem habe ich mich in der Schule oft nicht verstanden gefühlt.
MUTTER: In der Schule gab es auch Lehrer, die hatten Verständnis. Nur die meisten halt gar nicht. Da hat man sich auch als Mutter oft nicht ernst genommen gefühlt, so, als hätte man

sein Kind nicht im Griff. Die dachten dann, du hättest keine Lust und schwänzt. Das war schon heftig. Wir haben ja zu Hause gesehen, wie schlecht es dir geht.
VATER: Ich muss zu meiner Schande gestehen: Bei meiner Arbeit habe ich auch Kollegen, die unter Migräne leiden und deshalb häufig gefehlt haben, und ich habe das als Ausrede abgetan. Irgendwann habe ich vor allem durch dich festgestellt, dass die Anfälle mit Wetterumschwüngen und anderen Triggern zusammenhängen. Durch dich habe ich gelernt, dass da kein Mensch was dafür kann und sich das keiner aussucht – dass es eben eine Krankheit ist. Dank dir gehe ich ganz anders mit dem Thema um.

Danke, Papa. Wenn ihr etwas ändern könntet, rückwirkend, was würdet ihr anders machen?
MUTTER: Ich würde den Lehrern entschiedener entgegentreten. Ich habe mich damals oft entschuldigt dafür, dass du krank warst. Das würde ich nicht mehr machen, du hast dir deine Krankheit nicht ausgesucht. Darauf muss dein Umfeld Rücksicht nehmen. Ich würde mehr für dich einstehen. Das würde ich heute anders machen.
VATER: Ich würde mich früher genauer damit auseinandersetzen. Wir haben damals vieles passiv aufgenommen und wenig hinterfragt, vielleicht wäre ich jetzt aktiver. Ich würde genauer nachschauen, welche Ärzte die besten sind. Und ich würde früher begreifen, dass das nicht nur eine Krankheit ist, die Erwachsene betrifft, sondern auch Kinder und Jugendliche.

Ich bin meinen Eltern unfassbar dankbar, dass sie meine Krankheit heutzutage sehen, akzeptieren und verstehen, wie sie ist. Sie nehmen meine Migräne mit Aura ernst und nehmen damit auch mich ernst. Aller Anfang ist schwer, vor allem, wenn etwas neu ist. So war es auch mit meiner Migräne für uns alle.

Mit einer unsichtbaren Krankheit kann man sich sehr einsam fühlen. Missverstanden. Nicht ernst genommen.

Umso schöner ist es, wenn man Freund:innen und Familie um sich hat, die einen verstehen und auch verstehen wollen. Das heilt nicht die Krankheit, aber es nimmt eine riesige Last.

Und dafür bin ich dankbar.

Danke, Mama & Papa.

ICH HEISSE PHIA, UND ICH HABE EINE HENNE UND EIN EI

Meine Oma aus Köln würde an dieser Stelle fragen: Wer war zuerst da, die Henne oder dat Ei? Die Angst, die Panikattacke oder die Migräne? Ehrlich gesagt: Ich habe keinen blassen Schimmer. Ich weiß nur, dass ich mit alldem klarkommen muss. Und tatsächlich scheint das ja nicht nur mir so zu gehen, sondern auch vielen anderen Migräniker:innen. Wie schon gesagt, besitzen Patient:innen ein weitaus höheres Risiko, an Depressionen, Angst- oder Panikstörungen zu erkranken.

Jetzt möchte ich nicht, dass du direkt den Kopf in den Sand steckst und denkst: Prima, danke für dieses aufmunternde Kapitel. Als wäre die Migräne an sich nicht schon beschissen genug.

Warum ich trotzdem darüber schreibe: Ich glaube, dass wir in einer Gesellschaft leben, in der Kopfschmerzen schon zu viel sind. Wir leben so leistungsorientiert, dass wir unmöglich nicht funktionieren dürfen. Das Wort Belastbarkeit ist wie die Sonderauszeichnung früher bei den Bundesjugendspielen.

Das ist grundsätzlich problematisch. Wenn man aber – wie ich – mit einer chronischen Erkrankung lebt, die auch noch weitere mit sich zieht, ist es fast unmöglich, dafür auch noch den Raum von anderen zu bekommen. Spätestens die zweite Begleiterscheinung wird meiner Erfahrung nach nicht mehr ernst genommen. So, als ob es eine ungeschriebene Regel gäbe, die besagt, dass du – wenn überhaupt – nur eine Erkrankung haben darfst und alles Weitere gelogen oder einfach zu viel wäre.

Das erhöht natürlich zusätzlich den Druck. Zusätzlich zu

meinen Schmerzen kommen Aussagen wie »Wie, du bist schon wieder krank?«, »Was denn jetzt noch?«, »Dramatisierst du das nicht ein ganz kleines bisschen?«. Ich bekomme das Gefühl, die Sachen gar nicht mehr ansprechen zu dürfen, obwohl gerade das ein wenig Last nehmen könnte.

Belastbarkeit spielt in unserer Gesellschaft eine große Rolle. Ich weiß zwar nicht, warum, aber es ist was Tolles, wenn du belastbar bist. Das hat zur Folge, dass nicht-belastbare Menschen als faul abgestempelt werden – auch wenn sie krank sind. Dabei bin ich belastbar. Das schreibe ich nicht, weil ich ein gigantisches Selbstbewusstsein habe, sondern weil ich all die Dinge mache, die ich mache, obwohl ich krank bin. Obwohl ich Migränikerin bin.

Ich bin mal so frech und behaupte, dass gesunde Menschen nicht ansatzweise an die Belastbarkeit rankommen von Menschen mit Krankheiten. Denn wir funktionieren und ziehen unser Ding durch. Trotz allem. Das soll uns erst mal jemand nachmachen. Trotzdem wird man schief oder bestenfalls mitleidig angeguckt, wenn man dann doch ausfällt. Wenn man wieder einen Anfall hat oder von anderen Begleiterscheinungen erzählt.

Und jetzt stell dir mal vor, wie Menschen mich angucken, wenn ich erzähle, dass ich durch meine Migräne auch noch hochsensibel bin. Das Wort sensibel hat in unserer Gesellschaft gefühlt noch weniger Platz, warum auch immer. Ich nehme durch die Migräne aber die Dinge und Reize anders wahr als gesunde Menschen. Ich reagiere nun mal sensibler auf alles. Trotzdem bin ich keine schwache Person, nur weil ich Migräne habe. Ich empfinde mich eher als sehr stark. Genau, weil ich all das habe und trotzdem so bin, wie ich bin. Manchmal aber steigt trotz allem eine Angst in mir hoch: meine Versagensangst. Zusätzlich zum Druck von außen kommt mein eigener dazu.

Ich möchte arbeiten, ich möchte funktionieren, ich möchte produktiv sein, ich möchte Ziele erreichen, erfolgreich mit dem sein, was mir Spaß macht. Und genau deshalb habe ich bei jedem Modeljob, bei jedem Meeting, bei jedem Telefonat ein kleines Fragezeichen im Kopf, das sich wie ein Enterhaken einhängt, sobald ich zusage. Was, wenn ich Migräne habe? Je näher der Termin rückt, desto mehr Fragen hängen daran. Was, wenn ich vor Ort meinen Kolleg:innen zur Last falle? Was, wenn sich andere um mich kümmern müssen? Was, wenn jemand mitbekommt, dass ich mich übergeben muss? Was, wenn ich absagen muss? Was, wenn mich die anderen für faul halten? Was, wenn ich dann nicht mehr gebucht werde? Was, wenn mich die anderen für unprofessionell halten? Was, wenn sie mich für unzuverlässig halten? Wenn mein Zeitplan mal wieder komplett zerschossen wird?

Wenn ich bis dahin noch keine Migräne habe, folgt meist ganz schnell der Kopfschmerz, ausgelöst von – Trommelwirbel – der Angst. Wenn mir jetzt einer kommt mit »Dann hab doch einfach keine Angst mehr davor«, dann raste ich aus. Das ist so wie früher, wenn man irgendwas verlor und jemand fragte, wo man es das letzte Mal hatte.

WENN ICH DAS WÜSSTE, HÄTTE ICH ES NICHT VERLOREN.

Dabei habe ich nicht nur Angst vor der Migräne, sondern auch vor ihren Begleiterscheinungen.

Ich wohne seit zwei Jahren in Hamburg, hier bin ich mit meinem Freund Malte zusammengezogen und damit das erste Mal in meinem Leben dauerhaft weiter weg von meiner Familie. Leider ist auch meine Migräne mit Sack und Pack bei uns eingezogen. Am Geburtstag meines besten Freundes Broder hat unsere Clique ihn mit verbundenen Augen und Kopfhörern abgeholt und ihn in Hamburg in ein Restaurant gefahren. Dort haben all seine Freund:innen auf ihn gewartet und ihn überrascht. Nur wurde an dem Abend nicht nur Broder überrascht, sondern auch ich. Allerdings nicht mit Geschenken – sondern mit einer Panikattacke.

Kurz bevor wir in das Restaurant fuhren, hatte ich schon

starke und wiederkehrende Magenkrämpfe. Ich hatte die Woche davor eine Hochphase an Anfällen, weshalb ich mich mit Triptanen vollstopfte. In der Migränewoche sind die Tabletten mein Lebensretter, weil ich ohne sie den Schmerz nicht aushalte, in der darauffolgenden Woche sind sie mein Feind. Nebenwirkung: Herzrasen, Magenkrämpfe und Durchfall. Also saß ich in diesem viel zu vollen und lauten Restaurant mit teilweise mir fremden Gesichtern am Tisch, die weder mich noch meine Migräne kannten. In einem Restaurant, in dem ich vorher noch nie gewesen bin und nicht wusste, wo die Toiletten sind. In einem Restaurant, in dem sich das Personal hektisch bewegt und herumgeschrien hat, weil die Musik so laut war, dass man den Sitznachbarn anbrüllen musste, um sich unterhalten zu können. Mit Herzrasen, das wahrscheinlich von den Tabletten kam. In einer Situation, in der meine Gedanken nur noch um meine Migräne, meine Übelkeit, meine Magenkrämpfe und letztendlich um eine Panikattacke kreisten.

Ich sagte niemandem, wie es mir ging, als ich aufstand. Nachdem ich mich endlich zur Toilette gekämpft hatte, schloss ich mich in einer Kabine ein und machte Atemübungen. »Viermal ein- und sechsmal ausatmen«, sagte ich zu mir selbst. »Konzentrier dich auf deinen Bauch, Phia«, flüsterte ich und kam mir selbst verrückt vor. »Alles wird gut. Du kannst deinen Körper kontrollieren, niemand sonst. Nur du. Ganz allein du«, sagte ich immer wieder.

Als sich mein Herz endlich beruhigt hatte und sich nicht mehr überschlug, schrieb ich meinem Freund Malte, der an dem Abend nicht dabei sein konnte. Mein Leid mit jemandem zu teilen, tat in dem Moment so gut. Mit jemandem, der mich versteht, bei dem ich mich mit meiner Krankheit wohlfühle und bei dem ich weiß, dass ich ihm damit nicht zur Last falle.

Am Waschbecken ließ ich kaltes Wasser über meine Handgelenke laufen und nahm meine Tabletten zur Beruhigung. Für die Frau, die in dem Moment hereinkam und sah, wie ich mir die Tablette in den Mund stopfte und meine Tränen wegwischte, sah das bestimmt merkwürdig aus, aber das kenne ich schon. Für mich sind solche Situationen normal. Wenig später ging es mir zumindest so viel besser, dass ich mich auf den Weg nach Hause machen konnte.

Ich finde mich oft in solchen Situationen wieder. Ich reiße mir bis heute noch die Haut an den Fingern auf, wenn ich weiß, dass ich verreise und den Ort nicht kenne. Ich kaue mir heute noch auf der Lippe herum, wenn ich weiß, dass ich mit Menschen unterwegs bin, die mich und meine Migräne noch nicht kennen. Ich konzentriere mich heute noch auf meinen Herzschlag, wenn ich weiß, dass ich meine Tabletten gerade nicht vorrätig oder sogar vergessen habe. Mir wird bis heute schlecht, wenn ich weiß, dass ich morgen arbeiten und funktionieren muss, weil ich Angst vor einem möglichen Migräneanfall habe. Ich glaube auch, dass diese Angst mich immer begleiten wird.

Was ich mit diesem Kapitel erreichen möchte: Vielleicht ermutigt es dich dazu, dich deinem Umfeld anzuvertrauen, wenn es dir ähnlich geht. Es ist okay, deine Sorgen zu teilen. Es ist okay, eine Erkrankung zu haben. Es ist okay, drei Erkrankungen zu haben. Es wäre okay, noch so viele mehr zu haben. Es ist halt, wie es ist. Ich bin Phia. Ich habe mir das nicht ausgesucht. Und ich, für meinen Teil, habe eine Henne und ein Ei. Kann auch nicht jeder von sich behaupten.

DER MIGRÄNE-ZUG

Zeit ist subjektiv. Je nachdem, ob ich auf einer heißen Herdplatte sitze oder mit Malte zusammen bin, nehme ich die Dauer ganz anders wahr. Rein objektiv kann in fünfzehn Stunden aber jedenfalls ganz schön viel passieren.

Wusstest du, dass du in fünfzehn Stunden mit dem Auto von Hamburg nach Florenz in Italien kommen kannst? Oder fast viermal die Strecke zwischen Köln und Hamburg mit dem Auto zurücklegen? Die reine Flugzeit von Frankfurt nach Bali dauert rund fünfzehn Stunden. Mit fünfzehn Stunden die Woche gelten geringfügig Beschäftigte übrigens schon als Teilzeitkraft. Ganze Weltrekorde wurden in fünfzehn Stunden schon aufgestellt. Eine Chiemgauerin hat so den Jodelweltrekord geknackt.

Fünfzehn Stunden sind mehr als die Hälfte eines Tages. Manche Geburten dauern so lange. In fünfzehn Stunden kann man ein neues Leben auf die Welt bringen. Das bringt natürlich gewaltige Schmerzen mit sich, keine Frage. Ich habe da zwar keine eigenen Erfahrungswerte, aber in der Schule haben wir in Bio mal ein Video von einer Geburt angesehen, und die Schreie der Frau hallen noch heute in mir nach. Du leidest also fünfzehn Stunden Höllenqualen, aber meistens knallt der Hormoncocktail deines Körpers am Ende so heftig, dass du eine fleischfarbene schrumpelige Rosine anschaust und denkst: Das ist das Schönste, was ich je gesehen habe. Und das ist es ja irgendwie auch. Immerhin hast du ein neues Leben auf die Welt gebracht.

Fünfzehn Stunden können also eine verdammt lange Zeit sein. Fünfzehn Stunden fühlen sich zumindest sehr lang an, wenn man in dieser Zeit durchgehend von starken Schmerzen begleitet wird. Fünfzehn Stunden sind verdammt lang, wenn man sie damit verbringt, gegen den eigenen Kopf und Körper anzukämpfen, damit die Schmerzen nicht noch schlimmer werden und ausarten. Wenn man alle Vorsichtsmaßnahmen beachtet und umsetzt – mit Medikamenten, Wärme und Entspannung.

Ich habe mich in diesen Stunden immer wieder von meinem Bett zu meiner Couch geschleppt, mich aufgerafft. Ich habe mir Wärmflaschen gemacht und Wasser getrunken, ich habe Tabletten genommen und weitergemacht. Nur, um am Ende des Tages doch noch meine Migräne zu bekommen. Ich habe also fünfzehn Stunden mit nichts anderem verbracht, als auf meine Migräne mit starkem Dauerkopfschmerz zu warten. Das gehört leider auch dazu. Es sind nicht nur die Anfälle an sich, die schon mehr als belastend sind, sondern auch die sehr häufigen Tage, an denen Kopfschmerz dein Begleiter ist und sich gern mal zu einer Migräne entwickelt.

Wenn ich einen Migräneanfall habe, bewege ich mich nicht vom Fleck. Wenn überhaupt, laufe ich von der Couch zum Klo, nach Bali komme ich mit Sicherheit nicht. Wenn ich fünfzehn Stunden lang darauf warte, Migräne zu bekommen, brauche ich mit dem Arbeiten gar nicht erst anfangen. Bewusstlos klappt das suboptimal. Einen Weltrekord habe ich dabei auch noch nicht geknackt. Vielleicht schaffe ich das ja mal mit meiner Migräne. Und das Einzige, was in fünfzehn Stunden aus mir herauskommt, ist mein Mageninhalt, aber bestimmt kein neues Leben. Meine Migräne lohnt sich nicht. Meine Migräne gibt nichts. Meine Migräne nimmt. Lebenszeit. Jobs. Manchmal Freundschaften.

Das führt dazu, dass ich nicht wie andere mein Leben planen und durchtakten kann. Ich verpasse Termine. Projekte verzögern sich. Alles muss maximal flexibel sein. Und das funktioniert einfach nicht immer – weil sich das Leben manchmal nicht wiederholen lässt. Wenn meine Liebsten Geburtstag feiern und ich zusage, wissen sie bis zum letzten Moment nicht, ob ich es schaffe, und rechnen nicht mit mir. Das tut manchmal weh, obwohl das natürlich einfach realistisch gedacht ist. Wenn andere feiern und am nächsten Morgen davon erzählen, was sie alles erlebt haben, kann ich nichts erzählen – weil ich die Zeit überwiegend mit Schmerzen verbracht habe. Ich verpasse Hochzeiten. Ich verpasse Beerdigungen. Ich verpasse mein Leben.

Würde man all die Attacken aneinanderreihen, die ich schon hatte, würden sie viel zu viele Tage ergeben. Stell dir vor, du würdest einen kompletten Tag in deinem Leben verpassen. Vielleicht gerade einen besonders schönen! Du wärst da, aber trotzdem nicht da. Mein längster Anfall bislang hat 73 Stunden angedauert. Das sind drei Tage. Malte hat mich irgendwann in eine Notklinik fahren müssen, wo ich weitere Zeit damit zugebracht habe, mehr tot als lebendig an einem Tropf zu hängen.

Es ist übrigens auch nicht so, dass ich Ereignisse absage, weil ich sie durch andere ersetze. Meistens sagen Leute ab, weil sie schon etwas anderes vorhaben – weil sie einen anderen Termin im Kalender stehen haben, einen anderen Geburtstag, eine Hochzeit. Ich sage in neunzig Prozent der Fälle nicht ab, weil ich etwas anderes vorhabe. Meine Zeit ist einfach weg. Manchmal denke ich, ich lebe nur halb so lange wie andere Menschen, obwohl ich genauso alt bin wie sie. Ich bin vielleicht 24 Jahre alt, aber gelebt habe ich davon gefühlt nur zwölf Jahre an einem Stück.

Wenn ich einen Anfall bekomme, denke ich nicht darüber nach, was ich in fünfzehn Stunden alles machen könnte. Ich denke darüber nach, wann die nächsten fünfzehn Stunden endlich vorbei sind. Und ich denke sicherlich nicht übers Zugfahren nach. Meine Migräne selbst ist der Zug. Sie fährt im Bahnhof meines Lebens ein und aus. Sie verspätet sich manchmal, aber wenn sie da ist, kommt sie und nimmt mich mit. Nur, dass ich vorher schon weiß, dass mir das Ziel nicht gefallen wird.

WAS ICH SCHON ALLES AUSPROBIERT HABE

Wenn ich aufschreiben müsste, was ich alles in meinen dreizehn Jahren als Migränikerin schon für oder eher gegen meine Migräne ausprobiert habe, würde ich morgen noch hier sitzen. Trotzdem möchte ich einige Dinge mit dir teilen, weil ich weiß, wie lästig es sein kann, sich die Finger im Internet wund zu tippen. Das hier ist kein ultimativer Guide, es soll nur eine Liste mit Ideen sein, auf die du zurückgreifen kannst, wenn du Lust hast. Migräne ist so individuell, dass es keinen richtigen und keinen falschen Fahrplan gibt.

Achtung: Ich kann hier nur von mir und meiner Migräne berichten. Deswegen möchte ich hier noch mal betonen, dass es keinen richtigen oder falschen Weg für alle gibt. Denn was für mich gilt, muss nicht für dich gelten. Und: Alles unbedingt ärztlich besprechen.

1. Zahlreiche Neurologenbesuche: Migränetagebuch führen (mehr dazu später), jährliche MRT-Termine, nicht medikamentöse Prophylaxe (psychotherapeutische Verfahren, Entspannungstraining, Kognitive Verhaltenstherapie), medikamentöse Prophylaxe.
2. Medikamente: Ibuprofen, Aspirin Migräne, Dolormin Migräne, Thomapyrin Migräne, Triptane sämtlicher Art und Form (es gibt sieben verschiedene Triptane und auch verschiedene Einnahmeformen wie zum Beispiel oral oder anal, Nasenspray, Vomex (bei Übelkeit und Erbrechen).

3. Physiotherapie: Ich bekomme regelmäßig Nacken-, Kiefer- und Rückenmassagen. Der Kiefer wird von innen und außen massiert, was »geht-so-angenehm« ist, weil jemand minutenlang in deinem Mund rumhantiert.
4. Zahnarzt und Kieferorthopädie: Meine Weisheitszähne mussten damals so oder so gezogen werden, aber manchmal können diese auch ein Auslöser für die Migräne sein. Generell habe ich meine Zähne kontrollieren lassen. Ich habe eine Zahnschiene gegen das Knirschen in der Nacht. Zusätzlich sind meine Zähne geröntgt worden, um auszuschließen, dass eine Fehlstellung für meine Schmerzen verantwortlich ist.
5. Orthopädie: Ein Orthopäde hat meine Wirbelsäule, mein Becken und meine Füße auf Fehlstellungen untersucht, was auch eine Ursache für die Schmerzen hätte sein können. Vor allem, weil ich jahrelang getanzt habe. Zusätzlich habe ich Einlagen für meine Schuhe bekommen.
6. Osteopathie: Wurde eingerenkt. Und wie.
7. Frauenärztin: Ich habe mit fünfzehn Jahren die Antibabypille gegen meine Migräne mit Aura verschrieben bekommen. Spoiler: War keine gute Idee. Mehr findest du im Kapitel »Die Wunderpille«.
8. Heilpraktik: Meine Heilpraktikerin führt bei mir in regelmäßigen Abständen Akkupunktur durch oder schröpft. Beim Schröpfen wird das Gewebe durch Unterdruck gelockert, genauso Verspannungen der Muskulatur. Das wirkt schmerzlindernd und soll Blut- und Lymphfluss anregen. Meine Leber und meine Nieren sind im Zuge dessen entgiftet worden.
9. Seit meinen Besuchen bei der Heilpraktikerin nehme ich Nahrungsergänzungsmittel wie Magnesium, Vitamin C, Vitamin D, Vitamin B, Omega 3, Chlorella-Algen, Nachtkerzenölkapseln. All diese Mittel habe ich eine Zeit lang durch

Migravent ersetzt, was vieles davon kombinieren soll. Das habe ich leider nicht vertragen, möchte das an der Stelle aber aufführen, weil es vielleicht dir oder deinen Liebsten helfen kann.

10. Schönheitschirurgie: Keine Sorge, ich sag dir jetzt nicht, dass man sich die Nase operieren lassen muss, damit man nie wieder Migräne hat. Ich war beim Chirurgen, weil dieser mir Botox in den Nacken und den Haaransatz gespritzt hat, um Nerven zu weiten, die oft mitverantwortlich für Migräne sind oder auch ein weiteres Begleitsymptom der Migräne. Mehr dazu im Kapitel »Das Gegengift gegen Migräne«.
11. Stationärer Krankenhausaufenthalt: Hier war ich vorrangig in der Neurologie, da zwischendurch angenommen wurde, dass ich einen Schlaganfall hätte (davon hast du ja schon gelesen). Es gibt aber auch Aufenthalte in Schmerzkliniken, die dir dabei helfen sollen, deine bestmögliche eigene Therapieform zu finden.
12. Migräne-Piercing: Ich war bei einem Piercer, der mir den sogenannten Nullpunkt, eine spezifische Stelle im Ohr, gepierct hat. Auf diese Weise soll ein bestimmter Nerv stimuliert werden, der Migräne anderenfalls ebenfalls begünstigen soll. Hier aber ganz große Achtung: Solche Piercings bitte nur bei Spezialist:innen machen lassen. Außerdem rät die Deutsche Migräne- und Kopfschmerzgesellschaft aufgrund von nicht ausreichenden wissenschaftlichen Belegen der Wirksamkeit von den Ohr-Piercings bei Migräne dringend ab.
13. Psychosomatische Schmerztherapie: Habe ich vor einigen Monaten angefangen.
14. Krankenkassenprogramm: Zwölfmonatige Begleitung durch Psycholog:innen, um neue Therapieansätze zu finden.

15. Cefaly: Das ist ein lustig aussehendes silbernes Gerät, das du dir vorbeugend oder auch während eines Anfalls auf die Stirn klebst. Es wurde extra für Migräne-Patient:innen erfunden, soll die Erregbarkeit des Trigeminus-Nervs modulieren und dadurch die Schmerzempfindungen lindern. Klingt alles sehr toll, wenn es nicht so kostspielig wäre. Ich habe es mir gekauft und bin weder Fan davon, noch halte ich es für einen Staubfänger in meiner Wohnung. Bisher hat es mir noch nie bei einem akuten Anfall geholfen. Ich musste immer auf Medikamente zurückgreifen. Dennoch habe ich dieses Gerät des Öfteren mal bei Kopfschmerzen getragen, und ab und an hat es geholfen. Deshalb kann ich dir hier nicht raten, es zu kaufen, aber ich kann auch nicht davon abraten.
16. Außerdem habe ich sämtliche nicht-medikamentösen Behandlungen ausprobiert, die mir empfohlen worden sind. Dazu zählt etwa die Goldene Milch. Das nährstoffreiche Getränk soll der Migräne vorbeugen. Mir hat es bisher nichts gebracht. Es gibt zudem die Theorie, dass man Ingwerpulver direkt bei den ersten Anzeichen von Migräne nehmen soll. Auch das hat mir nicht geholfen. Andere wiederum trinken bei den ersten Anzeichen zwei Liter Wasser auf einmal. Auch koffeinhaltlige Getränke und Magnesium habe ich ausprobiert und mache es teilweise immer noch. Außer Übelkeit hat das bei mir bisher auch nichts bewirkt. All diese Sachen möchte ich jedoch nicht unerwähnt lassen. Denn wie du weißt, ist Migräne ganz individuell ausgeprägt, und diese Tipps wurden mir so oft nahegelegt, dass ich doch die Hoffnung habe, dass dir vielleicht etwas davon helfen kann.

BERUFSVERBAND DEUTSCHER NEUROLOGEN UND NEUROLOGINNEN: NEUROLOGE PROF. DR. GEREON NELLES

Bei Triggern handelt es sich um sogenannte Provokationsfaktoren der Migräne. Sie können auch als Auslöser der Attacken begriffen werden. Wichtig ist, dass Triggerfaktoren nicht zwangsläufig eine Migräne auslösen *müssen*. Migräne-Patient:innen sind, wahrscheinlich genetisch bedingt, für Triggerreize besonders empfindlich. Jeder Betroffene kann durch Selbstbeobachtung und konsequente Führung eines Kopfschmerztagebuchs/-kalenders seine verschiedenen persönlichen Auslöser ermitteln und dann versuchen, diese zu vermeiden.

ALLGEMEINE TRIGGERFAKTOREN DER MIGRÄNE IN DER NEUROLOGIE:

- Schlafmangel und häufig wechselnder Schlaf-Wach-Rhythmus
- Unterzuckerung/Hungerzustand (z. B. aufgrund des Auslassens von Mahlzeiten)
- Hormonveränderungen, etwa während des Zyklus (Eisprung oder Menstruation)
- Stress in Form körperlicher oder seelischer Belastungen; aber auch starke Emotionen wie zum Beispiel ausgeprägte Freude, tiefe Trauer, heftige Schreckreaktionen und Angst
- bestimmte Nahrungsmittel – mitunter Schokolade, Käse, Zitrusfrüchte, Alkohol (hierbei besonders Rotwein!)

- Wetter- und Höhenveränderungen (beispielsweise Kälte oder der Föhnwind – ein ursprünglich warmer, trockener, abwärts gerichteter Wind auf der Alpennordseite, der dort oftmals, insbesondere im Winterhalbjahr, für die Jahreszeit deutlich zu hohe Temperaturen nach sich zieht)
- bestimmte Medikamente wie Nitropräparate, die beispielsweise zur Behandlung von Herzkrankheiten oder Impotenz herangezogen werden

MEINE PERSÖNLICHEN TRIGGER

Um mit meiner Migräne ein halbwegs normales Leben zu führen, ist es für mich wichtig, die Auslöser für meine Attacken zu kennen. Wie ihr gerade gelesen habt, gibt es unterschiedliche Trigger. Andere Migräniker:innen können ganz andere Auslöser für ihre Anfälle haben als ich. Welche genau das sind, muss also leider jeder/jede für sich selbst im Verlauf der Erkrankung herausfinden – auf die harte Tour also.

Mir persönlich hat es sehr geholfen, ein Migränetagebuch zu führen. Darin habe ich immer wieder festgehalten, was es war, das mir besonders Schmerzen bereitet hat. Am Verlauf erkennst du auch, was besonders starke Trigger für dich sind, je nachdem, wie häufig sie auftreten. Mittlerweile gibt es aber auch Apps, die ziemlich praktisch sind und es dir erleichtern, so ein Migränetagebuch zu führen. Gerade, weil du dein Handy immer am Start hast (mehr zum Thema Apps und Migränetagebuch findest du ganz weit hinten).

Jetzt kommen wir erst einmal zu meinen persönlichen Triggern:

Im folgenden Abschnitt erzähle ich dir, welche Auslöser es bei mir gibt. Vielleicht hilft dir das und nimmt dir ein kleines bisschen Arbeit ab. Falls nicht, weißt du danach zumindest, was mich persönlich abfuckt.

Punkt 1

Wetterumschwünge sind für mich der blanke Horror. Perfekt also, dass ich in Hamburg wohne. Wenn das Wetter von Sonne auf Regen und andersherum umschwingt, geht es bei mir so richtig los. Ich bin also ein personifizierter Wetterfrosch. Solltest du mal akkurate Vorhersagen für den Raum Hamburg benötigen, bitte einfach mich fragen. Du bekommst nur keine Antwort, weil ich dann wahrscheinlich schon über der Kloschüssel hänge. So oder so: Ich habe den Eindruck, dass das Thema zumindest für mich eine große Rolle spielt (mehr im Kapitel »Wetterfrosch«).

Punkt 2

Wir bleiben mal direkt in dem Bereich. Auch Wärme und Kälte beeinflussen mich und mein Befinden maßgeblich. Bei vielen anderen Migräniker:innen, mit denen ich mich ausgetauscht habe, ist es so, dass ihnen Kälte bei Anfällen hilft. Bei mir ist es genau andersherum. Wärme hilft, wohingegen Kälte meine Migräne triggert und stark verschlimmert. Wenn andere am Meer die frische Luft genießen, zieht sich in mir alles zusammen. Oft spüre ich fast direkt im Anschluss, wie sich der Schmerz anbahnt. Mein Tipp: Ich habe deshalb immer eine Mütze und ein Stirnband dabei, damit mein Kopf schön warm bleibt. Bei Anfällen hilft es, mir eine Wärmflasche auf die Stirn und in den Nacken zu legen. Dabei musst du natürlich aufpassen, dass du dich nicht verbrennst. Gerade bei schlimmen Attacken penne ich, bedingt durch die vielen Medikamente, oft weg. Sorg hier vor, und entferne die Wärmflasche – viel zu oft schon habe ich mir die gesamte Stirn verbrannt.

Punkt 3

Thema Stress. Egal, welcher, ob körperlich oder mental – Stress triggert enorm. So können im falschen Moment die kleinsten Bewegungen in die nächste Attacke übergehen. Ich habe jahrelang auf Leistungsniveau getanzt. Mir hat das Tanzen total viel gegeben. Eigentlich ist es sogar so, dass Sport präventiv helfen kann. Mich hat es auf dem Niveau leider gestresst, gerade im Zusammenspiel mit dem Modeln, weshalb es irgendwann mehr getriggert als geholfen hat. Während eines akuten Anfalls ist jede kleine Bewegung für mich ohnehin die Hölle.

Mental ist es so, dass auch positiver Stress einen negativen Einfluss auf mich haben kann. Habe ich etwa einen Job oder einen Dreh, auf den ich mich besonders freue, kann auch das dazu beitragen, dass meine Migräne getriggert wird. Das nimmt mir oft die Freude an Dingen, und ich habe manchmal sogar Angst davor, mich zu freuen. Dazu später mehr.

Mir hilft es extrem, dass ich hier dann sensibel mit mir selbst umgehe und achtsam mit mir bin: Wieso bin ich gerade gestresst? Lohnt es sich, jetzt gerade wegen dieser Sache gestresst zu sein? Was kann ich gerade für mich tun, damit es mir besser geht? Ich mache in solchen Momenten gern Yoga oder meditiere. Ich habe die Erfahrung gemacht, dass mir das oft die nötige Entspannung als Gegenpol zum Stress bietet. Natürlich funktioniert das aber nicht jedes Mal, und ich will dir gerade nicht absprechen, dass du auch einfach mal schlecht drauf sein darfst. Toxische Positivität bringt auch nichts. Und auf Krampf entspannen klappt sowieso nur bedingt.

Punkt 4

In der Pubertät ist bei mir vieles zusammengekommen. Den Punkt will ich dir einfach mitgeben, um zu verdeutlichen, was Überbelastung anrichten kann: Ich bin extrem schnell gewachsen und habe parallel dazu auch noch Leistungssport betrieben, was bei mir viel kaputtgemacht hat – von meinen Füßen über meine Knie bis hin zu meinem Nacken. Rein physisch bin ich vermutlich 120 Jahre alt. Deshalb ist es für mich wichtig, in regelmäßigen Abständen zur Physiotherapie zu gehen. Meine Phy-

siotherapeutin meinte einmal, mein Nacken fühle sich an wie »frisch vom Bus überfahren«. Läuft also.
Häufig hört man, dass ein verspannter Nacken der Auslöser für Migräne ist. Bei mir ist die Migräne aber oftmals die Ursache für meine Verspannungen.

Punkt 5
»Du bist, was du isst«, sag ich immer. Habe ich zwar noch nie gesagt, tatsächlich fällt aber auch die Ernährung in meinen Triggerbereich. Seit einigen Jahren probiere ich, auf einige Produkte, in denen Histamine vorkommen, weitestgehend zu verzichten. Das ist ein Gewebshormon und Neurotransmitter, der in vielen Lebensmitteln wie Tomaten und Käse enthalten ist. Ich habe im Laufe der Zeit gemerkt, dass aber auch hierbei die Triggerstärke unterschiedlich ist. Während ich Käse gut vertrage, sind Tomaten Dynamit für meinen Kopf. Das musst du selbst ausprobieren. Danke für nichts, denkst du dir jetzt vielleicht. Wollte ich dir aber trotzdem mit auf den Weg geben: auch ans Essen zu denken. Sprich dich dabei unbedingt mit Expert:innen ab.

Punkt 6
Alkohol. Liegt irgendwie auf der Hand, weshalb der Migräne triggert. Als Migräniker:in achte ich sowieso darauf, immer genügend Wasser bei mir zu haben. Alkohol entzieht dem Körper auch noch Wasser. Dazu enthält Alkohol oft besonders viele Histamine, gerade Wein ist für mich besonders schlimm. Wenn andere morgens nach einer langen Nacht katern, kann ich mir nach einem Bier schon den Sarg für den nächsten Tag aussuchen. Deshalb trinke ich seit Jahren nichts Alkoholisches mehr. Als gebürtige Kölnerin ist das natürlich hart, ich bin aber trotzdem bei jeder Feier am Start. Auch ohne Alkohol.

Punkt 7
Migräniker:innen haben oft besonders mit einem Punkt zu tun: Hochsensibilität. Auch ich merke im Alltag, dass ich Gerüche, Lärm, Licht – meine Umgebung – stärker wahrnehme, als andere es tun. Leider ist es so, dass Hochsensibilität meist ausschließlich negativ bewertet wird. Sensibilität hat selten Platz in unserer Gesellschaft und wird zudem schnell als Schwäche ausgelegt. Ich finde nicht, dass es das sein muss. Mich macht es auch aufgeschlossener gegenüber meiner Umgebung und empathischer, was ich als Stärke empfinde. Nichtsdestotrotz bedeutet das alles für mich, dass ich extrem auf Reize reagiere und mir all diese Dinge schnell zu viel werden können. Das hat dazu geführt, dass ich stark darauf achte, mit welchen Reizen ich mich umgebe. Wenn ich merke, dass es mir schlechter geht, packe ich meinen Laptop und mein Handy weg, die für mich komplette Reizüberflutung bedeuten und was manchmal schwierig mit meinem Job zu vereinbaren ist. Ich bin aber auch sonst keine Person, die laut Musik hört oder gern Räucherstäbchen anmacht.

Clubs bedeuten für mich ebenfalls komplette Reizüberflutung: die Beleuchtung, der Lärm, die Gerüche, die vielen Menschen – und trotzdem möchte auch ich nicht immer auf alles verzichten, weil es so viel Platz im Leben einnimmt. Migräniker:in zu sein bedeutet leider auch, nicht immer das Leben zu führen, das ich leben will. Um trotzdem teilnehmen zu können, habe ich beim Feiern meine Ohrstöpsel und UV-Filterbrille dabei. Damit versuche ich, der Reizüberflutung vorzubeugen.

Punkt 8: Struktur
Einer der ersten Ratschläge, den Migräniker:innen hören, ist folgender: Strukturiere deinen Alltag. Damit ist gemeint, dass wir geregelte Ess- und Schlafzeiten haben, einen geregelten Rhythmus. All das soll dabei helfen, die Migräne in Schach zu halten. Das Problem ist dabei nur: Das funktioniert beim Thema Selbst-

ständigkeit leider nicht immer. Wenn ich Jobs habe, dauern die nun einmal so lange, wie sie dauern. Ich kann schlecht bei einem Modeljob sagen: »Sorry, Leute, ich gehe jetzt pennen«, wenn noch nicht alles geshootet ist. Genauso wenig klappt das im Hinblick aufs Essen. Kund:innen legen fest, wann die Mittagspause ist und gegessen wird.
Im Großen und Ganzen versuche ich trotzdem, meinen Alltag so strukturiert wie möglich über die Bühne zu bringen, einfach, weil ich gemerkt habe, wie gut mir das tut.

Punkt 9: Hormone
Ich habe keine hormonell bedingte Migräne. Trotzdem setzte ich die Antibabypille ab, einfach, um möglichst alle Trigger zu minimieren, die ich minimieren kann. Zudem darf ich als Aura-Patientin keine Pille nehmen, wie du schon gelesen hast. Ich persönlich habe zwar keinen großartigen Unterschied dabei wahrgenommen. Ich bin noch immer dabei, mein Leben bestmöglich auszurichten, und probiere mich deshalb selbst noch aus. Zum Teil gibt es aber auch Migräniker:innen, die ihre Antibabypille einnehmen, um Anfällen vorzubeugen. Ich möchte dich deshalb darauf hinweisen, dass du auch diesen Punkt mit Expert:innen abklären solltest, um zu schauen, was dir guttut.

Wichtig ist mir hierbei: Selbst wenn du all deine Trigger kennst und dich von ihnen fernhältst, wenn du alles befolgst, um keinen Anfall zu haben – kann es trotzdem sein, dass du einen bekommst. Das ist das Gruselige an Migräne: Sie schlägt zu, wann immer sie möchte. Egal, wie gut du dich vorher an alles gehalten hast. Ein Anfall ist niemals deine Schuld.

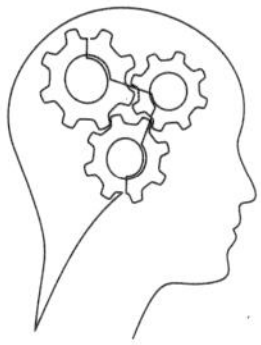

BERUFSVERBAND DEUTSCHER PSYCHOLOGINNEN UND PSYCHOLOGEN: NEUROPSYCHOLOGE PROF. DR. ERICH KASTEN

Trigger ist das englische Wort für »Auslöser«. Im weiteren Verlauf dieses Kapitels erkläre ich die neuropsychologische Notwendigkeit dieser Auslöser für unser Leben. Denn grundsätzlich sind Trigger nicht nur ein Nachteil für uns Menschen.

Zuallererst muss man wissen, dass das Gehirn eine Fülle von automatisch ablaufenden Verhaltensprogrammen umfasst. Das ist absolut sinnvoll, da diese Software im Notfall eine sofortige Reaktion erlaubt. Auf diese Weise müssen wir nicht lange darüber nachdenken, was wir in einer abrupt auftretenden kritischen Situation tun können, und reagieren sofort.

Diese Verhaltensprogramme werden durch die bereits beschriebenen Trigger ausgelöst, also durch bestimmte Reize (Stimuli), die entweder angeboren sind (wie etwa die Reaktion auf den Anblick einer Spinne) oder die erlernt worden sind (etwa der Anblick eines Stromkabels, nachdem man einen elektrischen Schlag erhalten hat). Der wichtigste Knotenpunkt für die Auslösung von Angst durch einen solchen Trigger befindet sich in unserem Gehirn, ein Areal, das auch als »Amygdala« oder »Mandelkern« bezeichnet wird.

Die Amygdala alarmiert physiologische Systeme mit rasender Geschwindigkeit und ist schneller als die kognitive Verarbeitung. Wir könnten sie auch als Reaktionsautobahn beschreiben. Sie ermöglicht es uns, bei einer plötzlichen Gefahr zu reagieren, bevor das Bewusstsein verarbeitet hat, dass überhaupt Gefahr droht. Wir er-

schrecken uns und wissen erst später, wovor wir uns überhaupt erschreckt haben.
Zu den physiologischen Reaktionen, die damit einhergehen, gehören zum Beispiel der Anstieg von Blutdruck und Herzschlag, um die Muskulatur besser zu durchbluten (damit wir kämpfen oder fliehen können), eine höhere Produktion von Blutzucker (als Energieträger) und die Anspannung der Muskulatur. In Körperteilen, die für diese Fight-or-Flight-Reaktion benötigt werden, kommt es zur Erweiterung der Blutgefäße, in anderen Körperteilen, die für den Kampf nicht notwendig sind, dagegen zu einer Verengung. Die Reaktion der Amygdala ist im Hinblick auf viele Reize konditioniert, was bedeutet, dass sie erlernt worden sind. Im Umkehrschluss bedeutet das aber auch: Sie kann auch wieder verlernt werden, wenn man einem Stimulus immer wieder ausgesetzt wird, ohne dass es zu einer echten Gefahr kommt.
So spielen Trigger im Lernkontext und im Hinblick auf unser Überleben eine wichtige Rolle. Doch eben auch für manche Erkrankungen sind Trigger entscheidend. So können sie in Sekundenschnelle automatisch eine Kaskade von physiologischen Veränderungen in Gang setzen, die den Migräneanfall triggern.
Ein Migränetagebuch kann natürlich dabei hilfreich sein, derartige Auslöser herauszufinden und dann zu vermeiden. Migräne-Betroffene können also auf der einen Seite genau aufschreiben, was sie gegessen haben, und auf der anderen Seite auf einer Skala von 0 bis 10 protokollieren, ob und wie stark Kopfschmerzen aufgetreten sind. Wenn sie das einige Wochen lang wiederholen, kann – mit etwas Glück und analytischem Verstand – nun herausgefunden werden, welche Nahrungsmittel den Migräneanfall auslösen.
Eine Wunderlösung ist auch dieses Hilfsmittel nicht. Denn leider kommen – wie bereits weiter oben geschrieben – meist mehrere Faktoren zusammen. So mag es sein, dass man zu einem gewissen Zeitpunkt eine Salami-Pizza verspeisen kann, ohne dass es einem hinterher schlecht geht. Das andere Mal kommen Stress, Wetter-

umschwung und Menstruationsbeschwerden hinzu, und die Pizza löst dann einen schweren Migräneanfall aus. Um den Reizen, die als Trigger fungieren, auf die Spur zu kommen, bedarf es mitunter nahezu detektivischer Fähigkeiten und obendrein noch ganz schön viel Geduld.

Auch eine einheitliche Struktur von Triggern gibt es leider nicht – um das Ganze noch undurchsichtiger zu machen. Was die Patientin A triggert, kann den Patienten B völlig kaltlassen. Die meisten Reize sind letztlich konditioniert, also erlernt, und damit abhängig von der individuellen Lerngeschichte.

Konditioniert kann heißen, dass sich jemand zum Beispiel ein neues Parfüm gekauft und aufgetragen hat, dann in seinen Club geht, laute Musik hört, Alkohol trinkt, Streit mit der Freundin hat und daraufhin rasende Kopfschmerzen oder sogar eine Migräne bekommt. Während der gesamten Situation wurde quasi nebenbei der Geruch des Parfüms eingeatmet. Hierdurch entsteht im Gehirn eine neue Verbindung zwischen dem Migräneanfall und dem Geruch des Parfüms. Eine Woche später möchte diese Person abends wieder ausgehen, trägt erneut das neue Duftwässerchen auf, und »boing!« erinnert das Gehirn sich an die Konditionierung von Lärm, Alkohol, Streit und löst eine Migräneattacke aus. Die Person glaubt nun, dass das – eigentlich unschuldige – Parfüm der Trigger für die Kopfschmerzen ist, und schmeißt das 49,90-Euro-teure Fläschchen voller Wut in den Hausmüll.

Nichtsdestotrotz ist es essenziell, Trigger herauszufinden, gerade wenn sie vermeidbar sind. Das obige Beispiel zeigt jedoch leider, dass es nicht gerade einfach ist, was zur letzteren Sorte zählt: Wetterumschwünge, Wärme/Kälte, Stress, Verspannungen, Histamin, Alkohol, Lärm, Licht, Gerüche, wechselnder Tagesrhythmus, Medikamente (Pille) ... was bleibt noch im Leben, wenn man das alles meidet?

Das kann dazu führen, dass Betroffene ihr Leben von ihren Anfällen beherrschen lassen. Letztlich sind einige dieser Faktoren gar nicht wirklich beeinflussbar, wie etwa die Wetterumschwünge. Hier kommt dann, wenn der Patient oder die Patientin die Klimaveränderung als Trigger identifiziert hat, noch die Erwartungshaltung hinzu. Die Kunst besteht darin, möglichst viele solcher Trigger zu vermeiden, ohne dabei an Lebensqualität einzubüßen – ein Drahtseilakt.

BEI OMA ZU HAUSE

Nicht nur meine Handtasche spiegelt mein Leben mit meiner Migräne wider, mein gesamtes Zuhause ist auf sie ausgerichtet. Nach jahrelanger Erfahrung mit meiner Krankheit, dem Führen eines Migränetagebuchs und wildem Ausprobieren von zig Methoden, richten sich mittlerweile eben auch meine vier Wände nach ihr.

In meiner Wohnung fühle ich mich wie bei meiner Oma zu Hause. Nicht dass wir den gleichen Einrichtungsgeschmack hätten, aber bei meiner Oma fühlt man sich einfach immer wohl, weil sie alles zu Hause hat, was man so zum Leben braucht. Sei es ein Kirschkernkissen, wenn die Periode kickt, ein Heizgerät für die Nieren, wenn man anfängt zu kränkeln, sämtliche Teesorten und natürlich alle Tabletten, die es auf der Welt gibt.

Du musst nichts mehr mitbringen. Oma hat immer alles da. Und genau das Gefühl wollte ich bei mir zu Hause auch haben. Ich meine, immerhin bin ich diejenige, die unter der Krankheit leidet. Und je entspannter ich sein kann, desto entspannter ist es für alle anderen. Wenn ich für die Krankheit alles zu Hause habe und bei einem meiner Anfälle zusätzlich nicht erst auch noch in Panik geraten muss, weil ich Angst habe, dass mir etwas fehlt.

Denn oft sind es vor allem die Kleinigkeiten, die mich vor meiner Migräne retten. Meine Wärmflasche, Wasser, meine Brille … Aber sieh gern selbst!

Vielleicht hilft dir davon auch etwas!

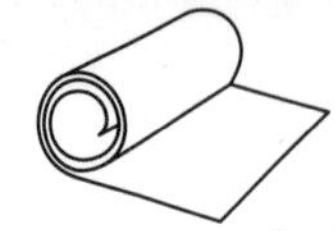

1. Massagekissen: um meinen verspannten Nacken zu lösen. Ganz oft kommen die als Begleiterscheinung meiner Migräne.
2. Yogamatte: für mehr Entspannung, präventiv.
3. Beleuchtung: spezielle Glühbirnen mit warmem Licht, die Entspannung fördern, wir haben nirgendwo grelles Licht.
4. Akkupressurstirnband: um die Durchblutung auch im Nacken und Rücken zu fördern.

5. Lavendeltee: wirkt beruhigend.
6. Alle Medikamente, die auch in der Handtasche sind.
7. Migräneclips: stimulieren Nerven, was sich positiv auswirken soll, jetzt ersetzt durch Piercings.
8. Drei verschiedene Wärmflaschen: eine für den Nacken, eine für den Kopf, plus ein Nierengurt, weil ich bei Anfällen oft stark zittere.

9. Schlafmaske: um Licht auszublenden bei Anfällen.
10. Zwei Massagebälle: für den Nacken, unterschiedliche Stärken.
11. Fünf verschiedene Faszien-Geräte: dehnen und können Verspannungen lösen
12. Malte: zum Haare-Zurückhalten beim Kotzen und Aufpassen, wenn ich Anfälle bekomme.
13. Hörbücher: um mich abzulenken vom Schmerz.
14. Lieblingsmusik: um mich abzulenken und zu beruhigen.

15. Cola und Kaffee: Koffein gegen Kopfschmerzen.
16. Traubenzucker: um verlorene Energie reinzuholen.
17. Wasser: um immer genügend Flüssigkeit im Körper zu haben, präventiv wichtig.
18. Infrarotlicht: Probiere ich gerade aus, soll auch Verspannungen lösen. Kann dabei helfen, Entspannung zu fördern und Schmerzen zu lindern.
19. Vorhänge: um Räume abzudunkeln.
20. Nasenflügelklammer: in die Nase, um zu spreizen.

21. Cefaly: Ist, wie gesagt, ein Gerät, welches die Erregbarkeit des Trigeminus moduliert und dadurch Schmerzempfindungen lindern kann.
22. Wasserkocher: für die schnelle Zubereitung meiner Wärmflaschen.

So sieht also wegen der Migräne mein Zuhause aus – wie bei Oma!

MEIN NICHT GANZ SO FLOTTER DREIER

Vermutlich würden die meisten über mich sagen, dass ich, was meine Migräne betrifft, ziemlich großes Pech habe. Sagen wir mal so: Ich würde ihnen höchstwahrscheinlich recht geben. Besonders in Momenten, wenn ich mal wieder über meiner Kloschüssel hänge. Mit einer anderen Sache hingegen hatte ich schon immer großes Glück: In meinem bisherigen Leben hatte ich ausschließlich Partner, die verständnisvoll waren im Hinblick auf meine Erkrankung.

Es stellte sich nie das Problem, dass ich mich ihnen gegenüber für meine Erkrankung hätte rechtfertigen müssen. Ich hatte also nicht die zusätzliche Bürde, mich nicht nur anderswo verteidigen zu müssen, sondern auch noch zu Hause, wo ich mich ja am wohlsten fühlen sollte. Alle halfen mir während akuter Anfälle, pflegten mich, brachten mich ins Bett und mir obendrein Wasser. Das war eine große Entlastung.

Das war schön für mich, dass ich nicht das Gefühl bekam, mich auch noch zu Hause verstellen und verbiegen zu müssen. Auf diese Weise konnte ich meine Kraft sammeln für die Momente, in denen ich sie am meisten gebraucht habe: wenn die Migräne kam. Das wusste ich immer und weiß ich auch heute noch zu schätzen. Gerade bei meinen ersten Beziehungen habe ich es nicht als selbstverständlich angesehen, dass jemand in einem so jungen Alter schon Rücksicht auf seine kranke Freundin nimmt. Während der Pubertät setzen sich die wenigsten mit Erkrankungen auseinander, und warum auch? In dem Alter gibt es so viel Schöneres zu erleben, wer sich damit beschäftigt, macht es meist nur, weil er es muss.

Meine vorherigen Partner nahmen also keinen energiezehrenden Part im Hinblick auf meine Krankheit ein. Ich musste keine Kraft aufwenden, um sie von meiner Erkrankung zu überzeugen. Trotzdem war es aber auch so: Ich verlor vielleicht keine Kraft bei Diskussionen mit ihnen. Ich erhielt aber auch keine Kraft durch sie. Ich bekam keine zusätzliche Unterstützung außerhalb der Akzeptanz. Dabei ist es nicht so, dass ich das in irgendeiner Art und Weise verlangen und fordern würde. Ich weiß, dass das zu viel verlangt wäre. Das ist nicht der Job des Menschen, der mit mir zusammen ist. Das ist – leider – meiner.

Nur ist es eben so: Bist du mit mir zusammen, bist du mit meiner Migräne zusammen. Zu oft schleicht sich die tickende Zeitbombe in meinem Kopf in meine Beziehung und lässt alles hochgehen: Pläne, Wünsche, Träume. Von einer auf die andere Sekunde explodieren mein Alltag und alles, was damit zusammenhängt. Deshalb fällt es mir im Nachgang einfach auf.

Ich musste mich nicht rechtfertigen. Ich erhielt aber auch keine Ermutigungen. Ich bekam keinen Tritt in den Hintern, mich nach der dritten Attacke in zwei Wochen wieder aufzurappeln, obwohl ich manchmal wirklich einfach gern liegen geblieben wäre. Niemand hat mir gesagt, dass der Zustand, in dem ich mich befand und immer noch befinde, einer sei, den ich vielleicht noch verbessern könne. Niemand hat mich dazu bewogen, meiner Krankheit den Kampf anzusagen. Bis Malte in mein Leben kam. Malte ist der Erste, der meine Migräne nicht einfach hinnimmt. Und das nicht, weil sie ihm zu lästig ist – was ich verstehen könnte. Er möchte sie nicht einfach hinnehmen, weil er für mich möchte, dass ich mein Leben noch besser mit ihr leben kann. Er akzeptiert natürlich meine Grenzen und behält zusätzlich meine Bedürfnisse im Blick, sogar wenn ich es manchmal nicht kann, weil ich nicht die Miesepetra sein will.

Es ist also, wie es ist. Meine Migräne nimmt einen ziemlich großen Platz zwischen Malte und mir auf unserem Sofa ein. Irgendwie ist er da bei einem – leider nicht ganz so flotten – Dreier gelandet.

Spaß beiseite. Nicht nur ich muss meinen Alltag um meine Migräne herum bauen, auch mein Partner muss das leider. Ich merke, was für einen großen Unterschied es macht, wenn er mich aktiv unterstützt, Ideen hat, wie ich meine Therapie noch verbessern kann, und dabei hilft, Lösungen zu finden. In meiner Kindheit und Jugend haben wir hauptsächlich geschluckt, was die Expert:innen uns geraten haben – jedes Mal etwas anderes, und das war ziemlich verwirrend. Heute schaue ich genauer auf Referenzen und sortiere besser. Vielleicht wollte ich dieses Kapitel deshalb schreiben: Beziehung klappt auch mit Migräne – und es kann sogar eine Bereicherung sein und nicht nur ein Drahtseilakt, bei dem man ständig Angst davor hat, abzustürzen.

Und weil es sich bei meiner Beziehung um einen ziemlich wichtigen Baustein meines Lebens mit Migräne handelt, möchte ich Malte gern im folgenden Kapitel selbst zu Wort kommen lassen.

EINE BEZIEHUNG ZWISCHEN ZWEI BERGEN

GASTBEITRAG VON MEINEM FREUND MALTE

Bei einem unserer ersten Dates dachte ich, dass Phia stirbt. Draußen war es unfassbar warm, und wir waren in NRW bei ihrem Vater, das weiß ich noch, irgendwann im Sommer vor zwei Jahren. Wir hatten uns bis zu dem Zeitpunkt nur in Mailand gesehen, weil sie da zu der Zeit gearbeitet hat, und uns überwiegend viel geschrieben. Phia hatte mir zwar vorher mal per FaceTime gesagt, dass sie Migräne mit Aura habe, aber das nahm ich nicht ernst genug. Ich habe wahrscheinlich so was gedacht wie: »Gut, sind halt Kopfschmerzen.« So etwas hatte ich bis dahin noch nie erlebt. Das habe ich vielleicht am krassesten aus alldem gelernt: Wenn du selbst nicht von einer Krankheit betroffen bist, hast du überhaupt keinen Plan, was das für diejenigen bedeutet, die darunter leiden. Das hat natürlich meine Wahrnehmung von Phia geprägt. Bis ich das erste Mal bei einem Anfall dabei war, dachte ich einfach, Phia ist diese hübsche, empathische Frau, mit der ich viel lachen und deepe Gespräche führen kann. Ich bin ja eh so ein Weirdo, der genau so was liebt. Und dann habe ich gesehen, was die Krankheit daraus macht.

Phia hat damals bei ihrem Vater in NRW gewohnt, zusammen mit ihrem großen Bruder. Ihr Vater war arbeiten, und ihr Bruder war zwar zu Hause, hat aber lautstark *League of Legends* gezockt und nichts mitbekommen. Das war das erste Mal, dass ich ihre Familie überhaupt kennengelernt habe, und Phia hatte mir krass zureden müssen, weil mich solche Situationen hardcore stressen.

Als ich das alles hinter mir hatte und dachte, ich hätte den schlimmen Part des Tages hinter mir, war ich auf einmal in der vielleicht schlimmsten Situation meines Lebens. Ich dachte wirklich, sie stirbt mir weg. Sie war mit einem Mal nicht einmal mehr ansprechbar. Im einen Moment haben wir noch darüber gesprochen, wie gut mich ihre Familie aufgenommen habe, und im nächsten Moment war sie komplett weg.

Sie hatte mit einem Mal so ein leeres Gesicht. Sie war käseweiß, also noch weißer, als sie ohnehin schon ist. Vielleicht kann man es so erklären: Wenn man mehrere Tage lang Party macht, dann sieht man so aus, als wäre der Akku komplett leer, vielleicht ist das ein ganz guter Vergleich. Und dann fing sie an zu kotzen. Und wie.

Ich wusste überhaupt nicht, was los war. Mich hat das extrem überfordert, das war eine krasse Ausnahmesituation. Sie hat mir gegenüber nicht erwähnt, wie krass die Migräne ist, weil sie vor mir keine Schwäche zeigen wollte. Ich hatte bis dahin keinerlei Berührungspunkte mit der Krankheit, wusste nicht einmal, dass es das war, worunter sie akut litt. Das war halt auch die Kennenlernphase, in der du mehr auf dich als auf andere achtest und viel mehr damit beschäftigt bist, wie du auf den anderen wirkst, als dass du dich damit auseinandersetzt, wie es andersherum sein könnte.

Ich war null auf das vorbereitet, was dann kam. Als sie ihre Migräne erwähnt hat, hörte sich das für mich an wie: Ich habe manchmal Schnupfen, und dann nehme ich Nasenspray und Tempos, und alles ist wieder okay.

Aus heutiger Sicht würde ich auch sagen, dass sie damals versucht hat zu vertuschen, wie schlecht es ihr eigentlich geht. Ich war nach dem Anfall richtig sauer auf Phia, weil sie das nicht kommuniziert hat. Ich hab halt gedacht, dass sie stirbt, ohne das jetzt dramatisieren zu wollen. Was wäre gewesen, wäre sie blöd gestürzt?

Und dann ist sie mir plötzlich zusammengeklappt und war von einem auf den anderen Moment komplett weg. Also so richtig weg, wie in einer anderen Dimension. Erst habe ich mir auch gar keine Gedanken darüber gemacht, was sie jetzt hat, ich hatte einfach Todesschiss. Ich dachte, sie verreckt mir. Ich habe angefangen, mega doll zu weinen und zu schwitzen. Ich war von jetzt auf gleich und ohne Vorwarnung für einen Menschen verantwortlich, den ich gerade erst kennengelernt hatte.

Ich habe versucht, irgendwie Puls und Atmung zu checken, also all das gemacht, was für Notfälle irgendwie abgespeichert war. Bis sie wieder ein bisschen zu sich gekommen ist, hat wahrscheinlich so fünf Minuten gedauert, da war sie für eine Millisekunde ansprechbar.

Wenn Phia Anfälle hat, redet sie mit mir immer mit Delay, also antwortet stark verzögert. Sie beschreibt mir das immer so, dass es so ist, als würde sie ein Echo von dem hören, was man ihr sagt. Wenn sie heute in ihre Migräne abtaucht, versuche ich irgendwie herauszufinden, was sie braucht, doch erst zehn Sekunden später kommt eine krass genuschelte Antwort. Sie spricht dann auch eine ganz eigene Sprache. Sie hört mich dann zwar, aber sie hat mir das mal so erklärt, dass das ungefähr so ist, als würden wir beide auf zwei unterschiedlichen Bergen stehen und erst Momente später kommt an, was ich sage. Sie ist in solchen Momenten heftig in ihrem Körper gefangen. Ein bisschen wie die Marionette einer unsichtbaren Puppenspielerin, die gar nicht hinterherkommt.

Oft versucht sie dann auch, irgendwie aufzustehen, um zur Toilette zu torkeln, was fast unmöglich ist. Wenn ich dabei bin, muss ich in solchen Momenten schnell aufspringen, um sie zu stützen. Sie schwankt dann und hält sich überall fest, stürzt aber superoft. In solchen Momenten bekommt sie meist gar nicht mehr mit, dass ich dabei bin. Wenn sie dann da angekommen ist und sich übergibt, kommen die Halluzinationen. Sie führt Dialoge mit Personen, die nicht da, sind oder versucht, ihre Krankheit zu beleidigen.

Das ist natürlich für sie unwahrscheinlich schlimm, aber es ist auch für mich ziemlich schlimm, das mit anzusehen. Das ist wie in so einem alten Exorzismus-Film, sie sagt dann Dinge wie »Ich will das nicht« und »Geh weg!«. Am Anfang dachte ich, sie meint mich. Heute weiß ich, dass sie eben halluziniert. Deshalb ist es so wichtig, dass sie ihre Triptane früh nimmt, damit wir das vielleicht noch verhindern können. Aber es ist auch supergefährlich, zu viele einzunehmen, weshalb wir auch das Übergeben noch dringender vermeiden wollen – weil sie dann noch einmal welche einnehmen muss.

Alles, was bei diesem ersten Anfall an Worten herauskam, war, dass sie nicht wolle, dass ich den Krankenwagen rufen würde. Sie hat mich angefleht und angebettelt, keinen zu rufen. Ich habe die Welt nicht mehr verstanden. Deshalb habe ich ihre Mutter angerufen. Die sagte nur, ich solle ruhig bleiben, Cola und Triptane besorgen, und dann sei alles wieder normal.

Für mich war überhaupt gar nichts normal.

Mir hat das überhaupt nicht geholfen, weil ich immer noch nicht wusste, was los ist. Ihr Bruder saß zwar nebenan, aber mit meiner Sozialen Angststörung habe ich es auch nicht richtig hinbekommen, das vernünftig anzusprechen. Ich bin froh, wenn ich im Alltag anderen Menschen nicht auf dem Flur begegne. Ihr Bruder sagte auch nur, sie brauche ihre Tabletten und ich solle danach einfach abwarten.

Rückwirkend checke ich natürlich, dass alle schon wahnsinnig abgestumpft waren, weil ihre Attacken einfach so oft kommen.

Ich wollte danach ihren Oberkörper anheben, um ihr Cola einzuflößen, aber das ging einfach nicht, weil ihr Körper komplett leblos war. Nach einigen Minuten kam ihre Mutter endlich. Später habe ich erfahren, dass sie den kompletten Tag über schon Tabletten genommen habe, damit sie mir nicht absagen muss.

Heute sind solche Momente auch für mich normal. Sie sind fester Bestandteil und gehören zu unserer Beziehung dazu. Ich finde auch, dass uns die Migräne krass zusammengeschweißt und unser Vertrauen zueinander gestärkt hat. Wir haben dadurch ziemlich früh ein sehr intimes Stadium in unserer Beziehung erreicht und hatten schnell ein richtig deepes Vertrauenslevel. Sie musste sich mir einfach anvertrauen in ihren verletzlichsten Momenten, und ich musste mich dem hingeben.

Dass mich die Situation trotzdem jedes Mal aufs Neue unnormal stresst, wenn Phia einen Anfall bekommt, wird sich wahrscheinlich nie ändern. Ich habe jedes Mal Angst. Migräne ist unberechenbar. Sie kommt an den verschiedensten Orten, in der Bahn, unterwegs, auf dem Weg nach Hause oder zu Hause, und ich bin jedes Mal aufs Neue krass überfordert.

Wir sind beide wahnsinnig unstrukturierte Menschen. Phias Handtasche bleibt für mich bis heute ein Mysterium. Das ist ein bisschen wie bei *Harry Potter*, wo Hermine diese Handtasche hat, aus der sie gefühlt ein Paralleluniversum herauszaubert. Und jedes Mal stehe ich da und versuche im Notfall, ihre Triptane zu finden. Und die haben einfach nie die gleiche Verpackung, sondern sind jedes Mal von unterschiedlichen Marken.

Es gibt natürlich Situationen, in denen so ein Anfall noch beschissener ist als in anderen, aber sie kann sich das halt nicht aussuchen. Da habe ich gelernt, alles beiseitezuschieben. Das ist für mich auch immer noch ein Lernprozess. Und auch, dass die Erkrankung von Fall zu Fall wahnsinnig unterschiedlich verläuft, dass die Migräne so krass individuell ist – und wie wenig sie ernst genommen wird.

Ganz am Anfang wollte ich auch noch eine Lösung finden. Jetzt habe ich geblickt, dass es die einfach nicht gibt. Was ansonsten gesunde Menschen machen, dass sie in eine Praxis rennen und dann ein Rezept bekommen, klappt hier nicht.

Das Einzige, was ich machte, war dann, dass ich fortan versucht habe, die Anfälle in drei verschiedene Etappen einzuteilen:

1. Erst mal ist das Allerwichtigste, sie an einen ruhigen Ort zu bringen, egal, wo wir sind. Das klappt, je nachdem, wo wir sind, dementsprechend. An dem Ort darf es möglichst wenig Reize von außen, wie Licht und Lärm, geben. Da versuche ich also, einen möglichst großen Schutzschild zu bauen, und sie dann da zu parken, damit sie die Attacke hinter sich bringen kann.
2. Dann schläft sie, und ich schaue, ob alles cool ist, ob sie was braucht, und so ein Schlaf kann schon mal acht Stunden dauern. Meist braucht sie ihre Wärmflasche. Und das Schlimme daran ist einfach, finde ich, dass sie anschließend null erholt ist, sondern wie eine ausgequetschte Hülle wirkt. Wir anderen schlafen uns oft gesund, sie schläft sich gefühlt fertig.
3. Am Ende kommt die Phase, in der ich versuche, Phia wieder aufzupäppeln. Tabletten, Wärmflasche, Trinken – meistens Koffein.

Das Muster erkannt zu haben, hilft mir zwar ein wenig, ist aber trotzdem keine Standardanleitung, die auf jeden Notfall passt. Manchmal ist Phia schnell wieder fit, manchmal dauert es bis zu fünfzehn Stunden, bis es so weit ist. Das bedeutet auch, dass ich sowohl bei der Arbeit als auch als Privatperson Malte rein gar nichts planen kann. Selbst wenn ich weg bin, weil ich beispielsweise über Weihnachten zu meiner Familie fahre, mache ich mir trotzdem Sorgen.

Und natürlich bedeutet das alles auch Verzicht. Ich kann den Großteil meiner Projekte nicht in dem Tempo fahren, das ich eigentlich fahren wollen würde. Absagen, Planänderungen – die Migräne ist immer dabei. Damit muss man klarkommen. Ich führe die Beziehung nicht nur mit Phia, sondern auch mit ihrer Migräne. Da ist halt ganz schön viel los, als wären ihre drei Millionen Geschwister nicht schon genug. Wie so ein nerviges Geschwisterkind, das man immer mitnehmen muss, weil die Mama dir das gesagt hat, was du uncool findest, weil du mit deinen Freund:innen in Ruhe abhängen willst. Aber Spaß beiseite, das musste ich natürlich erst einmal lernen, das zu akzeptieren, dass sich auch mein Leben dadurch verändert. Kompromisse müssen alle in Beziehungen finden, aber bei uns ist es so, dass wir zusätzlich zu dem Die-Mitte-Finden noch die Migräneanfälle haben. Beide geben 50 Prozent, das klappt aber oft nicht, nicht in den Momenten, in denen es ihr schlecht geht, die einfach dazukommen.

Wenn ich dem Malte vom Anfang unserer Beziehung einen Tipp geben sollte, würde ich ihm sagen, er müsse lernen, sich in Phia hineinzuversetzen. Mitleid ist dabei aber nicht unbedingt entscheidend, das kann die Person in dem Moment auch nicht immer gebrauchen. Er solle versuchen, gut zuzuhören und das nahe soziale Umfeld dafür zu sensibilisieren, damit sich das vervielfältigt. Nicht nur Hilfestellung sein, sondern generell aktiv zu werden und zu unterstützen.

Das ist auch mit ein Grund, warum wir meinen Kanal genutzt haben, um Phias Geschichte zu teilen. Sie hatte mich damals darum gebeten, das alles auf der Kamera festzuhalten. Phia hat die Aufnahmen auch als Migränetagebuch benutzt. Sie kann sich in den Momenten eben nicht filmen, sie weiß nicht, wann sie kommen, und ist während ihrer Anfälle weggetreten. Mit dem Teilen wollte sie aber möglichst viele Menschen erreichen und anderen Betroffenen das Leben ein wenig erleichtern, indem sie für das Thema sensibilisiert. Das finde ich krass mutig. Sie zeigt sich so verletzlich damit.

Und ich wollte ihr damit digital den Rücken stärken – als ich die ersten Anfälle erlebt habe, dachte ich nur: Warum zur Hölle redet da niemand drüber? Wie kann es sein, dass eine Krankheit so lebensentscheidend ist, und niemand weiß davon?

Wir haben wiederholt Millionen Aufrufe bei den Videos. Die ersten beiden haben 20 Millionen Menschen erreicht. Das hat eine Welle losgetreten, das ist komplett explodiert. Die Reaktionen, die ganzen digitalen Kommentare im fünfstelligen Bereich haben mich erschreckt. Hauptsächlich haben andere Migräniker:innen reagiert, die erstaunt darüber waren, wie ich mit Phia und ihrer Erkrankung umgehe, dass ihr Freund sie fürsorglich behandelt. Ich bin dabei total heroisiert worden, auch von Migräniker:innen, was ich damit niemals hatte auslösen wollen, weil es den Fokus von der Krankheit genommen hat. Nur dadurch, dass ich meine Freundin unterstütze, wenn es offensichtlich notwendig ist. Ich würde sagen, das hat fast fünfzig Prozent ausgemacht, die andere Hälfte an Reaktionen kam von Menschen, die erschreckt waren über das Ausmaß der Krankheit.

Das hat mir gezeigt, wie viele Menschen null ernst genommen werden, die Migräne haben. Ich meine, achtzehn Millionen Menschen leiden allein hier in Deutschland darunter – wie kann das sein, dass Migräne so abgetan wird? Und was ist das für eine Gesellschaft, die so mit Erkrankungen umgeht? Denn natürlich kamen auch Kommentare, die in die Richtung gingen, sie solle sich nicht so anstellen – aber über die will ich eigentlich gar nicht reden.

Trotz allem, auch wenn das erst einmal doof klingt, bin ich für meinen Teil froh, dass alles so ist, wie es ist. Natürlich würde ich alles dafür tun, dass Phia die scheiß Krankheit nicht hat, dass sie ohne Angst vor die Tür gehen kann, dass sie an Aktivitäten teilhaben kann wie alle anderen. Ich glaube aber, dass die Erkrankung sie zu einem total empathischen Menschen gemacht hat. Sie besitzt – für mich – die Gabe, sich in alle missverstandenen Menschen gut einfühlen zu können, was ich durch sie immer wieder lerne. Ich sag immer, Phia sei für mich als alte Seele auf die Welt gekommen, aber vielleicht kommt das auch durch ihre Migräne (das entschuldigt übrigens trotzdem nicht, dass sie sich die meiste Zeit wie eine alte Oma benimmt).

Ich habe durch das alles jedenfalls so viel dazugelernt, über uns, über mich und Beziehungen im Allgemeinen. Und ohne jetzt cheesy klingen zu wollen – sie macht unsere Beziehung zu dem, was sie ist, und dafür bin ich krass dankbar.

DER UNTERSCHIED ZWISCHEN MALTE UND MIR

»Meine Tochter leidet seit ihrer Kindheit an Migräne mit Aura, und dank deiner Aufklärungsarbeit und Offenheit bin ich mehr als zuversichtlich, dass meine Tochter irgendwann auch einen Partner/eine Partnerin findet, der/die sie auch mit ihrer Krankheit akzeptieren und respektieren kann.«

So lautete eine Nachricht, die ich bekommen habe und die mich sehr berührt hat. Im positiven – und negativen – Sinn.

Zuerst fand ich den Satz sehr schön. Es freut mich so doll, wenn Menschen mir schreiben, dass ich ihnen mit meiner Arbeit Mut machen und helfen kann. Sehr sogar. Doch umso länger ich über den Satz nachgedacht habe, umso trauriger hat er mich gemacht.

Es macht eine Sache sehr offensichtlich: So wie Malte mit meiner Krankheit umgeht, obwohl er nicht selbst von ihr betroffen ist, das entspricht nicht der Norm. Ich weiß, dass ich ein Glückspilz bin, dass ich Malte an meiner Seite habe. Ich weiß, dass er sehr viel für meine Krankheit und mich macht, und ich weiß, dass er vielleicht manchmal zu viel mitmacht.

Er müsste nicht alles absagen, wenn ich wieder Migräne mit Aura habe. Er müsste sich nicht um mich kümmern, wenn ich einen Anfall habe. Ich kam auch vor Malte viele Jahre allein zurecht. Klar ist es angenehmer, meine Tabletten ans Bett gebracht zu bekommen, statt mich auf dem Boden bis zur Küche zu kämpfen, damit ich dort an meine Tabletten und meine Wärmflasche komme.

Doch das ist immer alles irgendwie auch so machbar. Umso schöner ist es trotzdem, dass ich mich nicht allein da durchquälen muss. Und noch schöner: Er macht es ungefragt. Ich verlange nichts davon von ihm. Ich erwarte nichts. Er möchte von sich aus bei mir sein, wenn ich einen Anfall habe. Für ihn ist es fast schon selbstverständlich. Denn natürlich ist es für mich und auch für ihn schöner, wenn wir auf einem Geburtstag zusammen einen spaßigen und unbeschwerten Abend mit unseren Freunden verbringen – statt dass er mir stundenlang die Haare beim Kotzen aus dem Gesicht hält.

Auch dabei wird eine Sache deutlich. Der Unterschied zwischen Malte und mir ist: Ich habe es mir nicht ausgesucht, mit meiner Krankheit zu leben, Malte schon. Malte muss sich jeden Tag wieder aufs Neue für mich – und meine Migräne – entscheiden. Er hätte die Option zu gehen. Er könnte sagen, dass es ihm zu viel sei und dass er es nicht schaffe. Und es würde mir das Herz brechen, aber tatsächlich hätte ich dafür Verständnis. Immerhin kann ich selbst an manchen Tagen nicht mehr. Dann würde ich auch am liebsten vor mir flüchten. Manchmal kann ich mich selbst nicht mehr jammern hören. Ich würde mich nicht für meine Migräne entscheiden.

Wie kann ich das von einer anderen Person verlangen?

Hätte ich die Wahl gehabt, wäre ich mit Sicherheit vieles geworden, aber nicht Migränikerin. Trotzdem muss ich damit leben und damit umgehen können. Wenn mein Partner nicht mit meiner Krankheit klarkommt, dann ist das in meinen Augen völlig in Ordnung. Ich glaube aber auch, dass es dann einfach nicht die richtige Person an meiner Seite ist.

Denn: Für mich ist meine Migräne keine Entscheidung.

Meine Krankheit gehört zu mir, und ich kann sie nicht ändern und muss sie so hinnehmen, wie sie ist. Das muss auch mein Partner können.

Was mir als betroffene Person hilft: Ich bin mir – wie jede erkrankte Person übrigens – dessen sehr deutlich bewusst, was ein Leben mit einer Krankheit bedeutet, aber ich bin mehr als das. Jeder Mensch bringt sein Päckchen mit, und meine Migräne ist nun mal eines von meinen. So wie mein Gegenpart in meiner Beziehung seine Päckchen haben wird, die ich akzeptieren möchte.

Trotzdem bin ich genug – genau so, wie ich bin. Ich bin liebenswert, und ich habe es verdient, ein »normales« Leben zu führen. Auch wenn ich Migräne mit Aura habe.

MANCHMAL BLEIBEN ZITRONEN EINFACH ZITRONEN

Manchmal sehe ich, dass Personen ihren Erkrankungen Namen geben und sie als Freundin bezeichnen. Ich kann den Gedanken gut verstehen. Migräne ist beschissen. Migräne macht nichts besser. Migräne ist nicht heilbar. An irgendetwas müssen wir uns ja klammern, damit uns wenigstens an manchen Tagen noch die Sonne aus dem Arsch strahlt. Okay, das war jetzt vielleicht ein bisschen doll ausgedrückt, aber du weißt, was ich meine.

Es liegt einfach nahe, irgendetwas zu suchen, um die Erkrankung ein bisschen erträglicher zu machen. Dass wir uns an jeden Strohhalm klammern, den wir kriegen können. Trotzdem werde ich meiner Migräne niemals einen Namen geben. Für mich ist Migräne keine Freundin. Migräne ist mein Feind.

Wir Betroffene beschäftigen uns jeden Tag mit der Krankheit. Ob wir wollen oder nicht. Wir nehmen das Wort Migräne so oft in den Mund, bis er fusselig wird – weil sie unseren Alltag bestimmt. Und dann kommt hinzu, dass der Begriff in der Gesellschaft so inflationär missbraucht worden ist, dass die Krankheit sowieso nicht mehr ernst genommen wird. Ich kann also schon verstehen, wenn man ihr einen anderen Namen gibt. Einfach, damit wir wirklich über das reden, was wir Betroffenen meinen, und nicht über das, worüber die Allgemeinheit redet. Und nicht über einen schlechten Tag, die Folge eines Katers, Kopfschmerzen oder die Tatsache, dass man keinen Bock auf Sex hat.

Zusätzlich verstehe ich zu hundert Prozent, dass man es einfach satthat, all das Negative zu sehen, was die Erkrankung wie einen Rattenschwanz nach sich zieht. Das bockt wirklich null. Wenn ich jeden Tag all die beschissenen Sachen, die mit meiner Migräne zusammenhängen, gedanklich durchgehen würde, könnte ich gleich im Bett liegen bleiben und Däumchen drehen. Aber das ist ein anderes Thema und würde auch nicht klappen, weil zu wenig Bewegung wieder meine Migräne auslöst.

Ich selbst lache regelmäßig Dinge weg, die gar nicht witzig sind, um irgendwie mit ihnen umzugehen (so wie meine Familie im Krankenhaus, wir erinnern uns). Letztens erst ist mein Auto abgeschleppt worden, als ich eine Migräneattacke und gleichzeitig eine Blasenentzündung hatte. Und ich habe die gesamte Situation mit einem »Läuft bei mir« kommentiert. Ich verstehe es also wirklich sehr gut, wenn wir nach Strategien suchen, um schwierige Erlebnisse für uns einfacher zu gestalten.

Wir leben ohnehin in einer Zeit, in der wir das häufiger machen. Wir versuchen, vielen Dingen eine positive Wendung zu geben. Wir leben in Zeiten von Body Positivity. Wir zelebrieren Körper für das, was sie sind: Geschenke. Wir sind dabei – zum Glück –, veraltete Standards hinter uns zu lassen.

Thank god.

Wir leben in Zeiten, in denen Mental Health gelebt und kommuniziert, ja, vielleicht sogar gefordert wird. Wir reden über Depressionen. Wir entstigmatisieren. Und ich liebe all das. Ich finde all das wichtig. All das befreit uns von so unfassbar viel Schmerz, von Lasten und Idealen.

Nur glaube ich manchmal, dass wir auf diese Weise Gefahr laufen, unseren Schmerz nicht mehr zu fühlen. Nicht mehr zu sehen, wenn es uns schlecht geht. Nicht mehr in uns reinzuhorchen, wie es uns wirklich geht. Dass wir uns dann nicht mehr eingestehen, irgendetwas an uns blöd zu finden, weil man das so einfach nicht mehr macht. Obwohl der Schmerz dahinter trotzdem da ist. Denn manche Sachen tun einfach scheiße weh.

Und meine Migräne tut mir weh. Meine Migräne behindert

mich in meinem Leben. Ich führe nicht das Leben, das ich führen möchte, weil ich mit einer neurologischen Erkrankung auf die Welt gekommen bin. Ich will nicht zelebrieren, dass ich Migräne habe, indem ich ihr Kosenamen gebe.

Ihr einen zu geben, würde sich für mich danach anfühlen, meine Erkrankung mit einem Filter zu überziehen. Und ich glaube, auch diese Zeit lassen wir gerade hinter uns. Und meine Migräne kann vielleicht positive Eigenschaften aus mir hervorholen, aber im Großen und Ganzen ist meine Migräne mit Aura eine Last, und ich hätte mir gewünscht, gar keine Coping-Strategien dafür entwickeln zu müssen. Die Krankheit hat mir so viel Zeit genommen. So viele Momente, die ich mit meinen Liebsten hätte verbringen wollen. Geburtstage, Hochzeiten, Taufen und auch Jobs. Sie hat mich verzweifeln lassen und mich sogar bis an den Abgrund geführt.

Deshalb werde ich persönlich meiner Migräne niemals einen Kosenamen verpassen. Ich möchte sie nicht beschönigen und mit Zucker übergießen. Migräne ist kein Kuscheltier. Ich gebe Menschen, die ich liebe, Kosenamen. Ich rede jahrelange Freund:innen mit Abkürzungen an oder ersetze den Namen meines Partners durch einen anderen – weil ich mit ihnen wirklich etwas Positives verbinde.

Ich verbinde mit meiner Erkrankung nichts Positives, egal, wie häufig ich das noch in Interviews gefragt werde. Ich liebe meine Migräne nicht. Ich hasse meine Migräne. Dennoch muss ich mit ihr leben. Und ich will versuchen, die Grenzen zu akzeptieren, die sie mir auferlegt.

Aber meine Freundin ist sie nicht.

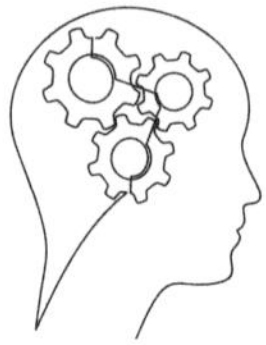

BERUFSVERBAND DEUTSCHER PSYCHOLOGINNEN UND PSYCHOLOGEN: NEUROPSYCHOLOGE PROF. DR. ERICH KASTEN

Letztlich verdirbt einem jede Krankheit irgendwie das Leben. Mit Covid-19 durfte auch ich eine Woche mit Fieber, Gliederschmerzen und Appetitlosigkeit im Bett verbringen und dann noch eine zweite Woche in Quarantäne dahinvegetieren. Corona hat mir regelrecht Tage meines Lebens geklaut, die ich sinnvoller mit etwas anderem hätte verbringen wollen. Dem Virus einen Kuscheltiernamen zu geben? Daran hätte ich mit Sicherheit nicht gedacht.

Doch meine Covid-19-Infektion ist längst vorüber. Migräne haben Betroffene chronisch. Es ist mehr als verständlich, dass diese Menschen Hass auf eine Erkrankung entwickeln, die ihnen immer wieder nicht nur Lebensqualität raubt, sondern die auch mit heftigen Schmerzen verbunden ist.

Aus psychologischer Sicht ergibt es jedoch wenig Sinn, einen Hass auf die Migräne zu entwickeln. Wut bindet mentale Kräfte und kann im schlimmsten Fall sogar den Migräneanfall auch noch verschlimmern. Denn bei dieser starken Emotion ändert sich der Blutdruck, Botenstoffe werden ausgeschüttet, und Gefäße ziehen sich zusammen. Das kostet Energie.

Ein wichtiger therapeutischer Baustein ist hierbei die Akzeptanz der Migräne. Natürlich löst ein beginnender Anfall immer belastende negative Gedanken und Gefühle aus. Doch je mehr sich Betroffene darüber ärgern, umso eher wird der Anfall sich zusätzlich ausweiten. Gedanken wie »Es ist, wie es ist, ich kenne das ja schon« können helfen, etwas gelassener mit der Symptomatik umzugehen. Je mehr Betroffene gegen den Kopfschmerz ankämpfen, umso mehr geraten sie in Stress, der wiederum die Schmerzen verstärkt.

Dabei ist auch völlig klar: Es ist viel leichter gesagt als getan, die Symptomatik einfach hinzunehmen, da es ja nun einmal wehtut. Schmerz erzwingt Aufmerksamkeit, und die Konzentration auf den Schmerz beeinflusst die emotionale Innenwelt noch negativer. Hinzu kommt, dass Patienten und Patientinnen viele soziale Verpflichtungen nicht erfüllen können, die Chefin tobt, weil wieder mal wer krank ist, der Partner oder die Partnerin ist sauer, weil er oder sie allein zur Party gehen muss.

Trotzdem ist es so, dass die Akzeptanz des anrollenden Anfalls den Migräneanfall verkürzen kann. Eine wirksame Behandlungsmethode ist hierbei die Akzeptanz- und Commitment-Therapie. Der Ansatz verfolgt den Gedanken, dass Menschen gegen Ängste und Depressionen ankämpfen können. Ein Problem hinzunehmen, das nicht lösbar ist, bringt unter Umständen Erleichterung.

Eine andere Möglichkeit des Umgangs ist das Reframing. Beim Reframing werden Symptomen eine andere Bedeutung zugeschrieben. Es setzt quasi einen neuen Rahmen. Ein gutes Beispiel: Aus Zitronen Limonade machen – den Satz kennt vermutlich fast jeder.

Um das einmal im Migräne-Kontext genauer zu veranschaulichen, folgen nun ein paar Beispiele aus der Forschung: Wussten Sie beispielsweise, dass es Studien gibt, die darauf hindeuten, dass das Gehirn von Migräne-Betroffenen schneller arbeitet und sie eine höhere Reaktionsgeschwindigkeit haben sollen? Es gibt sogar die Vermutung, dass sie intelligenter sind. Außerdem gibt es Forschungsergebnisse darüber, dass die Sensibilität von Migräne-Patient:innen deutlich ausgeprägter ist. Möglicherweise ist also vielleicht nicht alles an der Migräne nur schlecht.

Thorwald Dethlefsen und Ruediger Dahlke gehen mit ihrem umstrittenen Buch *Krankheit als Weg* noch weiter und davon aus, dass jede Krankheit uns etwas mitteilen wolle. Ein Beinbruch, so schreiben sie,

unterbreche einen allzu hektischen Lebenslauf und zwinge den Menschen, der sich ständig selbst überlastet habe, zu einer Ruhephase.
Focusing ist eine Technik, die von Eugene Gendlin entwickelt wurde. Sie basiert auf der psychosomatischen Überlegung, dass es eine Weisheit des eigenen Körpers gebe. Der Körper spricht über Symptome, nur verstehen wir selbst den eigenen Leib oft nicht. Die Technik des Focusing geht im Prinzip davon aus, dass wir dem Körper besser zuhören müssen. Warum entwickelt der Schädel eigentlich diese massiven Kopfschmerzen? Was will der Schmerz uns sagen? Schmerzen haben letztlich ja auch immer eine Warnfunktion. Rückenschmerzen nach getaner Gartenarbeit, Übelkeit nach einem allzu fülligen Essen oder auch der berüchtigte Kater nach dem Alkoholgenuss – alles Hinweise darauf, dass wir etwas grundlegend falsch gemacht haben.
Also: Worauf wollen die Migräneanfälle hinweisen?
Gemäß aktueller Studien sind Migräne-Patient:innen übermäßig fleißig und perfektionistisch, oft tun sie alles für andere, aber nichts für sich. Sie wollen alles selbst erledigen, und sie wollen es besonders gut machen. Ich weiß, das klingt nun etwas naiv, aber der generelle Ratschlag lautet daher ganz simpel, man möge einfach sein Leben genießen, so gut es geht.
Der Schweizer Pfarrer, Philosoph und Autor Johann Caspar Lavater (1741–1801) schrieb hierzu:

»Jammertage lehren Dich, Freudentage zu genießen.«

Ein Aphorismus, der letztlich auch für die Migräne gilt: Nur wer den Schmerz kennt, weiß, wie schön schmerzfreie Tage sind. Vielleicht erlebt man diese Tage dann viel bewusster und glücklicher?
Und trotz alledem: Vermutlich nützen diese wissenschaftlichen Erkenntnisse und all das Reframen an manchen Tagen wenig, wenn Migräne-Betroffene mit Übelkeit und dröhnenden Kopfschmerzen im Bett liegen. An solchen Tagen sind Zitronen eben doch nur Zitronen.

DU BIST NICHT KOMISCH, DU BIST KRANK!

… bis ich diesen Satz verstanden habe, ist ein Jahrzehnt vergangen.

Wenn du Migräne hast, widerspricht sich oft das, was du willst, mit dem, was du kannst. Wenn du Migräne hast, weißt du mit Sicherheit auch, wie oft du dich dafür rechtfertigen musst. Irgendwie kann ich es ja nachvollziehen, dass Menschen, die nicht betroffen sind und keine Berührungspunkte mit Migräne haben, die Krankheit und den Verlauf und deren Auswirkungen nicht komplett verstehen können. Schwierig wird es, wenn sie deine Krankheit leugnen oder ins Lächerliche ziehen.

Damit wird einem das Leben doppelt erschwert, und man kommt an seine Grenzen.

Meine Hass-Top-Ten an Sätzen, die ich schon zu hören bekommen habe und lieber nicht gehört hätte:

Besonders toll ist es auch, wenn jemand zu mir sagt, dass es auf der Welt Schlimmeres gebe. Da sind wir dann nicht nur bei der maximalen Invalidierung von Betroffenen, sondern auch mitten im Whataboutism. Nur weil es auch andere Probleme gibt, heißt das nicht, dass dieses nicht existiert. Oder mit den Worten meiner Oma: »Schlimmer geht natürlich immer.« Ich habe auch nie etwas anderes behauptet.

Ich würde auch niemals sagen, dass Migräne die schlimmste Krankheit auf der Welt ist, aber warum zum Teufel muss man denn überhaupt Krankheiten vergleichen?

ACHTUNG: Bei dem Thema werde ich fuchsig.

Eine Krankheit ist eine Krankheit, und sie bleibt für die betroffene Person schlimm. Und egal, ob du sie sehen kannst oder nicht: Sie ist da, und sie bereitet Betroffenen viel Leid. Deshalb finde ich es mindestens genauso schlimm, wenn nicht sogar schlimmer, wenn unter Betroffenen auf einmal ein Konkurrenzkampf entsteht. Ich habe schon Kommentare erhalten wie: »Du hast nur acht Anfälle im Monat? Geht ja noch. Ich habe zwölf.« Gerade wir Betroffenen sollten es doch besser wissen. Wir sollten wissen, wie weh es tut, wenn andere dir mit Skepsis begegnen und du dich auch noch verteidigen musst, obwohl es dir schlecht geht.

Manchmal erhalte ich aber auch Kommentare in die völlig andere Richtung, und jemand schreibt mir Sachen wie: »Na ja, gegen deine Migräne ist meine Migräne gar nichts.« So, als hätte die Person damit keine Berechtigung mehr, unter ihrer Erkrankung zu leiden, weil sie andere Symptome hat als ich.

Wie soll ich auf so etwas reagieren?

Es gibt keine Medaille für das größte Leid. Jedes Leiden ist so schlimm, wie es für die betroffene Person selbst ist. Jede Krankheit ist eine Krankheit, und wenn du darunter leidest, dann leidest du. Und das ist scheiße. Also lass dir da bitte nichts einreden, sondern steh für dich und deine Krankheit ein.

Wir wollen die Krankheit natürlich bekämpfen und nicht für immer in demselben Ausmaß behalten, aber es ist auch wichtig, sich selbst einzugestehen, dass man krank ist. Angesichts all der gesellschaftlichen Invalidierungen ist das besonders schwierig, aber umso wichtiger. Würden wir nicht auch noch der Gesellschaft beweisen müssen, dass es uns schlecht geht, dann wäre das Leben mit der eigenen Krankheit ein Stückchen einfacher.

Zu meinem Glück treffe ich auch auf verständnisvolle Menschen. Menschen, die sich um mich sorgen, die mir helfen wollen, die sich für die Migräne interessieren und mich und meine Schmerzen ernst nehmen. Diese Menschen sind übrigens der

Grund, warum ich nicht aufgebe. Sie geben mir immer wieder aufs Neue die Kraft, dass ich, obwohl ich die Hoffnung schon so oft aufgegeben habe, Arztbesuche weiterhin wahrnehme. Sie sorgen dafür, dass ich die unzähligen gescheiterten Therapien vergesse und nach vorn blicke. Mich immer weiter mit Migräne auseinandersetze, obwohl ich selbst das Wort manchmal gar nicht mehr hören mag. Wen ich damit genau meine, wissen diejenigen, wenn sie das hier lesen:

Danke. Ihr rettet mich.

Diese Menschen sind für Betroffene so wichtig, da eine Krankheit selten bis gar nie Positives mit sich bringt. Solche Personen zu finden, ist deine Aufgabe. Es ist an dir, herauszufinden, wer deine Erkrankung und dich ernst nimmt. Wer für dich da ist und bedingungslos akzeptieren kann, wenn du ausfällst.

An der Stelle ein bisschen Ermutigung für dich: Es gibt sie, du musst nur vielleicht ein wenig suchen. Wenn du sie gefunden hast, kannst du ihnen Stück für Stück beibringen, wie sie mit dir und deiner Migräne am besten umgehen können.

Denn, und das ist auch wichtig, wir können als Betroffene nicht voraussetzen, dass andere wissen, wie sie mit uns und unserer Krankheit umzugehen haben. Du kannst nicht verlangen, dass dein engster Kreis von heute auf morgen versteht, wie deine Krankheit funktioniert. Vor allem nicht, wenn diese Menschen selbst nicht betroffen sind. Natürlich ist es toll, wenn sie sich selbst ein wenig informieren und einlesen, nur ist Migräne einfach wahnsinnig individuell. Du musst an der Stelle dafür sorgen, dass deine Mitmenschen verstehen, was deine Krankheit mit dir macht, wie sie funktioniert und wie und worauf sie sich auswirkt.

Beispielsweise reagiere ich selbst supersensibel auf meine Umwelt. Nur weil ich das weiß, heißt es noch lange nicht, dass es meine Mitmenschen wissen. Du musst also erst einmal deine

Grenzen genau erkennen, bevor du sie kommunizieren kannst. Ich mache hier gerade einen auf Lifecoach (live, laugh, love), dabei ist es auch für mich leichter gesagt als getan.

Bis heute ist es fast mein größtes Problem, dass ich meine Grenzen überschreite, weil ich auf andere nicht unhöflich wirken möchte. Wenn ich beispielsweise bei einem Shooting bin und alle am Set zu einem Song viben, schaffe ich es selten, die anderen zu fragen, ob sie die Musik leiser machen könnten. Selbst wenn ich schon unter Kopfschmerzen leide, sage ich nichts.

Doch auch in meinem vertrauten Umfeld fällt es mir schwer. Meine Mama und ich hatten schon unzählige Diskussionen über die Lautstärke der Musik bei der Fahrt. Während sie die Boxen aufdreht und gefühlt jedes kölsche Lied mitschreit, beschwere ich mich genervt, dass es viel zu laut sei und mich das einfach nur stresse. Meine Mama gehört sicherlich nicht zu den Menschen, die meine Migräne nicht ernst nehmen, ganz im Gegenteil. Ich habe nur viele Jahre nicht ausdrücken können, dass mich die Musik triggert. Dass sie mir zu viel ist. Dass ich wahnsinnig sensibel bin.

Das zieht natürlich Reaktionen nach sich. Mir wurde schon oft gesagt, dass ich komisch sei, weil ich mich mit meinen jungen Jahren wie eine Oma verhalte. Dass ich langweilig sei, weil ich nicht die Nacht zum Tag mache. Weil ich keinen Alkohol trinke. Weil ich oft keine laute Musik hören kann und deshalb oft auf Festivals, Konzerte und irgendwie auf alles, was Spaß macht, verzichten muss.

Heute weiß ich:

Ich bin nicht komisch, ich bin krank.

Damit das aber auch mein Umfeld versteht, muss ich meine Grenzen offen und ehrlich kommunizieren. Und das dauert manchmal seine Zeit. Auch wenn ich die tollsten Menschen um mich habe, die meine Krankheit sehen und verstehen, gibt es immer noch Tage, an denen ich sie erinnern muss, dass ich leider nicht alles mitmachen kann. Doch das ist okay so, denn diese faire Kommunikation hilft mir und auch meiner Familie und meinen Freund:innen und bringt auch unsere zwischenmenschliche Beziehung noch mal auf ein ganz neues und schönes Level.

Alles darunter möchte ich mittlerweile auch gar nicht mehr dulden, denn ich bin nach Jahren an dem Punkt angekommen, an dem ich endlich für mich selbst und meine Krankheit einstehe und ehrliche Beziehungen führen möchte.

Und das fühlt sich verdammt gut an.

GRENZGÄNGERIN

Ich bin eine Grenzgängerin. Ich bin eine Grenzgängerin, weil ich manchmal nur zwei Dezibel laute Musik höre. Ich bin eine Grenzgängerin, weil ich mich abends auf eine Cola mit Freund:innen treffe. Ich bin eine Grenzgängerin, weil ich ständig auf meinen Grenzen umherwandere, um am Leben teilzuhaben.

Ich habe im vorigen Kapitel das Thema Grenzen angerissen und dass du sie kennen solltest, wenn du betroffen bist. Die herauszufinden ist gar nicht mal so einfach. Was für welche das sind, ist natürlich (hurra!) von Fall zu Fall unterschiedlich. Doch auch das reicht noch nicht aus. Denn eigentlich beginnt erst jetzt der harte Part: Du musst lernen, sie zu kommunizieren.

Meine persönlichen Grenzen gehen viel mit meinen bekannten Triggern einher. Meine Grenzen beginnen oft dann, wenn ich merke, dass mich Situationen aus der Bahn werfen und mich stressen. Nicht nur laute Musik kann mich triggern, sondern auch noch hundert andere Dinge tun das. Zum Beispiel kann ich nichts Schweres tragen, ohne am nächsten Tag mit Kopfschmerzen oder Migräne aufzuwachen. Deshalb bin ich bei einem Umzug in jedem Fall die, die alles koordiniert und den Überblick hat und die Leute mit den schweren Kartons in die richtigen Räume weist. Klingt für den Moment gar nicht mal so schlecht, dabei war mir das jahrelang unglaublich peinlich. So peinlich, dass ich dann meistens doch angepackt habe und mich am nächsten Tag mit Schmerzen gequält habe. Hauptsache, die anderen denken nicht von mir, ich sei zu schwach, zu faul oder mir zu schade, um mit anzupacken. Ich hoffe sehr, dass du die Ironie hier herauslesen kannst.

So oder so ähnlich habe ich wirklich gedacht. Ich hatte damals solche Angst, dass ich anderen zur Last falle oder dass andere schlecht von mir denken, dass ich meine eigenen Grenzen absichtlich überschritten und die Schmerzen in Kauf genommen habe. Allerdings hatte ich damals auch Angst, dass ich nicht ernst genommen werde, wenn ich meine Grenzen kommuniziere. Migräne ist ja bekanntlich für viele Kopfweh. Genau deshalb habe ich, ohne meine Krankheit auch nur zu erwähnen, einfach alles durchgezogen.

Und so ging mir das leider nicht nur beim Kartonschleppen.

Heute weiß ich es besser. Heutzutage überschreite ich manchmal noch bewusst meine Grenzen, wenn ich einfach am Leben teilhaben möchte. Da sind wir wieder bei der Festival-Thematik. Nur überschreite ich sie nun nicht mehr, weil ich Angst davor habe, nicht ernst genommen zu werden. Denn lass dir eines gesagt sein: Es lohnt sich nicht. Du selbst kennst deinen Körper am besten. Du selbst kennst deine Krankheit am besten, und du selbst kennst auch deine persönlichen Grenzen am besten.

Na ja, im besten Fall kennst du deine eigenen Grenzen. Ich selbst habe meine eigenen nur übers Ausprobieren kennengelernt. Was, wie du dir schon denken kannst, auch meistens mit einem Migräneanfall geendet hat.

Damit rate ich dir jetzt auf gar keinen Fall, einen Anfall zu provozieren. Bitte nicht.

Was ich dir aber raten kann, ist, dass du auf folgende Fragen zurückgreifst:

1. Was hat mich an der Situation besonders gestresst?
2. Gab es einen Moment, in dem ich lieber nein gesagt hätte?
3. Bei was fühle ich mich unwohl, wenn ich nur daran denke?
4. Was traue ich mir zu?
5. Kann ich das wirklich, oder halte ich es nur aus?

Vielleicht können dir diese Fragen dabei helfen, deine eigene Belastbarkeit auszutesten. Das Ausprobieren ist oft ein schmaler Grat, auf dem wir Betroffenen wandeln. Vielleicht haben wir eine ganz eigene Definition von Risiko und: Grenzgängertum.

DU BIST ETWAS GANZ BESONDERES

Vorweg: Das folgende Kapitel sollte euch niemals davon abhalten, ins Krankenhaus zu fahren und ärztlichen Rat einzuholen.

Die meisten Eltern sagen ihren Kindern, dass sie etwas ganz Besonderes seien. Tatsächlich sagen auch Mediziner:innen uns Patient:innen häufig, dass wir etwas ganz Besonderes seien.

Jetzt kannst du dich als betroffene Person zwar kurz besonders fühlen, gemeint ist damit aber eigentlich, dass das für dich besonders beschissen ist (dü-dümm). Denn Migräne kann sich oft von Mensch zu Mensch unterscheiden, wie ich schon angerissen habe. Es gibt die verschiedensten Symptome. Manche leiden mehr unter ihnen, manche weniger. Doch nicht nur das Ausmaß der Krankheit variiert, auch die Trigger sind von Fall zu Fall unterschiedlich.

Besonders toll (Ironie incoming): Nicht nur die Migräne kann sich von Fall zu Fall unterscheiden, genau wie ihre Trigger, auch können Attacken sich von Mal zu Mal bei ein und derselben betroffenen Person unterscheiden. Das heißt, selbst nach Jahren der Krankheit, wenn du an dem Punkt bist, an dem du denkst: Ich habe den Dreh raus, ich kann Trigger vermeiden und habe meinen Weg damit gefunden, tauchen – schwupps – völlig neue auf.

Wenn dann also völlig neue Symptome auftauchen, die man so noch nie gespürt hat, wenn sich Schmerz an neuen Stellen meldet und wenn die Form der Migräne für einen komplett unbekannt ist – dann, meine Damen, Herren und Diverse –, ja, dann befinden wir uns mal schnell wieder beim Thema Panikattacken. Ein Traum.

Mir hat es deshalb ungemein geholfen, ein Migränetagebuch zu führen (findest du übrigens auch hier im Buch ganz am Ende). Denn nicht nur die Ärzt:innen freuen sich darüber, wenn du damit schon angefangen hast, auch für dich kann so eine Übersicht praktisch sein. Ich selbst schaue alle paar Tage in mein Buch. Ich bin zwar offensichtlich immer anwesend, wenn ich einen Anfall habe, aber oft habe ich so viele Attacken in einem Monat, dass ich gar nicht mehr weiß, wie die vor einer Woche aussahen. Deshalb beschreibe ich meine Migräne und den Schmerz so ausführlich wie möglich. Zwar ändert das Migränebuch an sich nicht meinen Schmerz, aber es hilft mir manchmal, mich zu beruhigen. Wenn ich eine neue Form von Migräne erlebe, trage ich sie ein, und wenn sie noch einmal vorkommt, weiß ich, dass ich nicht gleich ins Krankenhaus muss.

Typischerweise fängt meine Migräne linksseitig im Nacken an und zieht über den Kopf bis hin zur Augenbraue und unter das Auge. Weniger oft, dafür auch ziemlich schmerzhaft, ist die Form, die doppelseitig anfängt und über die Nase und beide Seiten im Nacken verläuft. Manchmal aber sitzt meine Migräne auch auf der rechten Kopfseite. Sie verläuft dann ähnlich wie auf der linken Seite, nur taucht sie seltener, dafür aber meistens doller auf.

Dagegen kommen nicht einmal meine Triptane an. Obendrein kommt noch meine Aura. Die macht sowieso, was sie will. Mal taucht sie auf, manchmal nicht. Manchmal ist sie ausgeprägter, mal schwächer. In dem Mix kotze ich auch gern meine Seele aus. Wann genau das passiert, habe ich bis heute nicht verstanden. Währenddessen versuche ich mich zu beruhigen, um keine Panikattacke zu bekommen. Gleichzeitig muss ich einschätzen, was mein Körper schafft und was nicht. Und egal, wie lange ich schon Migräne habe, trotzdem überschreite ich in manchen Fällen meine Grenzen und verliere mein Bewusstsein. Ich schreibe das jetzt so, als hätte ich irgendeinen Einfluss auf meinen Verlauf. Hin und wieder habe ich das. Überwiegend ist es jedoch wie Roulette.

Also wenn ich sage, dass Migräne super individuell sei, dann meine ich es wirklich so (und nicht als Kompliment). Das macht sie unberechenbar. Sie kommt und geht, wann sie möchte. Trotz alledem sind mir auf meinem Weg verschiedene Ursachen aufgefallen, die wiederkehrend in eine Migräne münden können.

Im Folgenden findest du eine kleine Übersicht dazu, wie ich sie nenne. Vielleicht erkennst du dich und deine Migräne wieder und kannst sie leichter in dein eigenes Tagebuch eintragen und einordnen – oder eine betroffene Person so besser unterstützen.

Die Angst-vor-Migräne-Migräne: Dieser Typ ist der Zyniker unter den Typen. Ich habe eigentlich keine Migräne, würde auch keine bekommen, bekomme sie aber trotzdem, einfach nur, weil ich Schiss habe, eine zu bekommen. Migräne – durchs Kaputtdenken hervorgerufen. Danke für nichts, sag ich da.

Die Erholungsphasen-Migräne: Du bist im Urlaub – endlich mal abschalten? Nicht mit Migräne! So könnte eine Anti-Urlaubskampagne für Migräniker:innen lauten. Der Körper weiß leider, dass er in der Zeit herunterfahren darf und sich mal entspannen kann. Da klopft dann gern die Migräne an. Für mich persönlich sind die ersten Tage im Urlaub meistens eine komplette Vollkatastrophe. Beim Kurztrip besonders praktisch: vermengt sich direkt mit Schuldgefühlen, weil ich das Gefühl habe, anderen die Zeit zu vermiesen, und Selbstmitleid, weil ich ausgerechnet jetzt Migräne haben muss.

Die Stress-Migräne: Das ist der offensichtliche Typ. Purer Stress führt bei mir am häufigsten zu Anfällen. Das ist wahrscheinlich bei den meisten Migräniker:innen der Fall. Körperlicher, aber auch psychischer Stress kann zu einem Totalausfall führen.

Die Reiz-Migräne: Wir Migräniker:innen haben ein Migräne-Gehirn und können deswegen schlechter Reize einordnen. Wir brauchen länger dafür oder schaffen es gar nicht erst, sie überhaupt zu verarbeiten. Licht, laute Musik, viele Menschen – klingt nach einem geilen Festival – sind für Migräniker:innen oft die Hölle. Was wiederum puren Stress fürs Gehirn bedeutet, und wie du eben schon gelesen hast, ist Stress unser Erzfeind.

Die Triptane-Migräne: Steckt zwar das Wort Trip drin, ist aber wirklich nicht geil. Diese Art von Migräne wird durch zu viel Medikation ausgelöst, die eigentlich den Anfall hätte unterdrücken sollen. Willkommen in der Endlosschleife. Da hilft meistens nur der Verzicht auf die Schmerztabletten. Das machen zumindest einige Kliniken. Ich selbst habe es noch nie ausprobiert, da ich den Anfall ohne Triptane zurzeit nicht aushalte. Ein Verzicht kann Entzugserscheinungen und weitere Kopfschmerzen hervorrufen. Betroffene halten die Attacke bei einer Medikamentenpause so lange aus, bis sie irgendwann von allein weggeht. Im Notfall verabreichen manche Ärzt:innen aber Kortison. Generell sollte diese Methode nur mit ärztlicher Begleitung stattfinden. Unvorstellbar für mich, soll aber den Dauerschmerz lindern oder sogar beenden.

Dann gibt es noch die 10-20-Regel, die von der Schmerzklinik Kiel empfohlen wird: Schmerzmittel und spezifische Migränemittel (die sogenannten Triptane) sollten maximal an zehn Tagen pro Monat verwendet werden. 20 von 30 Tagen sollten also frei von deren Einnahme sein. Bei dieser Regel werden nicht die an den zehn Tagen verwendeten Tabletten gezählt, sondern nur der jeweilige Tag zählt, unabhängig von der eingenommenen Menge. Das soll verhindern, dass Betroffene überhaupt erst in die Dauermigräne hineinrutschen.

Die Arschkarten-Migräne: Herzlichen Glückwunsch. Einmal Arschkarte, bitte. Hier kannst du leider gar nichts machen. Alles an diesem Typ ist random, also völlig zufällig: die Art, der Zeitpunkt, Trigger und ihr Ursprung. Nichts davon ist steuerbar. Auch wenn du denkst, dass du dich an all die unsichtbaren Regeln gehalten hast. Tut mir furchtbar leid für dich, wenn die bei dir auch anklopft. Ich habe hier leider selbst nicht das Gefühl, diese Art beeinflussen zu können.

Dauerkopfschmerz: Ist eigentlich gar keine Migräne, habe ich trotzdem manchmal zusätzlich oder auch allein. Wird unter anderem ausgelöst durch einen sogenannten Tablettenüberkonsum. Witzig, oder? Nehme ich keine Tabletten, kommt der Anfall sowieso. Nehme ich zu viele Tabletten, löst es fast täglich Kopfschmerzen oder Migräne aus. Perfekt.

BERUFSVERBAND DEUTSCHER NEUROLOGEN UND NEUROLOGINNEN: NEUROLOGE PROF. DR. GEREON NELLES

EINE KRANKHEIT MIT VIELEN GESICHTERN:

Laut Kieler Schmerzklinik leiden Betroffene nicht nur an einer, sondern gleich an mehreren Kopfschmerzformen. Schauen wir uns die Klassifikation der Weltgesundheitsorganisation an, kommen wir auf dreizehn verschiedene Hauptgruppen von Kopfschmerzen und gleich 36 Unterkategorien. Werden wir ganz penibel, kann eine exakte Diagnose 250 verschiedene Arten von Kopfschmerzen umfassen.

Da stellt sich natürlich die Frage, wozu es eine derart genaue Unterteilung braucht oder ob die Medizin nicht irgendwann einfach Gefallen an einem gigantischen Diagnostik-Spielzeugkasten gefunden hat. Tatsächlich aber braucht es eine so penible Unterteilung: Nur wenn Migräniker:innen wissen, um welche Form es sich bei einer Attacke handelt, können sie diese entsprechend behandeln. Auf diese Weise können sie sich auch außerhalb der Praxis mit den empfohlenen Methoden helfen. Damit kommt Betroffenen die Verantwortung zu, dass sie auch selbst die diagnostischen Kriterien kennen müssen. Hilfreich sind hierbei mitunter Kopfschmerzkalender, Kopfschmerzfragebögen und weiteres Informationsmaterial.

Die beiden wichtigsten Formen der Migräne sind die Migräne ohne Aura und die Migräne mit Aura. Bei jedem zehnten Betroffenen ist die Aura, eine Störung des zentralen Nervensystems, der Vorbote der eigentlichen Migräne. Diese kann unter Umständen bis zu sieben

Tage anhalten. Ihren Namen hat diese Form der griechischen Göttin der Morgenröte – Aurora – zu verdanken. Ähnlich dem Sonnenaufgang, treten in der Zeit von fünfzehn bis dreißig Minuten Veränderungen auf.

Als Aura werden in der Medizin gemeinhin neurologische Funktionsstörungen bezeichnet, die dem Kopfschmerz direkt vorausgehen. Am häufigsten treten Lichtblitze oder Farben auf. Dabei handelt es sich um Zickzack-Linien, die in der Mitte des Sehens beginnen und sich langsam über das Gesichtsfeld ausbreiten. Bei anderen Patient:innen kommt es zu blinden Flecken im Sehfeld, die sich langsam ausbreiten. Manche berichten über Schwäche, Taubheit oder ein Kribbeln im Gesicht, an der Hand oder an den Beinen einer Seite. Meistens setzt der Kopfschmerz erst nach dem Ende der Aura ein. Manchmal überlappen sich Aura und Kopfschmerz jedoch. Manchmal setzt der Kopfschmerz gar nicht erst ein. Gemein haben alle Verläufe eines: Alle Störungen der Aura sind nur vorübergehend, sie hinterlassen niemals bleibende Schäden. Auren können auch isoliert auftreten, also ohne nachfolgende Kopfschmerzen.

Migräne-Formen ohne Aura beginnen häufig langsamer als die Migräne mit Aura. Schwangere und Stillende leiden seltener unter Migräne.

STRUKTUR

Sobald Migräne diagnostiziert wird, hörst du von allen Seiten ein Wort: Struktur. Es ist wichtig, wann du isst, wann du schläfst, wann du trinkst, und dann natürlich, wie viel du von alledem machst. All das bestimmt, ob du deinen Alltag bewältigst, ob du deine Karriere hinbekommst und ob du dich selbst verwirklichen kannst. Und das ist alles goldrichtig und goldwichtig, dafür habe ich nur leider echt den falschen Job.

»Was machst du eigentlich, wenn du allein im Ausland bist und dir niemand bei einem Anfall helfen kann?«, wurde ich in einer Talkshow gefragt. Tja, gute Frage eigentlich, habe ich mir in dem Moment gedacht. Was mache ich dann eigentlich? Wenn ich allein unterwegs bin, irgendwo im Ausland? Denn genau dann versagen eigentlich alle Tipps, also die, die du von allen Seiten bekommst: Ich kann keine Struktur haben, schlafe, trinke, esse, wenn es gerade passt. Rhythmus? Schön wäre es! Dass ich mir aber erst in dem Moment, in dem ich das Buch schreibe, Gedanken darüber mache, zeigt auch: Irgendwie klappt es trotzdem.

Denn nach all den Migränejahren habe ich mir richtiggehende Überlebensstrategien angeeignet, ohne es wirklich zu merken. Ich funktioniere einfach. Hinterher wache ich morgens auf und weiß nicht mehr, wie ich den gestrigen Anfall überstanden habe. Gerade, wenn ich allein und irgendwo anders bin, bringt mich das zum Verzweifeln. Dazu kommt ja leider noch, dass jede kleinste Bewegung den Schmerz verstärkt. Das bedeutet auch, dass ich bei einem Anfall nur das Nötigste mache. Ich falle in den Zombie-Modus: Ich sammle nur noch meine Tabletten zusammen, fülle meine Wasserflasche auf, stelle eine Schüssel neben das Bett, probiere, mit zittrigen Händen und halbblind mir eine Wärmflasche zu machen – in der Hoffnung, dass ich mich nicht noch verbrenne, und lege mich mit all meinen Sachen in mein dunkles und ruhiges Schlafzimmer.

Das Hinlegen klingt nach dem einfachen Part, so, als würde ich mich einfach nur noch fallen lassen. Das ist allerdings gar nicht mal so leicht: Meist muss ich mich übergeben und habe Angst, alles vorm Hinlegen vollzuspucken, oder davor, auf dem Hinweg ohnmächtig zu werden oder zu halluzinieren. Spaßig wird es vor allem dann, wenn alle Symptome zeitgleich auftauchen. Einmal Freifahrt Kirmes, bitte. Damit ist übrigens nicht der schöne Teil gemeint, wenn du den Adrenalinkick bekommst, sondern der Abschnitt, wenn du nach zehn Karussellfahrten aussteigst und die gebrannten Mandeln wieder auskotzt. Selbst wenn ich endlich – ohne Erbrochenes – im Bett liege, ist es noch nicht vorbei. Oft habe ich Fieberträume und leide unter starken Schmerzen. Ich freue mich dann schon fast darauf, endlich das Bewusstsein zu verlieren oder einzuschlafen.

Doch auch dann lasse ich nicht richtig los. In meinen Träumen schreien mich manchmal andere an, warum ich Migräne hätte, ich kann meine Tabletten nicht finden oder ich sterbe. Das ist besonders fies. Ich will eigentlich schlafen, damit die Schmerzen weggehen und mein Körper sich erholt, und durch die Träume und den damit verbundenen Stress bekomme ich so starke Schmerzen, dass ich wieder wach werde. An solchen Tagen frage ich mich, ob mein Körper mich eigentlich verarschen will.

Migräne ist zwar eigentlich keine Krankheit, an der man sterben kann, aber man muss nur bei einer plötzlichen Ohnmacht einmal ungünstig stürzen, und dann war's das. Ganz ehrlich? Wenn ich einen Anfall habe, weiß ich manchmal wirklich nicht, wie ich das allein durchstehe. Für Struktur ist es dann mit Sicherheit zu spät. Da bin auch ich, ehrlich gesagt, gar nicht mehr ich. Dann bin ich nicht mehr Phia. Dann bin ich nur noch eine Hülle.

An dieser Stelle möchte ich allen Betroffenen gern eine Sache mit auf den Weg geben. Natürlich tut dir als Migräniker:in Struktur gut. Natürlich solltest du versuchen, Regeln in deinen Alltag zu integrieren, aber: Es ist nicht deine Schuld, wenn du trotz aller Vorkehrungen manchmal eben doch einen Anfall bekommst. Es ist nicht deine Schuld, dass du diese Krankheit hast. Es ist nicht deine Schuld, wenn du mal nicht alle Trigger vermeidest. Es ist okay, einfach mal zu verreisen. Irgendwohin, wo es warm ist. Wo die Sonne scheint. Und du nicht deine Sonnenbrille dabeihast. Und du mal nicht ausreichend trinkst. Es ist okay, mal auszugehen. Unterwegs zu sein. Laute Musik zu hören. Spaß zu haben.

Natürlich brauchen wir trotzdem mehr Struktur als andere. Alles andere wäre gelogen. Struktur und Regeln helfen uns Migräniker:innen oft durch den Alltag und beugen auf diese Weise den Anfällen vor. Und wir Migräniker:innen wissen zwar, dass wir meistens einen gewissen Preis dafür zahlen, wenn wir sie nicht einhalten – aber manchmal, manchmal darfst du es dir selbst wert sein. Manchmal darf es heißen: Scheiß auf Struktur! Denn nur mit Struktur läufst du manchmal Gefahr, das Gegenteil von dem zu erreichen, was du überhaupt willst:

Leben!

MIGRÄNE = ARBEIT

Ich liege ausgestreckt auf dem Boden. Nicht auf die romantische Art und Weise. Nicht auf einer Blumenwiese, und ich gucke auch nicht in den Himmel und probiere, Formen und Objekte in den Wolken zu erkennen. Ich liege auf dem Boden. In einer riesigen Halle. Es ist kalt, und ich trage ein enges Oberteil und roten Lippenstift. Mein Blick fällt auf meine Beine, die aus einem Jeansrock ragen und an einer Glastür lehnen. Ich liege in einer Position wie im Kreißsaal. Nice. Im Hintergrund läuft Elektro. Meine Wimperntusche fühlt sich verkrustet an. Ich sehe, wie ein Stylist mich durch die Wand hindurch anguckt, und weiß, was er sieht. Die Kraft, mich zu schämen, kann ich gerade nicht aufbringen. Die Zeit, in der ich mich bei Shootings für irgendwas geschämt habe, liegt ohnehin Jahre zurück.

Das hier war mein erster Knockout am Set. Ich stand für eine bekannte Marke vor der Kamera. Normalerweise stehe ich an Shooting-Tagen um kurz vor sieben auf, putze meine Zähne und gehe ungeschminkt aus dem Haus. Ich mache mir keinen Kaffee mehr, weil ich weiß, dass der am Set sowieso besser schmeckt. Dann stöpsle ich meine AirPods ein und mache das, was jeder vernünftige Mensch morgens früh im Dunkeln macht, wenn er allein an verlassenen Bahngleisen steht: Ich höre den Weird-Crimes-Podcast. Okay, irgendwas war bei mir schon immer nicht ganz richtig. Und damit meine ich nicht die Migräne.

Schon an dem Tag vor dem Anfall wusste ich, dass der Tag nicht so laufen würde, wie ich es wollte. Schmerzen waren mir in den Nacken gekrochen, und ich hatte im Hinterkopf, dass ich morgen einen Job zu erledigen hätte. Ich tat alles, um nicht absagen zu müssen. Ich machte Nacken-Yoga, um mich zu entspannen, befüllte meine Wärmflasche immer wieder, trank so viel Wasser, dass mir fast schlecht davon wurde, und ging früh ins Bett. Ich war völlig gestresst von dem Gedanken, vielleicht absagen und meiner Agentur Bescheid geben zu müssen.

Ich hatte mich mit Tabletten vollgestopft und gehofft, dass es am nächsten Morgen anders sein würde. Pech gehabt. Die Nacht war die Hölle. Ich wachte alle zwei Stunden auf. Entweder von der Übelkeit oder von den Kopfschmerzen. Als der Wecker ging, wurde ich wach und startete direkt mit einem Stechen über der linken Augenbraue. Ich wollte unbedingt abliefern.

Deshalb stand ich mit Kopfschmerzen und Übelkeit wenig später bei strömendem Regen am Bahnhof. Wäre ja auch nicht Hamburg gewesen, hätte es nicht geregnet. In der Hoffnung, dass der Tablettencocktail endlich wirkte, den ich schon am frühen Morgen geext hatte, stieg ich in die Bahn.

Am Set angekommen, begrüßte ich alle und erzählte ihnen die erste Lüge des Tages: Auf die Frage, wie es mir gehe, antwortete ich mit einem lockeren »Mir geht es gut und dir?«. Ich legte meine Sachen am Set ab und machte mir den ersehnten Kaffee, der durch meine Übelkeit schon an Reiz verloren hatte. Danach ging ich schnell in den H&M-Raum, womit nicht die Klamottenmarke gemeint ist, sondern der Raum, in dem die Models Haare und Make-up gemacht bekommen. Da angekommen, redete ich nicht viel, was wirklich selten vorkommt. Ich entschuldigte mich bei der Make-up-Artistin und erzählte ihr von den Kopfschmerzen, um ihr nicht das Gefühl zu geben, dass meine Laune mit ihr zusammenhinge. Das hätte ich mich ehrlicherweise früher nie getraut. Egal, wie schlecht es mir ging, ich sprach nicht darüber. Dass ich es jetzt tat, liegt nur daran, weil ich ihr kein schlechtes Gefühl geben wollte.

Das Shooting ging los, und ich bekam mein erstes Outfit.

Über Tag nahm ich immer mehr Tabletten, die alle schon nicht wirkten. Um mich herum lief laute Musik am Set, was der Normalfall ist, um alle in eine gute Stimmung zu bringen, was eigentlich auch klappt – heute aber die reinste Hölle für mich war. Dazu das Blitzlicht, die vielen Bewegungen, die Outfit-Wechsel, die ich nicht mehr zählen konnte, die unfassbar vielen Menschen am Set – jedes Mal, wenn ich zurück in der Kabine war, stützte ich mich am Stuhl ab und versuchte, mich davon zu überzeugen, dass ich den Tag packen würde.

Von Outfit zu Outfit sprach ich immer weniger, am Ende redete ich mit niemandem mehr. Ich zog Kleidungsstück für Kleidungsstück durch, bis irgendwann der Art Director zu mir kam. »Was ist los mit dir? Dir geht es überhaupt nicht gut, oder?«, fragte er und sprach aus, was zu dem Zeitpunkt wahrscheinlich schon alle ahnten.

Kennst du das, wenn dich jemand fragt, ob es dir schlecht geht, und dann kommt auf einmal alles hoch? Tränen schossen mir direkt in die Augen, und ich fing an zu zittern. Von jetzt auf gleich wurde mir kalt. Ich merkte, wie mir das Blut aus dem Gesicht wich, und fing an, schwarze Punkte zu sehen. Die Meter zur Toilette rannte ich nur noch und verabschiedete die Pasta, die ich zu Mittag gegessen hatte. Das war natürlich besonders praktisch vor Kund:innen, da generell jedes Model unter Generalverdacht steht, unter einer Essstörung zu leiden. Ich hörte noch, wie um mich herum Absprachen getroffen wurden, als ich mich auf den Boden setzen musste. Meine Outfits wurden anderweitig verteilt, andere Models bekamen die Pieces, die ich noch hätte tragen sollen. Irgendwer trug mich in einen Raum, der eine großflächige Glaswand besaß. Damit mein Kreislauf nicht völlig abschmierte, positionierte mich die Person denkbar ungünstig: Meine Füße waren am Glas abgestützt, damit das Blut zurück in meinen Kopf floss. Das ist eigentlich ziemlich lieb gedacht gewesen – nur hatte ich dafür leider nicht das passendste Outfit an. Nicht, dass mich das in dem Moment irgendwie gejuckt hätte.

Und so lag ich dann da. Jeansrock, nackte Beine, Glasscheibe und einen Presslufthammer im Kopf. In dem Glaswürfel war die Musik leiser und weniger Leute schwirrten umher. Eine Freundin vom Set brachte mir eine Cola, und ich bemerkte, wie sie mir ihre Jacke unter den Kopf schob. Dann legte sie ihren Schal über meinen Schoß. Sie gab mir ihre Tabletten, weil sie selbst Cluster-Kopfschmerz-Patientin ist, und ein Glas Wasser dazu. »Soll ich dich nach Hause bringen?«, fragte sie noch. Mein Kreislauf und ich sahen offenbar nicht sonderlich vertrauenswürdig aus.

Trotzdem lehnte ich ihr Angebot, wie immer, ab. »Alles cool, sind nur drei Stationen mit der Bahn«, brachte ich hervor. Denn egal, wie offen ich mittlerweile mit meiner Erkrankung auch schon umging, einem Teil von mir wird es immer unangenehm bleiben. Auch heute überlege ich dreimal, bevor ich nachfrage, ob man am Set die Musik leiser drehen könne, weil ich nicht das zickige Model mit Extrawünschen sein möchte.

Nach ein paar Minuten fühlte ich mich endlich halbwegs sicher auf meinen Beinen. Vielleicht waren es die Tabletten, vielleicht war es aber auch die Erleichterung darüber, nach Hause gehen zu können. Ich zog meine eigenen Klamotten an und dachte noch daran, mein übrig gebliebenes Essen für Malte mitzunehmen, bevor ich mich mit wackeligen Beinen auf den Weg machte. Nach der ersten Station war ich fest überzeugt, dass ich in meine FFP2-Maske kotze. Im Bahnhof Altona habe ich wirklich kurz überlegt, rauszulaufen, in den Mülleimer zu spucken und wieder zurückzusprinten. In Anbetracht meiner Schwindelattacken entschied ich mich dann doch dagegen.

Ich kann dir wirklich nicht sagen, wie ich das hinbekommen habe, aber irgendwie packte ich die restlichen zwei Stationen, worauf ich ziemlich stolz bin. Traurig, dass mein Highlight des Tages war, dass ich nicht in die Bahn gekotzt habe. Draußen riss ich mir die Maske herunter, mittlerweile war ich auf dem linken Auge blind. Und obwohl die Station nur sieben Minuten zu Fuß von unserem Zuhause entfernt lag und ich fast rannte, waren das die längsten Minuten, die ich jemals erlebt habe.

Natürlich war Malte dann mit meinem Haustürschlüssel unterwegs, da er seinen den Tag davor verloren hatte (was auch sonst). Ich saß also auf der Treppe zu unserer Wohnung und musste auf einen Bekannten warten, der mir einen Ersatzschlüssel vorbeibrachte. Bis heute glaube ich, dass er nichts von dem verstand, was ich ihm sagte, ich bin mir relativ sicher, dass es sich dabei nicht um zusammenhängende Worte oder um überhaupt existierende Wörter handelte. Ich weiß generell nicht mehr, was ich zu ihm sagte. In meinem Kopf lief in Dauerschleife der Satz »Bitte nicht kotzen«. Mit dem letzten bisschen Kraft schleppte ich meinen Körper schließlich die Treppe zur Wohnung hoch, öffnete die Tür – und kotzte unseren gesamten Flur und das Badezimmer voll.

Die Zeit nach dem Spucken nenne ich »meine guten fünf Minuten«: Danach geht es mir immer so lang gut, dass ich es gerade noch schaffe, meine Schminke abzukratzen, ein bisschen zu wischen und tot ins Bett zu fallen. Eigentlich hätte ich in jener Woche noch am nächsten Tag gebucht werden sollen. Der Kunde sagte meiner Agentur damals jedoch noch am selben Abend für den kommenden Tag ab.

Ich bin kein gesunder Mensch. Ich bin krank. Damit bin ich ein Risiko. Für jeden Job. Alles, was ich zusage, bleibt danach noch in der Schwebe. Und je öffentlicher und transparenter ich mit meiner Erkrankung umgehe, umso ein größeres Risiko werde ich. Denn hast du so was einmal kommuniziert, ist es draußen. Und es wird darüber gesprochen, dass ich es kommuniziere. Es wird darüber gesprochen, wie ich es kommuniziere. Es wird darüber gesprochen, warum ich es kommuniziere. Das ist ein enormer Druck. Ich mache es trotzdem. Auch hiermit.

Ich kann aber auch jeden und jede aus ganzem Herzen verstehen, der/die überlegt, ob man es seinen Arbeitgeber:innen mitteilt. Ich weiß nur aus meiner Perspektive, dass es für mich größtenteils einfacher geworden ist, seitdem ich es mache. Natürlich ist es scheiße, wenn ich einen Job absagen muss. Freuen wird sich nie jemand über eine Absage. Überwiegend wird mir heute aber Verständnis entgegengebracht, und ich habe nicht mehr das Gefühl, dass ich mich rechtfertigen muss. Zumindest nicht mehr bei allen. Ich möchte aber auch nicht lügen: Migräne bedeutet Arbeit. Und manchmal bedeutet Migräne so viel Arbeit, dass du deiner eigentlichen Arbeit nicht mehr nachkommen kannst.

PULVER VERSCHOSSEN

Genau so lautete die Überschrift einer Anzeige, die bei mir auf Instagram aufgepoppt ist – für ein Mittel gegen Migräne. Da ich natürlich häufig über Migräne spreche und das auch bei Social Media mache, kannst du dir wahrscheinlich meinen Algorithmus bei Instagram vorstellen. Jeder vierte Vorschlag hängt irgendwie mit Migräne zusammen. Und so landete auch diese Anzeige in meinem Feed. Und das Ding ist: Ungefähr so fangen fast alle Werbungen für Wunderheilmittel gegen Migräne an.

Das ist übrigens genauso wenig ein Wunder wie die Mittel, die Heilung versprechen: Bei 18 Millionen in Deutschland betroffenen Menschen bietet sich der Industrie ein gigantischer Absatzmarkt. Wenn ich mir die Produkte und deren Bewerbung allerdings ansehe, kommt mir eher der Gedanke, dass mehr Geld in Werbekampagnen als in die Forschung fließt.

Die Kampagnen sind im Übrigen dann immer besonders zynisch für Betroffene. Denn natürlich gibt es kein einziges Mittel, das Migräne heilt. Toll finde ich auch, dass viele Firmen in ihrer Werbung von Migräne sprechen, dann aber eigentlich Kopfschmerzen meinen. So nach dem Motto: Damit kriegen – und verarschen – wir gleich noch mehr Leute. Nicht nur Migräniker:innen, sondern gleich noch die Kopfschmerz-Patient:innen. Ich weiß nicht, wie oft ich das noch erwähnen muss, aber nein, Harald, Kopfschmerzen haben absolut nichts mit Migräne zu tun. Ob ich da minimal sauer werde, weil ich diese Diskussion schon ungefähr hundertmal geführt habe? Die Frage lass ich jetzt mal so stehen.

Und damit zurück zu den Produkten, die deine Migräne heilen sollen: Die gibt es einfach nicht. Schlimm genug sind die Anzeigen, die mir ungewollt vom Algorithmus aufgedrückt werden. Noch schlimmer finde ich aber die Suchergebnisse, die mir ausgespuckt werden, suche ich aktiv nach Hilfe. Google ich willentlich für ein paar Minuten, stoße ich direkt auf 712.782.838.383 Produkte (grob geschätzt von mir), die anscheinend meine Migräne wie von Zauberhand verschwinden lassen.

Die Industrie liebt uns. Sie liebt uns auch deshalb, weil unsere Erkrankung so wenig erforscht ist. Das lässt uns so toll im Dunkeln zurück, dass wir nach jedem Halm greifen, der sich uns bietet. Das scheint auch ein sogenannter Pharma-Insider auf seiner Internetseite verstanden zu haben. Er schreibt wortwörtlich: »Für Anbieter gibt es also noch viel zu holen!«

Einerseits kommt mir mein Frühstück hoch, wenn ich so etwas lese, andererseits schockiert mich dieser Satz nicht einmal. Das liegt daran, dass mir so etwas schon so oft begegnet ist.

Damit du einen kleinen Einblick erhältst, hier ein paar meiner Lieblingsbeispiele:

1. Migränemaske in Himmelblau: »Linderung innerhalb kürzester Zeit ohne Medikamente. Durch diese Migränemaske verschwinden alle Arten von Kopfschmerzen innerhalb von fünfzehn Minuten.«

→ Und ich Trottel nehme die ganze Zeit Schmerzmittel ein, die einen ausgewachsenen Elefanten ausknocken, dabei muss ich einfach nur eine Maske tragen. In der Farbe Himmelblau. Wichtig. Wahrscheinlich würde Rostrot nicht helfen.

2. Ätherische Öle: »Für gute Laune den ganzen Tag«.

→ Dieser Slogan bedeutet zeitgleich auch gute Nachrichten für alle, die unter Depressionen leiden: Einfach nur an den

Ölen schnuppern, dann ist alles wieder gut. Ganz ehrlich, da kriege ich einen Puls von 180.

3. Ratgeber: Hier finden sich oft Titel, die ein Heilversprechen geben. Ich nenne da jetzt nicht explizit jemanden, es sind außerdem ohnehin zu viele.

→ Bücher, die Heilung versprechen, sind eine ganz andere ehrlose Dimension. Da fällt mir nichts mehr zu ein. Dass sich wirklich jemand über 100 Seiten traut, unter dem Titel »Tipps und eine garantierte Heilung« zu verkaufen, ist einfach unmenschlich.

4. Ein Stift: »Migräne? So wirst du Kopfschmerzen mit einem Kugelschreiber los.«

→ Das lasse ich jetzt mal einfach unkommentiert so stehen.

Und versteh mich bitte nicht falsch. Manche Dinge, die beworben werden, können durchaus vorbeugend helfen. Manche Dinge können Schmerzen lindern. Da kommen wir wieder zum Punkt, dass Migräne superindividuell ist. Manche Dinge wie Pfefferminzöl sollen auch prima bei Spannungskopfschmerz helfen. Bei Migräne hingegen ist das eher unwahrscheinlich, da vor allem viele Migräniker:innen geruchsempfindlich sind und die Öle dadurch oft genau das Gegenteil auslösen können. Und darum geht es mir: Die Art und Weise, *wie* geworben wird. Wie diese Firmen den Begriff Migräne missbrauchen. Wie sie einem versprechen, dass nach einer Anwendung ihrer Produkte die Migräne sofort verschwindet.

Gebe ich einfach nur »Migräne« bei Amazon ein, öffnet sich das Höllentor des Kapitalismus. Mir werden auf einen Schlag mehr als 5.000 Ergebnisse angezeigt. 5.000! Unter anderem findest du neben den Wunderheilmitteln gegen Migräne auch stinknormale Kopfkissen, die natürlich 60 Euro aufwärts kosten.

Die Wunderheilung ist also, oh Wunder, nicht umsonst. Bei der Produktbeschreibung fällt der Begriff Migräne manchmal nicht einmal mehr. Trotzdem müssen die Hersteller:innen Migräne irgendwo als Schlagwort verknüpft haben, um Betroffene anzulocken.

Ich stelle mir da als Patientin wirklich die Frage: Wie kommt jemand darauf, von einer Erkrankung profitieren zu wollen? Und dann teilweise auch noch mit einem solchen Schwachsinn? Das treibt mich so zur Weißglut, dass ich mich frage, wie diejenigen schlafen können. Na ja, vermutlich besser als ich, wenn ich einen Anfall habe.

Von betroffener Person zu betroffener Person: Bitte fall niemals auf solche Werbeslogans von Firmen herein, die nichts anderes von dir wollen als dein Geld. Das ist leider die traurige Realität. Die möchten nicht helfen. Die können nicht dafür sorgen, dass deine Migräne von heute auf morgen verschwindet. Und wahrscheinlich würden sie das auch nicht einmal wollen, weil sie dann nicht mehr an dir verdienen könnten. So hart das auch klingt. Willkommen in unserer Welt. Und bitte schmeiß nicht all deine Medikamente für ein Produkt weg, das angeblich ein Wunderheilmittel für Migräniker:innen ist. Glaub mir, das lohnt sich nicht.

Auch wenn du etwas für dich gefunden hast, das deine Anfälle eindämmt und deine Schmerztage verringert, ist es auch hier wichtig zu wissen: Wenn du ein Migräne-Gehirn hast, hast du das für immer. Also schmeiß auf gar keinen Fall deine Medikamente weg, denn ein Anfall kann dich leider jederzeit treffen. Im Worst Case bedeutet es bei mir, dass mein Schmerz ohne Medikamente überhandnimmt. Und das geht manchmal schneller, als man superkalifragilistischexpialigetisch sagen kann.

Das soll alles keinesfalls so klingen, als würde ich dir jetzt die Migränewelt erklären wollen. Solltest du betroffen sein, weißt du wahrscheinlich, wovon ich rede. Ich bin nur leider auch schon in diese Falle getappt. Das ist wahrscheinlich das ekelhafteste Gefühl, das ich bisher hatte: Dass man die Hoffnung hegt, endlich was gefunden zu haben, irgendeinem Versprechen traut – und dann fängt der ganze Spaß doch wieder von vorn an.

Denn auch nach dreizehn Jahren verspüre ich immer noch die Hoffnung, dass ich bald irgendwas finde, das mir wirklich helfen kann. Auch wenn ich schon zig Therapien durchhabe und alle bisher gescheitert sind. Ich gebe nicht auf. Nur heutzutage glaube ich nicht mehr alles. Heutzutage bin ich vorsichtiger, erfahrener und informierter und weiß, dass ich nur, weil ich jetzt eine neue Therapie anfange, nicht direkt alle meine Medikamente und mein über die Jahre angeeignetes Wissen über meine Krankheit über Bord schmeißen kann. Wenn du mir auf Social Media folgst, weißt du, dass ich meinen Account gern für die Thematisierung von Migräne nutze. Seitdem erhalte ich täglich unfassbar schöne und berührende Nachrichten von Migräneerkrankten. Wenn du so eine Person bist, dann möchte ich dir wirklich von ganzem Herzen danken, denn du bist einer der Gründe, warum ich öffentlich für und gegen die Krankheit kämpfe.

Der Austausch mit Betroffenen erinnert mich immer wieder aufs Neue daran, warum ich das Ganze mache. Manchmal sitze ich wirklich Stunden daran, bei Instagram Nachrichten von anderen zu lesen und zu beantworten – und das liegt nicht daran, dass ich lange zum Lesen brauche. Ich versuche eher, allen irgendwie gerecht zu werden, die sich mir anvertrauen.

Der Grund, warum ich dann doch mein Handy mit dem Gedanken »Genug Internet für heute« weglege, ist … Sabine, die mir erst einen superemotionalen und langen Text schreibt – und mir dann, wenn ich gerade anfange, mitzuleiden und mitzufühlen, weil sie berichtet, dass sie mich »komplett verstehen kann« und auch schon »seit über 40 Jahren unter schlimmster Migräne leidet«, irgendein Pulver verkaufen möchte, welches sie »endlich und vollkommen geheilt hat«.

Mensch, Sabine. Hättest du doch einfach früher mit mir Kontakt aufgenommen. Dann hätte ich das Buch hier gar nicht schreiben müssen.

Und all meine Medikamente weggeschmissen.

VORSICHT, NICHTS FÜR SCHWACHE NERVEN!

A... also eigentlich auch nichts für meinen Kopf. Ich habe dir gerade eben von Super-Sabine und ihrem Pulver erzählt. Natürlich stehe ich in der Öffentlichkeit und platziere Migräne bewusst genau da, um viele Menschen mit dem Thema zu erreichen. Dass das nicht nur positive Konsequenzen mit sich bringt, ist mir natürlich klar. Gerade auf Social Media gibt es nicht nur positive Vibes. Trotzdem, und da will ich ehrlich mit dir sein, gehen mir manche Kommentare richtig nah.

Natürlich kann mich nicht jede Person mögen. Das will ich auch gar nicht in manchen Fällen. Trotzdem erreichen die Nachrichten manchmal ein Niveau, das mich verletzt. Ich muss mir dann sagen, dass solche Reaktionen nichts mit mir als Person zu tun haben. Und ich muss mir wieder Mut machen, weiter zum Thema Migräne zu kommunizieren – weil ich mich trotzdem manchmal frage, wieso ich mir das antue.

Vielleicht wäre es etwas anderes, wenn mich Hass im Netz trifft und ich Werbung für ein Produkt machen würde. Das könnte ich schneller beiseiteschieben. Dann geht es eben um ein Produkt. Nur geht es bei dem Thema Migräne um einen Einblick in meinen vielleicht intimsten Lebensbereich. Ich zeige mich in Momenten, in denen ich am verletzlichsten bin. Ich mache das, weil ich davon überzeugt bin, dass sich etwas in der Gesellschaft und im Umgang mit Erkrankungen tun muss. Ich werfe dabei auf keinen Fall jemandem vor, nicht zu wissen, wie stark Patient:innen durch Migräne beeinträchtigt werden können. Auch ich kenne mich mit zahlreichen Erkrankungen nicht im Detail aus, das geht ja auch gar nicht.

Alles, was ich möchte, ist: mein Leben mit der Krankheit zu zeigen und dadurch Awareness zu erzeugen. Ich möchte es anderen Migräniker:innen und mir erleichtern, damit zu leben. Da ich im vorigen Kapitel schon über negative Erfahrungen geschrieben habe, möchte ich euch diese natürlich nicht vorenthalten.

Hier meine Top Ten an negativen Kommentaren, die mich erreicht haben, weil ich öffentlich über Migräne gesprochen habe:

»Eine neue Folge von ich-ich-ich!«

»Dein Format ist zu einer einzigen Opfer-Olympiade verkommen.«

»Mimimi schaut her, wie schlecht es mir geht. Ich bin viel ärmer dran als du.«

»Was stellt die Alte sich so an?
Ich habe mal bei einem Autounfall fast meinen Arm verloren.«

»Du machst den Scheiß doch nur für Aufmerksamkeit du Fot**.«

»Ich würde direkt Schluss machen, so oft die alte rumheult wegen Kopfschmerzen.«

»Hoffentlich kriegst du keine Kinder, dann verseuchst du deine Kinder ja auch mit Migräne.«

»Wenigstens ist sie hübsch, also soll sie sich mal nicht so beschweren.«

»Malte muss der mal wieder richtig was reindrücken, dann wäre die auch wieder fit.«

»Stirb doch einfach an deiner Migräne.«

Alle diese Nachrichten sind auf so vielen Ebenen falsch, dass ich sie hier einfach unkommentiert stehen lasse. Ich verstehe, wenn du jetzt gerade kurz Wut verspürst, bei mir kommt sie auch wieder hoch. Viele der – schlimm, dass ich das jetzt sagen muss – noch furchtbareren Nachrichten hat Malte übrigens zu meinem Schutz gelöscht. Damit ich mir das nicht antun muss, solche Texte zu lesen.

Trotzdem bringt mich all das jedes Mal wieder an den Punkt zurück, weshalb ich überhaupt angefangen habe mit alldem: Denn das bedeutet nur, dass ich noch lange nicht aufhören kann, darüber zu sprechen und dafür zu sensibilisieren.

KEIN RATSCHLAG IST AUCH EIN RATSCHLAG

Als Kind wollte ich immer Forscherin werden. Ich wollte irgendwas erfinden. Wenn ich genau nachdenke, wollte ich eigentlich nur etwas erfinden, das Migräne heilt. Spoiler: Ich bin heute wirklich sehr weit davon entfernt, eine Forscherin zu werden. Trotzdem zähle ich mich heute zu der Sorte Mensch, die sich gern in unterschiedliche Themen einliest, und zumindest erforsche ich mich dadurch selbst ziemlich gut.

Ich mag es einfach, vieles zu verstehen, egal, ob es mich jetzt im eigenen Privatleben betrifft oder nicht. Krankheiten, vor allem aber unsichtbare Krankheiten, interessieren mich sehr. Gerade auch psychische Erkrankungen und wiederkehrende Verhaltensmuster finde ich wahnsinnig spannend. Ich weiß nicht, ob es daran liegt, dass ich auch unter einer unsichtbaren Krankheit leide, oder ob es einfach mein persönliches Interesse ist. Das lässt sich manchmal schwer feststellen, aber ich setze mich viel und gern damit auseinander.

Bezogen auf meine eigene Gesundheit ist diese Eigenschaft gar nicht mal so verkehrt. Seit mehr als dreizehn Jahren beschäftige ich mich mit meiner Migräne mit Aura. Dafür habe ich mir vieles angeeignet. Teilweise musste ich mir im Internet Therapieformen ergoogeln und bin mit diesem sonderbaren Halbwissen zu Expert:innen gerannt, die, meist nachdem ich selbst mit der Idee ankam, mit mir neue Methoden ausprobiert haben. Natürlich haben mir die Ärzt:innen auch von sich aus sämtliche Therapien und Medikamente verschrieben. Das ist immerhin ihr Job.

Ich kenne also das Gefühl, dass man sich mit irgendeiner Thematik so intensiv auseinandersetzt, dass man das Gefühl bekommt, selbst Expert:in auf dem Gebiet zu werden. Wenn Malte sich also mal wieder verletzt – was häufiger vorkommt, wenn wir mal ehrlich sind –, rätsle ich gern herum, was es sein könnte. Meist kommt von ihm dann ein liebevolles: »Jaja, Frau Dr. Quantius.« Trotzdem rate ich ihm jedes einzelne Mal, er solle in jedem Fall die Profis draufschauen lassen. Die haben das immerhin sieben lange Jahre studiert. Vermutlich ist deren professionelle Meinung dann doch besser als meine »Vom Gefühl her würde ich sagen, du hast XY«-Diagnose.

Was ich sagen will: Ich kenne es sehr gut, dass es manchmal einfach Spaß macht, herumzurätseln. Ich kann den Gedanken verstehen, dass man sein Wissen teilen möchte – dass man helfen möchte.

Das, was mich tagtäglich an Nachrichten im Internet erreicht, hat damit jedoch nichts mehr zu tun. Ich erhalte fast minütlich von völlig fremden Menschen Ferndiagnosen. Jeder Mensch, der eine Ferndiagnose stellt, sogar, wenn er oder sie Expert:in ist, ist in meinen Augen komplett unprofessionell. Du kannst nichts diagnostizieren, was du nicht selbst gesehen hast. Das kann, genau genommen, sogar ziemlich gefährlich sein. Davon abgesehen, dass du dafür die entsprechende Qualifikation benötigst.

Und trotzdem erreichen mich unzählige Tipps, Tricks, Ferndiagnosen und Heilmittel. Ohne Untersuchung. Ohne Studium. Jetzt ist es bei mir wahrscheinlich so überproportional viel, weil ich meine Krankheit mit der Öffentlichkeit teile. Ich glaube aber trotzdem, dass ich nicht allein damit bin, ungefragt Tipps und gut gemeinte Ratschläge von außen zu bekommen, sondern dass dieses Thema fast alle Menschen mit chronischen Erkrankungen kennen.

Damit du weißt, wovon genau ich rede – und dass ich damit nicht die vielen lieben und aufmunternden Nachrichten meine, die ich auch bekomme –, folgt jetzt meine Top-Ten-Liste an Tipps und Tricks, die wirklich niemand jemals gebrauchen kann, die ich aber trotzdem mitgeteilt bekomme.

1. »Trink mal mehr Wasser.« Der Klassiker: Ach – ich muss nur mehr trinken? Wieso hat mir das niemand vorher gesagt?
2. »Wenn du schwanger wirst, hast du das nicht mehr.« Daran ist alles falsch. Davon abgesehen, dass nicht jede Frau gebärfähig ist und Kommentare zu jemandes Uterus ohnehin völlig grenzüberschreitend sind, glaube ich nicht, dass das die Lösung ist. Mehr dazu später (in »Der Spuk«).
3. »Geh mal an die frische Luft.« Mein absoluter Favorit. Klar, ich gehe mal an die frische Luft, während ich Migräne habe. Die grellen Sonnenstrahlen sind perfekt für meine Sehstörungen. Die lauten Geräusche der Autos und meiner Mitmenschen, die zwitschernden Vögel – all das ist großartig für meine Geräuschempfindlichkeit. Am besten gehen wir noch an einem Food-Markt vorbei, damit mir bei meiner Geruchsempfindlichkeit noch übler wird. Ich mache nämlich auch nichts lieber, als draußen vor fremden Menschen meine Seele aus dem Leib zu kotzen. So ein kleiner Spaziergang mit halbseitigen Lähmungserscheinungen, was wünsche ich mir mehr? Macht ja nichts, dass ich oft auch noch halluziniere. Genau, so ein Spaziergang ist echt eine mega gute Idee. NICHT.
4. »Warst du schon mal beim Arzt damit?« Einatmen. Ausatmen. Einatmen. Ausatmen.
5. »Bei Kopfschmerzen hilft mir ja immer Ibuprofen.« Kopfschmerzen ≠ Migräne.
6. »Wenn du dich besser ernährst, dann hast du auch keine Probleme mehr.« Wenn es doch nur so einfach wäre.
7. »Kopfschmerz ist ja auch eine Kopfsache. Bestimmt nur

psychosomatisch.« Aristoteles kann einpacken. Ein neuer großer Denker hat die Welt erblickt.

8. »Du musst positiv bleiben. Heilung muss man wollen.« In schlimmeren Phasen habe ich sechsmal im Monat Migräne. Hochgerechnet macht das 72 Anfälle im Jahr. Nach insgesamt dreizehn Jahren mit Migräne komme ich auf 936 Tage, die ich gelitten habe. Aber ja, du hast völlig recht, ich WILL krank sein. Ergibt Sinn.
9. »Sieht für mich eher wie Epilepsie aus. Du solltest das noch mal checken lassen.« Für die einen sieht es nach Epilepsie aus, für die anderen nach Magen-Darm, für wieder andere sehe ich nicht krank genug aus. Was denn nun?
10. »Du musst dem Stress aus dem Weg gehen. Dann hast du mit Sicherheit keine Migräne mehr.« Wie zum Teufel soll ich tagtäglich Stress aus dem Weg gehen? Als wäre Stress eine Person, die ich auf WhatsApp blockieren könnte.

Wenn sich dein ganzes Leben um eine Erkrankung dreht und die fast alles bestimmt und dir am Ende eines besonders schwierigen Tages jemand einen gut gemeinten Tipp geben will, dann hilft dir das nicht. Das gibt dir eher das Gefühl, du hättest dich nur nicht genug angestrengt und wärst deshalb noch krank. So eine Krankheit ist wahnsinnig energiezehrend. Wenn wir eines nicht gebrauchen können, dann ist es das Gefühl, uns nicht genug angestrengt zu haben.

WIR STRENGEN UNS DIE GANZE ZEIT AN.

Ich möchte überhaupt nicht undankbar wirken, weil ich die Intention hinter einer solchen Nachricht – glaube ich – verstehen kann. Manchmal will man einfach nur helfen und meint es nett. Ich kann mir auch vorstellen, dass es schwierig sein muss, manche Videos von mir anzuschauen und das auszuhalten, ohne irgendetwas zu machen. Ich kann mir vorstellen, dass dann schnell der Impuls entsteht, irgendwie helfen zu wollen.

Ich glaube vielmehr, dass es der Ton ist, der den Unterschied macht. »Lass dir doch einfach den Atlaswirbel einrenken« hört sich für mich zum Beispiel eher wie eine Belehrung an und nicht wie ein lieb gemeinter Tipp.

Und einfach ist bei Migräne wirklich gar nichts. Das weiß ich selbst, weil ich seit Jahren daran erkrankt bin und immer noch nicht alles weiß. Deshalb bin ich für manche Tipps und Ratschläge auch dankbar – wenn ich danach frage.

Zum Beispiel habe ich letztens folgende Nachricht erhalten: »Es gibt da eine Spritze, die hilft allen, nimm die doch einfach.« Die Person meinte damit übrigens die Antikörperspritze.

Die Antikörperspritze ist eine medikamentöse Prophylaxe für die Migräne. Die Spritze beinhaltet Antikörper, die gegen Botenstoffe, welche die Entzündung während des Migräneanfalls bedingen, ankämpfen. Im Mittelpunkt steht dabei das Calcitonin Gene-Related Peptide, kurz CGRP. Das CGRP zählt zu den stärksten gefäßerweiternden Substanzen und spielt eine wichtige Rolle bei der Entstehung der Migräne.

Eine Bekannte von mir ist auch Migräne-Patientin und bekommt einmal im Monat die Antikörperspritze. Auch sie berichtet mir von ihren Erfahrungen. Und zwar nur Positives. Bisher habe ich leider selbst noch keine Erfahrungswerte zu dieser Therapie sammeln können. Wenn es mir möglich wäre, würde ich sie sofort ausprobieren. Aber das ist leichter gesagt als getan. Denn die Spritze ist teuer. Sehr teuer. Jetzt fragst du dich vielleicht, was das für eine Rolle spielt. Immerhin leben wir in Deutschland und nicht in den USA oder anderswo, wo Behandlungen wahnsinnig viel Geld kosten und es keine Krankenversicherung für alle gibt.

Leider sieht es so aus: Dadurch, dass der Inhalt der Spritze sehr teuer ist, zahlt die Krankenkasse diese Therapie erst, wenn du mindestens eine sogenannte Vortherapie vorzeigen kannst. Bis hierhin hast du sicherlich schon mitbekommen, dass ich wirklich einiges vorzuweisen habe und ich vieles bereits ausprobiert habe. Nur gibt die Krankenkasse aber leider auch vor, welche Vortherapien ausprobiert worden sein müssen, um diese Therapie ausprobieren zu dürfen.

Und diese Vortherapien haben es in sich: Betablocker, Antidepressiva und Medikamente gegen Epilepsie. Hört sich krass an? Empfinde ich auch als krass. Alle Vortherapien könnten dabei helfen, die Migräneanfälle zu verringern. Eine Garantie gibt es, wie immer, nicht. Ich müsste mich von einer Tablettenbombe zur nächsten hangeln, ohne zu wissen, ob überhaupt etwas anschlägt – oder ob es schlimmstenfalls noch irgendeine Symptomatik intensiviert.

Ich glaube, viele Betroffene wissen, was ich meine, wenn ich sage, dass ich mich schon mein Leben lang von Tabletten ernähre. Da bekomme ich Bauchschmerzen, wenn ich darüber nachdenke, dass ich noch mehr Tabletten täglich zu mir nehmen soll. Und dann auch noch solche starken. Ich bin gerade einmal Mitte 20 und soll Betablocker einnehmen? Ich habe weder Bluthochdruck, noch bin ich 70 Jahre alt. So lange ich es vermeiden kann, solche Brocken einzuwerfen, so lange will ich das auch versuchen.

»Es gibt da eine Spritze, die hilft allen, nimm die doch einfach« – ist also gar nicht mal so einfach, wie es auf den ersten Blick vielleicht wirken mag. Auch dieser Punkt ist zu berücksichtigen, wenn es um ungewollte Ratschläge geht.

Ich bin also vielleicht keine Forscherin geworden. Ganz offensichtlich bin ich das nicht geworden. Ich habe auch kein Heilmittel gegen Migräne finden können. Und ich bin auch keine Expertin für Migräne. Dafür bin ich zumindest eines geworden, wenn auch ein wenig unfreiwillig:

Ich bin die Expertin für meine eigene Migräne.

Und als diese Expertin meiner eigenen Migräne mal ein lieb gemeinter Tipp von mir für dich: Bitte gib Betroffenen keine ungefragten Ratschläge, als wäre die Migräne etwas, das sich wie eine Matheaufgabe lösen lässt.

VESTIBU-WAS?

Wie du gerade gelesen hast, liebe ich es, mich in andere Krankheitsbilder einzulesen. Ironischerweise war das bei meiner Migräne ganz anders. Jahrelang wusste ich vieles von meiner eigenen Krankheit nicht. Bei meiner Migräne habe ich mich erst sehr spät eingelesen. Ich habe meine Krankheit an schmerzfreien Tagen fast schon ignoriert. Erst als ich mich mal wieder heulend und zusammengekauert im Bett vorgefunden hatte, hat mich die Realität meiner Krankheit wieder eingeholt.

Wenn ich mich jenseits der Schmerztage doch mal um mich und meine Migräne kümmerte, dann habe ich zu viel Hoffnung in fremde Menschen gesteckt. In genau die Expert:innen, die mich teilweise selbst nicht ernst genommen und mich mit ein paar Ibuprofen zu viel nach Hause geschickt haben.

Bis ich irgendwann genug davon hatte. Ich habe verstanden, dass ich bei dieser Erkrankung, die selbst die Forschung noch nicht ganz geblickt hat, selbst zu einer Expertin werden muss, zumindest zur Expertin in eigener Sache. Ich habe versucht, mich selbst schlau zu lesen und herauszufinden, welche Therapieformen für die Linderung meiner Migräne am besten sind und welche eben nicht taugen. Doch um das herauszufinden, musste ich erst einmal wissen, unter welcher Migräneform ich überhaupt leide. Genau, richtig gelesen. Es gibt nicht nur zig Ursachen, die eine Migräne auslösen und die von Person zu Person verschieden sind, es gibt auch noch unterschiedliche Migräneformen.

Und – Überraschung, es gibt nicht nur zwei Arten von Migräne. Das wäre doch auch viel zu leicht, oder? Zwei Kategorien fallen anfangs relativ schnell auf: die einfache Migräne und die klassische Migräne. Diese beiden Formen sind die häufigsten und daher etwas bekannter – die einzigen Formen sind sie deshalb noch lange nicht.

Die Internationale Kopfschmerzgesellschaft (IHS) unterscheidet gleich zwischen sechs Arten von Migräne, die – juhu – jeweils auch noch Unterformen haben können.

Um dir einen kleinen Überblick zu verschaffen, findest du nachfolgend die Auflistung:

1. Migräne ohne Aura (auch: einfache Migräne)
Die einfache Migräne ist die häufigste Form. Warum sie so heißt, weiß kein Mensch, als einfach empfinde ich tatsächlich gar nichts an ihr. Meist äußert sie sich über attackenartige, einseitige mittelstarke bis starke Kopfschmerzen. Sie kann zwischen 4 und 72 Stunden (!) anhalten und wird oft von Übelkeit und/oder Licht- und Lärmempfindlichkeit begleitet. Laut der IHS kann man die Migräne ohne Aura bei menstruierenden Frauen in drei Unterformen gliedern (ob es diese Unterformen gibt, da sind sich sogar die Expert:innen unsicher, der Vollständigkeit halber liste ich sie trotzdem auf).

1.1 Die rein menstruelle Migräne ohne Aura
Die Migräne tritt hierbei ausschließlich zwei bis drei Tage vor oder nach Einsetzen der Periode auf. Der restliche Zyklus ist migränefrei.

1.2 Die menstruationsassoziierte Migräne ohne Aura
Die Migräne tritt ebenfalls zwei bis drei Tage vor oder nach Einsatz der Periode auf. Allerdings kann hier die Migräne

auch zu anderen Zeiten des Zyklus auftauchen. Nicht, dass du als Migräniker:in noch das Gefühl bekommst, du könntest hierbei etwas kontrollieren.

1.3 Die nicht-menstruelle Migräne ohne Aura
Die Migräne tritt hierbei unabhängig von der Periode auf.

2. Migräne mit Aura (auch: klassische Migräne)
Äußert sich meist über Attacken und einseitige, pulsierende mittel- bis starke Kopfschmerzen, begleitet von Übelkeit, Erbrechen, Licht- und Lärmempfindlichkeit sowie neurologischen Ausfällen wie Sehstörungen, Sprachstörungen, Lähmungen und vielem mehr. Auch genannt: Aura. Die Aura eilt meist den Kopfschmerzen voraus. Sie kann aber auch währenddessen akut sein oder sogar allein und ohne Kopfschmerzen auftauchen. Auch bei ihr unterscheidet die IHS bei menstruierenden Frauen zwischen rein menstrueller, menstruationsassoziierter und nicht-menstrueller Migräne mit Aura.

Zusätzlich wird hier bei Migräne mit Aura nicht nur zwischen typischer Aura mit Kopfschmerzen und typischer Aura ohne Kopfschmerzen unterschieden, sondern auch zwischen Migräne mit Hirnstammaura, hemiplegischer Migräne und retinaler Migräne. Klang für mich anfangs auch wie eine Ansammlung von Harry-Potter-Zaubersprüchen, deshalb nachfolgend genauere Erklärungen.

2.1 Migräne mit Hirnstammaura (früher: basiläre Migräne)
Migräne mit Hirnstammaura ist eine Form von Migräne mit Aura, bei der sich die Aurasymptome eindeutig dem Hirnstamm zuordnen lassen. Typische Symptome der Hirnstammaura können etwa Sprechstörungen, Schwin-

del, Doppelbilder und eine Störung der Bewegungskoordination sein.

2.2 Hemiplegische Migräne

Diese Unterform erkennst du meist an einer ausgeprägten körperlichen Schwäche, die als typisches Begleitsymptom bei einer hemiplegischen Migräne auftritt. Zusätzlich können durch die Schwäche auch Symptome wie Verwirrung und Sprachstörungen vorkommen. Die Symptome vergehen in der Regel innerhalb von 72 Stunden.

Die hemiplegische Migräne lässt sich zusätzlich in zwei Unterformen unterscheiden – in die familiäre hemiplegische Migräne und die sporadische hemiplegische Migräne. Die familiäre Migräne bedeutet nichts anderes, als dass mindestens zwei Verwandte ersten oder zweiten Grades Migräneauren mit motorischer Schwäche aufweisen. Die sporadische hemiplegische Migräne liegt dann vor, wenn keine Verwandten ersten oder zweiten Grades ebenfalls unter ihr leiden.

2.3 Retinale Migräne (auch: Netzhautmigräne)

Diese Augenmigräne ist selten und äußert sich in einseitigen Sehstörungen, Gesichtsfeldausfall oder sogar vorübergehender Blindheit. Bei dieser Migräneform entwickeln sich die Symptome über fünf Minuten oder mehr hinweg, sie halten bis zu einer Stunde lang an. Innerhalb von einer Stunde können zusätzlich Migränekopfschmerzen auftreten. Mindestens eines dieser Kriterien muss hier erfüllt werden, damit man von einer retinalen Migräne sprechen kann. Auch hier unterscheidet die IHS bei menstruierenden Frauen zudem nach Zyklus verschiedene Unterformen.

3. Chronische Migräne

Unter chronischer Migräne können Menschen leiden, die eine Migräne mit, aber auch ohne Aura haben. Expert:innen sprechen von einer chronischen Migräne, wenn die betroffene Person an mindestens fünfzehn Tagen im Monat unter Kopfschmerzen leidet und an mindestens acht Tagen davon Migräne hat. Zusätzlich müssen diese Kriterien drei Monate oder länger anhalten. Achtung: Wer unter Dauerkopfschmerz/Dauermigräne, ausgelöst von Medikamentenüberkonsum leidet, wird nicht als chronische:r Patient:in eingestuft.

4. Migränekomplikationen

Als wäre das alles noch nicht genug, setze ich jetzt noch einen drauf. Tapfer bleiben und weiterlesen!

4.1 Status migraenosus

Der Status migraenosus ist eine Migränekomplikation, die sowohl Migräniker:innen mit als auch ohne Aura betreffen kann. Dieser Status sagt aus, dass migränebetroffene Personen unter einer Migräneattacke leiden, die länger als 72 Stunden anhält.

4.2 Episodische Syndrome

Darunter fällt auch die abdominelle Migräne (wiederkehrende Magen-Darm-Störungen), die häufig bei Kindern auftaucht. Erschreckend hierbei ist, dass sich diese Art von Migräne eher über den Bauch äußert, weshalb viele eine Migräne schnell ausschließen, obwohl es sich um eine handelt. Das zieht viele unnötige und nervenaufreibende Untersuchungen nach sich. Weitere Symptome können sein: Schlafstörungen, Sprechen im Schlaf, Schlafwandeln, Übelkeit und Bauchkrämpfe.

4.3 Vestibuläre Migräne
Ja, richtig gelesen. Diese Unterform erkennst du vor allem an den starken Gleichgewichtsproblemen. Dadurch kannst du zusätzlich unter Drehschwindel und mangelnder räumlicher Orientierung leiden. Auch diese Symptome können wenige Minuten bis zu 72 Stunden andauern und werden oft von Kopfschmerzen begleitet.

WICHTIG:
Migräne-Patient:innen müssen nicht immer an ein und derselben Form von Migräne leiden. Beispielsweise kann jemand, der öfters Migräneattacken mit Aura erlebt, auch mal Attacken ohne Aura haben und andersherum.

Mittlerweile bin ich ein Profi meiner eigenen Migräne. Mittlerweile kann ich etwas mit den Begriffen anfangen, und mittlerweile weiß ich, dass es diese verschiedenen Begriffe gibt. Mir hilft es vor allem dabei, ruhiger mit meinen Anfällen umzugehen. Wenn sich also eine Attacke bei mir ankündigt und sich anders äußert, als ich es kenne, dann vermag ich etwas ruhiger zu bleiben, da ich dann meist meinen Anfall in die oben aufgelisteten Formen eingruppieren kann. Ich verstehe dann etwas besser, was mein Körper zu dem Zeitpunkt durchmacht. Intellektualisieren nennt man das in der Tiefenpsychologie, was einen Abwehrmechanismus darstellt – und mir offensichtlich hilft.

Gruselig finde ich es nur, dass mir noch nie – wirklich nie – jemand erklärt hat, dass es verschiedene Formen gibt. Die meisten Ärzt:innen, die mich behandelt haben, haben noch nie einen der oben genannten Fachbegriffe in meiner Nähe ausgesprochen. Ich wurde immer nur gefragt, ob ich unter einer Migräne mit oder ohne Aura leide.

Genau deshalb ist es wichtig, ein Experte oder eine Expertin der eigenen Krankheit zu sein. Ich bin eigentlich kein Fan des Satzes: »Vertrauen ist gut, Kontrolle ist besser.« In diesem Fall aber würde ich dir genau dazu raten.

Immerhin geht es um deine eigene Gesundheit. Um dein Leben. Dich.

MEIN LEBEN ALS WETTERFROSCH

Wenn andere die Handys zücken, um einen Regenbogen zu fotografieren, weil er so schön ist, kommt bei mir blanke Panik auf. Nicht, weil sie ihn festhalten wollen, und auch nicht, weil ich eine Regenbogenphobie hätte. Es hat vielmehr damit zu tun, was der Regenbogen für mich bedeutet.

Wie du vielleicht schon weißt, skatet Malte gern. Er skatet, obwohl er sich dabei immer wieder verletzt. Erst letzte Woche hat er sich seinen Zeh dabei gebrochen. Er aber skatet weiter, und er skatet auch, wenn es das Wetter eigentlich nicht zulässt. »Skate or die«, sagen die coolen Kids. Wie cool das jetzt ist, musst du selbst entscheiden. Malte würde es zumindest nicht sagen.

Malte liebt es also zu skaten – und weil er das Skaten liebt, spannt er mich gern mal als Wetterfrosch ein. Es ist jetzt nicht so, dass Erdkunde mein Lieblingsfach gewesen wäre und ich gut darin bin, Wolken zu analysieren. Es hat nichts mit Wissen zu tun, ich kann es gar nicht richtig erklären, es ist eher ein *Gefühl.* Wenn ich über den Tag hinweg immer mehr abbaue und schlapper werde, weiß Malte, dass er nicht mehr viel Zeit zum Skaten hat. So bin ich irgendwie sein persönlicher Wetterfrosch geworden.

Ich habe absolut keinen Beweis dafür und erst recht habe ich keinen Beweis dafür, dass es mit meiner Migräne zusammenhängt. Nur ist es bei mir so, dass ich Migräne bekomme, sobald das Wetter umschlägt. Egal, wie der Wetterumschwung ist, ob erst die Sonne scheint und dann plötzlicher Regen auftritt oder ob es erst regnet und dann die Sonne durchkommt, wirklich jeder Wechsel kann bei mir einen Migräneanfall auslösen.

Wieso mein Kopf so doll auf das Wetter reagiert, weiß ich leider nicht genau. Ein Arzt hat mir mal erklärt, dass es mit den höheren Temperaturen und dem niedrigeren Luftdruck zusammenhänge und das Wetter beziehungsweise der Wetterumschwung so für einen Anfall mitverantwortlich sein könne.

Ein anderer Arzt hat mir gesagt, dass Migräniker:innen durch die Krankheit sehr sensibel seien und daher ihre Umgebung viel bewusster wahrnehmen würden als gesunde Menschen. Verantwortlich dafür sei die Angst vor dem nächsten Migräneanfall. Seiner Meinung nach beobachte man alles viel genauer, vor allem die bereits bekannten persönlichen Trigger nehme man genauer unter die Lupe. Deswegen würden Betroffene das Wetter genauer verfolgen und dem Gehirn quasi ein Signal geben, dass es jetzt auch okay sei, Kopfschmerzen zu bekommen, weil wir uns daran gewöhnt haben, bei solchen Wechseln welche zu bekommen.

Ich weiß beispielsweise genau, dass Kälte bei mir ein Auslöser sein kann. Herausgefunden habe ich es dadurch, dass ich als Kind immer einen kalten Lappen oder sogar einen Kühlpack auf die Stirn bekommen habe – was meine Migräne verschlimmerte. Ich verspüre oft starke Schmerzen im Nacken- und Schulterbereich, weshalb ich angefangen habe, mir Kirschkernkissen oder Wärmflaschen in den Nacken zu legen. Irgendwann habe ich damit begonnen, Wärme für meine Stirn zu nutzen. Und siehe da: Es lindert die Schmerzen – zumindest für ein kurzen Moment.

Dadurch ist mir erst bewusst geworden, dass nicht nur die Kühlpacks meine Migräne verschlimmern, sondern Kälte generell. Ein kalter Luftzug reicht aus, um Schmerzen zu bekommen. Das lässt sich leider auf komplette Jahreszeiten übertragen. Ich schätze, ich bin ein Sommerkind, obwohl ich im Winter geboren wurde. Wenn andere das sagen, meinen sie es vermutlich, weil sie den Strand dem Schnee vorziehen. Für mich fällt Letzteres wortwörtlich wegen meiner Gesundheit flach. Sommer bedeutet für mich nämlich nicht nur Sonne, lange Sommernächte, gute Laune und ausgelassene Tage. Sommer bedeutet für mich: weniger Schmerztage, weniger Angst vor Migräne und vor allem mehr Lebensqualität.

Meine Notizen im Migränetagebuch haben mir gezeigt, dass ich im Winter sehr viel häufiger an Migräne leide als im Sommer. Im Winter kommt noch hinzu, dass mein Immunsystem durch den Tablettenüberkonsum, den ich seit Kindesbeinen an habe, ohnehin schon belastet ist. Deshalb hole ich mir noch häufiger eine Grippe. Durch das stundenlange Liegen, Schlafen und Auskurieren der Grippe bekomme ich dann wiederum oft einen Migräneanfall. Bedeutet für mich: Nicht nur Kälte kann bei mir Migräne auslösen, sondern auch mehrere andere Faktoren, die häufiger im Winter auftauchen, sind dafür verantwortlich.

In dem Moment, in dem andere häufig auf den Auslöser drücken, weil das Wetter so schön ist, liege ich mit üblen Kopfschmerzen im Bett. Während also andere sich über einen schönen Regenbogen freuen, liege ich flach.

Darf ich also vorstellen: Ich bin Phia Theresa Quantius, Model – und nebenberuflich Wetterfrosch.

DAS GEGENGIFT GEGEN MIGRÄNE

Wenn du, genauso wie ich auch, zur Generation Z oder zu den letzten Millennials gehörst, kennst du vielleicht noch die Bratz-Puppen. Für alle, die jetzt ein dickes Fragezeichen auf der Stirn stehen haben: Bratz sehen ein bisschen aus wie Barbiepuppen. Der einzige Unterschied ist, dass Bratz-Puppen einen überdimensional großen und abnehmbaren Kopf haben.

Das hat den Vorteil, dass du gleich mehrere Puppen in einer hast. Du hast zwar nur einen Körper, aber du kannst immer einen anderen Kopf daraufstecken und somit einen anderen Charakter entstehen lassen. Meine beste Freundin hatte damals mindestens zehn Stück davon. Ich hatte keine einzige. War ich damals vielleicht neidisch!

Geschätzte zwölf Jahre später bin ich immer noch neidisch. Nur bin ich das nicht mehr auf meine Freundin, sondern auf die Puppen. Klingt jetzt vielleicht noch verrückter, aber genauso ist es. An Migränetagen wünsche ich mir meistens nichts mehr, als einen anderen Kopf zu haben. Wie cool wäre das? Einfach den schmerzenden Kopf abschrauben, zur Seite legen und einen anderen auswählen. Das wäre eine tolle Wunderheilung. Obendrauf hätte ich die verschiedensten Frisuren in Sekundenschnelle, ohne lange vorm Spiegel zu stehen. Besser geht nicht.

Realistisch betrachtet weiß ich, dass das relativ unwahrscheinlich ist. Das wäre ja auch viel zu einfach. Trotzdem war ich vor einigen Jahren beim Schönheitsdoktor und habe etwas Ähnliches angefragt. Denn ich kann meinen Kopf zwar nicht einfach abnehmen und einen neuen draufsetzen, aber ich kann meinen Kopf nehmen und mir Botox reinspritzen lassen. Wer jetzt denkt, dass ich hier Schleichwerbung für Beauty Docs machen will – keine Sorge, hier geht es immer noch um Migräne.

Fand ich auch erst mal wild. Ich selbst hatte damals einen Artikel gelesen, in dem geschrieben stand, dass Botox gegen Migräne helfen könne. Heutzutage findet das als vorbeugende Therapie statt. Zwar wird sie nur selten von den Krankenkassen übernommen, doch tatsächlich empfehlen sogar ziemlich viele Neurolog:innen diese Therapieform. Natürlich ist dieser Weg über die Kassen an Bedingungen geknüpft. Wenn du unter Migräne leidest, dann wird dich dieser Fakt sehr wahrscheinlich nicht mehr schocken, da man so einiges nicht verschrieben bekommt und finanziell oft nicht unterstützt wird bei Therapien zur Behandlung von Migräne. Noch ein Punkt, den ich sehr liebe als Migränikerin. NICHT. Aber zu dem Thema kommen wir später.

Wenn du also Botox verschrieben bekommen möchtest, musst du unter chronischer Migräne leiden (das bedeutet, dass du mindestens fünfzehn Schmerztage im Monat und mindestens acht Tage davon Migräne haben musst). Zusätzlich müssen mindestens zwei migräneprophylaktische Medikamente bei dir versagt haben. Wenn das der Fall ist, kannst du so eine Behandlung verschrieben bekommen. Bei einer Sitzung erhältst du dann 155 bis 195 Einheiten des Toxins, verteilt auf Schultern, Nacken und Stirn. Klingt verlockend, oder? Die Behandlung wiederholt sich dann alle drei Monate zu deinem Glück.

Ich musste meine Therapie selbst finanzieren, da ich zu dem Zeitpunkt weder chronische Migräne hatte, noch hatte ich zwei fehlgeschlagene medikamentöse Prophylaxen vorzuweisen – zu wenig. Also ja, du kannst Botox trotzdem als Selbstzahler:in als Prophylaxe nutzen, auch wenn du noch keine medikamentöse Vortherapien durchgeführt hast. Du musst sie nur leider selbst zahlen. Und das ist teuer. Sehr teuer.

Ich weiß noch, wie ich mit schwitzenden Händen im Wartebereich eines Schönheitschirurgen saß. Zuerst hatte ich das Erstgespräch. Das war schon sehr aufregend, vor allem, weil ich zwar schon sehr viele Praxen von innen gesehen, aber bisher noch keinen Schönheitschirurgen besucht hatte.

Ich möchte keine Debatte eröffnen, ob ich Schönheitsoperationen als etwas Gutes oder weniger Gutes betrachte, und ich möchte vor allem Operationen nicht verherrlichen. Egal, ob es ein ästhetischer oder gesundheitlich notwendiger Eingriff ist – Operationen sind immer mit Risiken verbunden, und mindestens den Hinweis möchte ich an dieser Stelle auch mit auf den Weg geben.

Trotzdem habe ich mich in diesem Wartezimmer gut gefühlt. Das klingt jetzt vielleicht komisch, aber es war so. Einerseits verspürte ich wieder diese verdammte Hoffnung, meine Migräne zumindest lindern zu können, andererseits einfach aus dem Grund, weil ich ausnahmsweise einmal nicht krank in einem Wartezimmer saß.

Mag zwar seltsam sein, weil ich wegen meiner Migräne da war, aber ich habe mich in diesem Wartezimmer zum ersten Mal in meinem Leben nicht wie eine kranke Person gefühlt. Ich war vielleicht ein wenig aufgeregt, weil ich diese Art von Therapie noch nie ausprobiert hatte und nicht wusste, was genau auf mich zukommt, aber trotzdem war ich voller positiver Energie an dem Tag.

Diese Vorfreude und Energie hielten dann in den ersten fünfzehn Minuten meines Vorgespräches auch an. Ich bekam im Gespräch alle wichtigen Details geschildert. Der Arzt erklärte mir, dass Botox häufig in den Nacken und in die Stirn – meist in den Haaransatz – gespritzt werde.

Vereinfacht gesagt soll Botox den gesamten Prozess lahmlegen. Bedeutet, dass die Übertragung von Informationen (das Schmerzsignal) zwischen den Zellen nicht mehr weitergeleitet wird. Das regelmäßige Injizieren von Botox solle damit Anfälle reduzieren und auch die Stärke minimieren. So ungefähr wurde es mir damals erklärt. Hörte sich bis dahin zwar alles nach viel an, aber es klang sehr sinnig, und ich sehnte mich nach meinem nächsten Termin.

Jedenfalls bis zu dem Zeitpunkt, als der Chirurg meine Nase thematisierte: »Wenn wir die Migräne unter Kontrolle haben, können wir ja auch mal über Ihre schiefe Nase sprechen. Ganz in der Mitte ist die ja nicht.«

Das war's dann auch schon wieder mit der Vorfreude auf ein Wiedersehen. Und dennoch saß ich knappe zwei Monate später wieder in demselben Wartezimmer. War sein Spruch am Ende des Vorgesprächs übergriffig, weil ich meine Nase liebe, wie sie ist, und weil ich nie nach seiner Meinung zu meiner Nase gefragt habe? Ja, absolut. Saß ich dort trotzdem wieder und hatte Bock auf den Termin, um meine Migräne zu behandeln? Ja, aber so was von. Vielleicht erzähle ich dir auch deshalb diese Geschichte, weil es das Ausmaß meiner Verzweiflung auf der Suche nach Linderung ganz gut beschreibt.

Was für eine Ironie jedenfalls, dass ich am Anfang noch glücklich darüber war, in einer Praxis zu sitzen und mich nicht wie eine kranke Person zu fühlen, und jetzt lieber über meine Krankheit sprach als über eine sehr wahrscheinlich krass schmerzhafte Nasenkorrektur.

Freundinnen, denen ich erzählt hatte, dass der Schönheitschirurg mir diesen Spruch hinterhergerufen und es damit tatsächlich geschafft hatte, dass ich meine Nase genau zwei Tage lang im Spiegel musterte, rieten mir gleich, den Arzt zu wechseln.

Aber ich tat es nicht. Andere Migräniker:innen hatten ihn mir empfohlen, weshalb ich wusste, dass er diese Art von Behandlung nicht das erste Mal durchführte und gut bewertet worden war. Außerdem muss man bei einem Schönheitschirurgen ganz schön lange auf einen Termin warten. Ich hatte zu dem Zeitpunkt schon oft genug auf irgendwelche Termine gewartet.

Im Behandlungszimmer sprachen wir dann auch nur über meine Migräne und die Behandlung an sich. Ich bin mir ziemlich sicher, dass er meinen fassungslosen Blick am Ende unseres ersten Gesprächs gesehen hatte, weshalb wir uns wahrscheinlich nicht mehr über meine Nase unterhielten.

Ich bin ganz ehrlich: Ich hätte nie gedacht, dass ich mir mit Anfang 20 Botox spritzen lasse. Ich hatte riesigen Respekt davor, mir Botox in mein Gesicht zu ballern. Ich hatte Angst, dass nicht mehr nur meine Haltung durchs Tanzen steif war, sondern jetzt auch noch mein Gesicht. Damals finanzierte ich mich ausschließlich durchs Modeln. Meine Sorgen kamen nicht nur aus gesundheitlichen, sondern auch aus finanziellen Gründen. Was, wenn mein Gesicht sich dadurch so verändern würde, dass mich die Kund:innen nicht mehr buchten? Ich entschied mich, das Botox vorerst nur in meinen Nacken und in meine Schultern zu injizieren.

Mit Blick auf die Behandlung an sich kann ich logischerweise wieder nur für mich sprechen und nicht für die Allgemeinheit. Ich behaupte nämlich von mir selbst gern, dass ich recht schmerzunempfindlich sei, und vermute, dass es daher kommt, dass ich mindestens sechsmal im Monat unter meiner Migräne leide, sodass ich Impfungen und generell Injektionen, Tätowierungen und andere vermutlich schmerzhafte Dinge als nicht so richtig schmerzhaft empfinde.

Ich verspürte während meiner ersten Botox-Behandlung dann tatsächlich keinerlei Schmerzen. Ich war erschöpft, aber vermutlich eher von der Aufregung. Ich schonte mich im Anschluss, aber eigentlich ging es mir ziemlich gut danach. Auch die folgenden Tage fühlten sich gut an. Ich redete mir zwar ein, dass ich meinen Nacken nicht mehr ganz nach rechts und links drehen konnte, aber das legte sich nach dem dritten Tag wieder.

Auffällig jedoch war mein Schulterbereich, der sich verdächtig leicht anfühlte. Normalerweise fühlen sich mein Kopf und meine Schultern schwer an, vor allem an Schmerztagen. Ich meine auch, dass die Anzahl meiner Anfälle in den drei Monaten, in denen ich mit Botox behandelt wurde, im Schnitt weniger wurde.

Allerdings hatte ich auch das Gefühl, dass sich die geringere Anzahl meiner Anfälle auf die Stärke der Attacken auswirkte. Ich hatte jetzt weniger Anfallstage, aber wenn sie kamen, kamen sie richtig. Mit allem Drum und Dran.

Deswegen ist es für mich insgesamt schwierig, ein genaues Feedback zu dieser Behandlung zu geben. Zumal ich durch die hohen Kosten der Therapie ohnehin nach drei Monaten aufhörte, mir Botox in den Nacken spritzen zu lassen.

Ich höre immer wieder von anderen Migräniker:innen, dass sie sich open end mit Botox behandeln ließen und darauf schwören würden. Doch auch hier hat die Therapie ihren Preis, Botox bleibt immer noch ein Gift, und wie bei jeder anderen Behandlung auch gibt es ernstzunehmende Nebenwirkungen. Daher ist es mir an der Stelle besonders wichtig zu sagen, dass du dich sehr gut beraten lassen solltest, bevor du in Betracht ziehst, diese Therapie anzufangen, und dich sorgfältig informieren musst, wer für deine Behandlung seriös genug ist und infrage kommt.

Tja. Jetzt weißt du, dass ich mir Botox habe spritzen lassen, um meine Migräne zu lindern. Meine persönliche Rettung war das nicht. Vielleicht muss ich also doch noch darauf hoffen, dass sich mein Kopf wie der von einer Bratz-Puppe irgendwann abschrauben und austauschen lässt.

ICH HABE NICHTS MEHR ZU VERLIEREN

»Ich habe nichts mehr zu verlieren.« Dieser Satz war mein persönlicher Startschuss dafür, eine Reihe von Therapieformen durchzuprobieren, die ich früher nicht einmal in Erwägung gezogen und belächelt hätte. Nach dreizehn Jahren habe ich so viele gescheiterte Therapieformen hinter mir, dass ich das Gefühl verspüre: Egal, was ich mache, ich kann es nicht verschlimmern.

Auch heute gibt es immer noch sehr viele Dinge, die in meinen Augen nur Geldmacherei sind und nicht helfen (siehe Kapitel »Pulver verschossen«). Und es wäre gelogen, würde ich an dieser Stelle behaupten, ich hätte noch nie Produkte bestellt und ausprobiert, die kein bisschen geholfen haben und die jetzt als Staubfänger in meiner Schublade verschimmeln. Und auch ich habe Therapien ausprobiert, die nicht nur einmal fehlgeschlagen sind. Aber ich habe sie ausprobiert, und ich kann sie jetzt schon mal zumindest für mich ausschließen.

»Ich habe nichts zu verlieren« – dieser Satz hat es geschafft, offen genug zu sein, um auch nicht-schulmedizinische Therapien und Dinge auszuprobieren. Zumal ich bei der Schulmedizin langsam, aber sicher an meine Grenzen kam. Ich hatte eigentlich nichts mehr, das ich noch hätte versuchen können. Früher hegte ich deutlich stärkere Bedenken und Vorurteile gegenüber der Naturheilkunde, mittlerweile hat sich das auch bei mir geändert.

Manchmal kriege ich unter meinen Posts Diskussionen mit, manchmal wird mir aber auch privat geschrieben, dass vor allem die Heilpraktik nur Geldmacherei sei und all diese Dinge niemals helfen könnten. Erwähne ich, dass ich mich auch bei einer Heilpraktikerin behandeln ließe, kriege ich gern mal den Satz »Du willst also gar nicht wirklich geheilt werden« zu hören. Mal davon abgesehen, dass es keine Heilung gibt, habe ich den Satz aber auch an den Kopf geworfen bekommen, als ich mich noch nicht mit der Heilpraktik beschäftigt habe.

Ich glaube einfach, dass manche Methoden aus der Naturheilkunde als Ergänzung gut sein können für Migräniker:innen, zumindest war das bei mir der Fall. Meine jetzige Therapie ist eine Mischung aus Schulmedizin und Naturheilkunde. So lasse ich mich natürlich von meinem Neurologen behandeln, statte aber auch meiner Heilpraktikerin Besuche ab. Damit fahre ich gerade ganz gut.

Bei meiner Heilpraktikerin werden mir auf den Akupunkturpunkten Nadeln gesetzt, und wir reden sehr viel. Zu ihr gehe ich mittlerweile nur noch alle zwei Wochen, und ich genieße es. Vielleicht ist es auch das Gefühl von Me-Time, wenn ich vor Ort bin, und dass ich zumindest eine Stunde lang runterkommen und den Alltag vergessen darf, vor allem bei der Akupunktur. Die Heilpraktik allein würde jedoch niemals ausreichen bei meiner Migräne, aber sie wirkt bei mir unterstützend, und tatsächlich ist es mir völlig egal, ob es sich dabei um einen Placeboeffekt handelt oder nicht.

Während meiner schlimmsten Anfälle würde ich alles Neue ausprobieren, was mir nur ein ganz klein wenig Linderung verspricht. Auch das ist das Problem, das wir Migräniker:innen mit uns herumtragen – angesichts der wenigen gesicherten Erkenntnisse und des gleichzeitig großen Leids sind wir wahnsinnig anfällig für gar nicht so hilfreiche Hilfsangebote.

Auch in der Heilpraktik – wie übrigens ebenfalls in der Schulmedizin – gibt es Menschen, die dir wirklich helfen wollen, und solche, die dich nur als eine weitere Nummer sehen, mit der sie

Geld verdienen können. Der gefährliche Unterschied hier ist, und das will ich auch betonen:

DER KOSTENFAKTOR.

Bei der Heilmedizin musst du die Behandlung selbst bezahlen. Daher ist es wichtig, darauf zu achten, dass dir nicht alles angedreht und Quatsch verkauft wird. Ich habe im Laufe der Zeit gleich dreimal meine heilmedizinische Praxis gewechselt, bis ich mich zu hundert Prozent ernst genommen gefühlt habe. Genau das Gleiche gilt für mich aber auch in der Schulmedizin.

Mein Tipp des Tages, wenn du einen haben möchtest (ich hätte das vermutlich gern sehr viel früher gehört): Lass dich nicht abziehen. Lass dich nicht verarschen, und hör auf dein Bauchgefühl. Wenn du aber selbst Dinge ausprobieren möchtest und wenn du dann selbst etwas für dich gefunden hast, womit du gut fährst, dann zieh es durch, und lass dich nicht von anderen verrückt machen.

Ob deine Therapieform ganz klassisch aus der Schulmedizin kommt oder ob es auch nur ein Placeboeffekt ist: Die Hauptsache ist doch, dass du auf deinen eigenen Körper hörst. Denn es ist dein Körper. Und du selbst weißt am allerbesten, was gut für dich ist.

Übrigens: Der Satz »Ich habe nichts mehr zu verlieren« klingt vielleicht verzweifelt, aber er bedeutet auch, dass du ab jetzt nur noch dazugewinnen kannst.

BUND DEUTSCHER HEILPRAKTIKER UND HEILPRAKTIKERINNEN: GASTBEITRAG VON HEILPRAKTIKER UND MEDIZINER ROLAND TENNIE

Migräne-Patient:innen sollten sich grundsätzlicher, aber auch individueller Auslöser bewusst sein. Insbesondere, weil es bei diesem Krankheitsbild so viele gibt. Das können zum Beispiel Lichtreize, hohe Temperaturunterschiede, fehlende sportliche Aktivitäten, aber auch ein Zuviel an Sport sein. Auch der übermäßige Genuss von Nikotin und Alkohol, Koffein oder ein zu hoher Zuckerkonsum kommen infrage. In der Naturheilkunde spielt bei der Entstehung einer Migräne häufig ein dysfunktionaler Darm mit der Folge einer Leberstörung und Blockade des Gallenblasenmeridians eine wichtige Rolle. Der Darm bildet die größte Schnittstelle zur Außenwelt und entscheidet entsprechend dieser Theorie, welche Stoffe die Migräne triggern und welche nicht. Selbst eine Milzschwäche, oft ausgelöst durch eine verschleppte Virusinfektion im Kindesalter, aber auch spätere Infekte, die nicht therapiert oder auskuriert wurden, können Migräne auslösen. Ebenso Störfelder im Bereich der Zähne oder des Nasennebenhöhlensystems. Die Definition ist nicht ganz einfach, insbesondere weil wir in der Naturheilkunde jeden Patienten und jede Patientin sehr individuell betrachten.

Aufgrund dieser vielen Auslöser und sehr unterschiedlicher Symptome beginnen wir zunächst mit einer Ordnungstherapie. Ein regelmäßiger Tagesablauf, das Erlernen des richtigen Umgangs mit Stress, eine vernünftige Ernährungstherapie, Sport im individuell angepassten Umfang, Yoga, die sogenannte Thalassotherapie, viel frische Luft und Bewegung gehören dazu. Aber auch der Verzicht auf Reizstoffe und eine Klärung der Zusammensetzung der Darmflora. Bei Kindern und Jugendlichen sollte außerdem eine funktionelle Skoliose ausgeschlossen werden, also eine Verdrehung der gesamten Wirbelsäule.

Sie sehen, in der Naturheilkunde widmen wir uns einer gründlichen Ursachenforschung. Darauf folgt die gezielte Behandlung, abhängig von den individuellen Ausprägungen der Migräne. Wir schöpfen aus einer Vielzahl an therapeutischen Möglichkeiten, die natürlich auch von den Schwerpunkten und den Erfahrungen der ausgesuchten Praxis abhängen. Es lohnt sich als Betroffener immer, vorab danach zu fragen.

Aus eigener Erfahrung kann ich beispielsweise vom Erfolg der Physiotherapie in Kombination mit einer auf individuelle Punkte abgestimmten Akupunktur und der Gabe von Mutterkraut oder Homöopathika berichten. Eine in meiner Praxis häufig angewendete Behandlungsmethode ist Schädelakupunktur nach Yamamoto. Dabei erlebe ich häufig, dass sich die Verkrampfungen im Kopf bereits relativ schnell und langfristig auflösen. Voraussetzung dafür ist jedoch eine ordentliche Bauchdeckendiagnostik nach Yamamoto.

Mutterkraut, eine Pflanzenart aus der Gattung Tanacetum innerhalb der Familie der Korbblütler, wurde bereits im 1. Jahrhundert als Heilkraut beschrieben und seit dem Mittelalter gegen Fieber und Kopfschmerzen eingesetzt. Um die Wirkung zu erklären, lassen Sie uns einmal einen Blick auf die Entwicklung eines Migräneanfalls werfen. Ein Botenstoff im Gehirn, das Serotonin, wird von den roten Blutkörperchen, den Thrombozyten, in großer Menge freigesetzt. Das führt zur Erweiterung der glatten Muskulatur der Blutgefäße in der Hirnhaut.

In weiterer Folge werden die Blutgefäße durchlässiger und Entzündungsmediatoren ausgeschüttet – körpereigene Stoffe, die eine Entzündungsreaktion des Körpers einleiten oder aufrechterhalten. Diese dringen in die Gefäßwände ein und verursachen Entzündungen und Schmerzen an den Nerven. Mit jedem Pulsschlag werden diese Schmerzreize über unser Nervensystem in Hirnareale weitergeleitet, die für Lichtempfindlichkeit, Übelkeit und Erbrechen verantwortlich sind und die Migräneattacke begleiten.

Mutterkraut setzt bei einigen dieser Symptome an. Regelmäßig prophylaktisch eingenommen, können meiner Erfahrung nach die Laubblätter das Auftreten von Migräneanfällen vermindern, weil sie die überhöhte Freisetzung vom Botenstoff Serotonin blockieren. Zudem können sie die Verdauung fördern und beruhigend wirken.

Komplexhomöopathika helfen, weil sie den Therapeuten die Möglichkeit bieten, einzelne Substanzen so zu kombinieren, dass sie zum einen den akuten Schmerz behandeln und gleichzeitig die Entstehung der Migräne abschwächen oder sogar ganz verhindern.

Schnell wird offensichtlich: Pauschale Rezepte gibt es nicht und wird es vermutlich auch nie geben. Aus diesem Grund ist eine Ergänzung durch die Möglichkeiten der Naturheilkunde bei Migräne, in meinen Augen, so gewinnbringend für die Betroffenen.

Ergänzung ist hier das Schlüsselwort. Selbstverständlich bedienen wir uns der Erkenntnisse der Schulmedizin und deren Kategorisierungen, beispielsweise bei der klassischen Migräne mit Aura sowie der einfachen Migräne. Allerdings haben wir Naturheilkundler häufig einen ganz anderen Behandlungsansatz. In der ärztlichen Medizin werden vornehmlich bekannte Schmerzmittel eingesetzt, sogenannte Betablocker aus der Kardiologie, aber auch stärkere Triptane, die speziell für Migränekranke entwickelt wurden und neben den Kopfschmerzen auch Symptome wie Übelkeit, Erbrechen, Lärm- und Lichtempfindlichkeit lindern sollen. Zudem gibt es inzwischen auch zugelassene Injektionen. So kritisch man diese Symptombehandlung und deren Nebenwirkungen sehen kann, die Naturheilkunde lässt die Schulmedizin keineswegs außen vor. Ganz im Gegenteil. Ich empfehle immer, den komplementärmedizinischen Aspekt zu berücksichtigen. Oft zahlt sich eine »zweigleisige« oder sogar »mehrgleisige« Therapie stärker aus, weil sich verschiedene Aspekte der Behandlung ergänzen.

Die genaue Ursachenforschung und individuell abgestimmte Therapien lohnen sich. Insbesondere für viele Betroffene mit massiven Einschränkung ihrer Lebensqualität. Ich kenne Fälle, die von einem Tag im Monat berichten, andere wiederum haben einmal wöchentlich Probleme, können diese Anfälle aber gut handeln. Andere wiederum liegen ganze sieben Tage ununterbrochen im Bett mit Schmerzen, Lichtempfindlichkeit und Erbrechen. Hinzu kommt in diesen Fällen – neben den körperlichen Symptomen – auch noch eine psychologische Komponente. Betroffenen droht nicht selten die völlige Isolierung vom familiären oder sozialen Umfeld, zudem steht auch die Arbeitsfähigkeit auf dem Spiel. Ganz arg Betroffene kennen nur wenige Tage ohne Beschwerden, sie liegen teils wochenlang im Bett. Beruf, Familie oder gar Freizeitaktivitäten rücken völlig in den Hintergrund, was wiederum zu Schuldgefühlen und einer Verschlechterung der Prognose führen kann.

WER WÄRE ICH OHNE MEINE MIGRÄNE?

Das ist eine Frage, die ich mir immer wieder stelle. Eigentlich möchte ich ihr keinen Raum geben. Ich will keine Kraft verschwenden und über etwas grübeln, was sowieso nicht eintritt. Und trotzdem ploppt sie manchmal auf wie eine nervige Benachrichtigung am Bildschirmrand.

Wie schon gesagt: Ich predige immer, dass die Krankheit nicht den Menschen definiert, und das meine ich auch so. Ich bin mehr als meine Migräne. Auch, wenn mich einige nur aufgrund meiner Krankheit kennen und mich mit ihr in Verbindung bringen. Und es wäre gelogen, wenn sie mich nicht auch mal so richtig traurig macht. Dass mich nicht Gedanken und Fragen einholen wie: Wieso habe ausgerechnet ich eine neurologische Erkrankung? Was habe ich getan, um so etwas zu verdienen?

Vor allem jedoch frage ich mich eines:

Wer wäre ich eigentlich, wenn ich nicht unter Migräne mit Aura leiden würde?

Ich stelle mir so oft diese Frage, wenn ich andere beobachte. Ich kann jede zweite Aktivität nicht mitmachen, weil ich denke: »Cool, aber könnte ich niemals machen, weil ich sofort einen Migräneanfall bekommen würde.« Sei es eine Sportart, die ich nicht ausüben kann, weil ich weiß, dass meine Muskeln sich anspannen und verspannen, was vielleicht einen Anfall auslöst. Ein stinknormaler Festivalbesuch ist oft undenkbar: Mit dick gepackter Tasche auf dem Rücken vier Tage lang einfach die Nacht zum Tag machen – und leben, das ist so weit entfernt von meiner Realität wie ein Sieg beim Triathlon. Ich kann, ehrlich gesagt, nicht einmal eine Sportart davon richtig. Vor einem Festival überlege ich wochenlang, ob ich es riskiere, auch wirklich hinzufahren. Ich überlege, ob es mir das wert ist und ob ich nicht doch einfach darauf verzichten sollte. Und das nimmt mir in meinem Leben so viele »Eventualitäten«.

Dann, wenn Malte spontan in die Ukraine fliegt, um Hunde zu retten, muss ich jedes zweite Mal in letzter Sekunde wieder absagen, weil meine Migräne kickt. Das Einzige, was ich beeinflussen kann, ist der Ort, an dem ich bin, wenn sie zuschlägt. Was bedeutet, dass ich meinen Lebensradius drastisch einschränke.

Und dann kommen doch manchmal die Momente, in denen mich der Mut packt. In denen ich denke: Scheiß drauf. Und das klingt jetzt fast cool, wenn ich das so schreibe, aber eigentlich bedeutet das für mich nichts anderes, als dass ich kurz vorm Losfahren vorher darüber nachdenke, ob ich all meine Tabletten dabeihabe oder ob ich mir noch welche kaufen muss.

Ich versuche schon im Vorfeld beispielsweise eines Festivals, extremer auf mich und meinen Körper zu hören. Ich bereite mich schon Tage vorher darauf vor. Ich überlege, wie viel Schlaf ich bekomme, ob die Isomatte zu hart, das Zelt zu klein, die Umgebung zu laut ist oder ob ich mir nicht doch ein Hotel buche. Wenn andere auf dem Platz ankommen und das Bier kaltstellen, schaue ich mich erst mal mit meinem Tabletten-Rucksack um, wo das Dixi-Klo steht, für den Fall, dass ich mich nachts noch übergeben muss. Die Ironie dabei: Ich trinke nicht einmal Alkohol.

Habe ich die Toiletten ausfindig gemacht, überlege ich, wo die nächste Steckdose sein könnte. Wenn ich die gefunden habe, suche ich meinen Wasserkocher, um im Notfall Wasser für meine Wärmflasche zu erhitzen. Ob meine schallgedämpften Kopfhörer ausreichen oder ich vielleicht doch ein paar neue kaufen muss. Ob ich meine überdimensional große Sonnenbrille dabeihabe und wie eine Schmeißfliege aussehe, damit ich Reize ausblenden kann und mich nicht bei jedem einzelnen Lichtstrahl wegdrehen muss.

Noch sympathischer bin ich nur, wenn ich den Künstler:innen als einzige Person den Rücken zuwende, während alle anderen die Show genießen oder sich darüber unterhalten, warum ich sie und nicht die Bühne angucke. Letzteres stresst mich zusätzlich: Wenn ich mein Verhalten anpasse, um meiner Migräne entgegenzusteuern, und mich dann in der Not wiederfinde, mich dafür rechtfertigen zu müssen.

Während des Festivals verzichte ich darauf, die Nächte zum Tag zu machen. Ich nehme mir vor, mindestens sieben Stunden Schlaf zu bekommen, und starte morgens mit einer Yoga-Session. Meistens vergebens. Denn oft liege ich am Ende sowieso mit Migräne flach. Wo andere komplette Festivalsommer planen, bin ich stolz, wenn ich eines halbwegs schmerzfrei überstehe. Letztes Jahr standen alle vor Edwin Rosen im Moshpit. Ich stand zur selben Zeit abseits im Dunkeln mit Sonnenbrille im Busch und habe Selbstgespräche geführt, weil ich mich davon überzeugen wollte, nirgendwohin zu kotzen, weil meine Migräne meinen Magen umgedreht hat (Dickes Sorry an Edwin Rosen an der Stelle: Das hatte safe nichts mit deiner Musik zu tun.).

Spätestens mit der Attacke holen mich auch die negativen Gedanken wieder ein. Und am Ende lande ich immer wieder bei dieser einen Frage: Wer wäre ich, wenn ich keine Migräne hätte? Ich würde nicht mehr die Tage zählen, die ich an meine Krankheit verloren habe. Ich würde in Restaurants essen gehen, ohne dass mir die Musik, die läuft, Angst macht. Ich würde Ski fahren und es abends beim Après-Ski krachen lassen. Vielleicht wäre ich ohne Migräne jemand, der, ohne nachzudenken, alle Achterbahnen im Phantasialand hintereinander fahren würde, weil es egal wäre, ob mein Kopf hin- und hergeschleudert wird. Vielleicht wäre ich jemand, der einen Sommer lang alle Festivals der Welt besuchte. Der die Welt in einem Van bereiste und anhielte, wenn es schön ist. Vielleicht würde ich Cheerleaden anfangen, und meine Muskeln könnten sich anspannen, wie sie wollen, ich müsste keinen Anfall befürchten. Ich hätte einfach nur Spaß. Vielleicht wäre ich jemand, der jeden Tag etwas anderes unternehmen und keine Ruhetage brauchen würde. Jemand, der eine Nacht lang durcheiert. Jemand, der Bungee-Jumping machen würde. Wobei – kurz mal Hand aufs Herz: Das würde ich auch ohne meine Migräne nicht machen. Ich bin doch nicht bescheuert.

Ich würde in jedem Fall mein Zuhause in einen Pflanzendschungel verwandeln, weil ich all das Geld sparen würde, das ich nicht mehr in Therapiemethoden investieren müsste. Über all diese Dinge denke ich manchmal nach, wenn ich mir ein Leben ohne Migräne vorstelle. Und manchmal macht mich das traurig.

Manchmal aber sind das genau die Vorstellungen, die mich dazu motivieren, weiterzumachen. Die mich nicht aufgeben lassen. Die es mir ermöglichen, den Kampf gegen die Migräne weiterzukämpfen – die mich weitersuchen lassen nach Therapie-Optionen und anderen Lösungen – und mich nicht von ihr vereinnahmen zu lassen.

DER DURCHBLICK

Ich habe dir bis hierhin schon viel erzählt. Von meiner Kindheit mit Migräne, von meiner Schulzeit mit Migräne, von meiner Arbeit mit Migräne, meiner Freizeit mit Migräne, meiner Beziehung mit Migräne – und jetzt denkst du vielleicht: Phia hat den Durchblick, was ihre Migräne betrifft. Die weiß, was ihre Migräne ist, wann sie kommt und was sie machen kann, damit sie wieder weggeht. Ich würde mich freuen, wenn es so wäre, aber ich glaube, ich erzähle dir an der Stelle besser einmal eine Geschichte, die bis jetzt gefehlt hat.

In meiner Freizeit arbeite ich zusammen mit meinem Freund Malte und meinen besten Freunden Broder und Zeck ehrenamtlich mit Hunden. Warum? Ganz klar, weil Hunde wohl das Beste auf der ganzen Welt sind. Wir fliegen also alle paar Wochen in die Ukraine, in Zusammenarbeit mit einem Verein, und evakuieren von dort aus Hunde und transportieren diese nach Ungarn, um ihnen dann eine tolle Pflegestelle oder ein Für-Immer-Zuhause zu suchen. Das ist die Kurzfassung von dem, was wir vor Ort machen.

Meistens sind wir an unseren Wochenenden da und versuchen, alle anstehenden Aufgaben in drei Tagen umzusetzen. Funktioniert meistens sehr gut. Wäre da nicht immer wieder jemand, der nur darauf wartet, mich während gestressten Momenten zu erwischen, um alles noch viel stressiger, komplizierter und schmerzvoller zu machen: meine Migräne mit Aura – die wirklich immer an den ungünstigsten Stellen auftaucht.

Also ehrlich gesagt ist sie, egal an welchen Tagen, immer

sehr, sehr ungünstig und für meinen Geschmack auch sehr, sehr unnötig. Da wären wir wieder bei dem Thema, dass meine Migräne mit Aura nicht meine Freundin ist. Denn ich würde niemals so schlecht über meine Freunde sprechen, und eine Freundin würde auch niemals auf mich lauern und mir Schmerzen zufügen, damit es mir noch schlechter geht.

Kommen wir aber wieder zurück zum Thema Hunde. Oder eher zurück zu meiner Migräne, denn darum soll es schließlich in dem Buch hier gehen. Auch wenn ich wirklich gern einfach nur über Hunde schreiben würde.

Es war ein Sonntagmittag um kurz nach zwölf Uhr in Ungarn und ich in einem Tierheim, umringt von vier Hunden. Was eigentlich mein siebter Himmel gewesen wäre, entpuppte sich in Sekundenschnelle als Hölle auf Erden: Ohne irgendeine Vorwarnung meines Körpers schoss die Migräne in meinen Kopf. Ich blickte von den Hunden hoch zu meinem Freund Malte und unserem besten Freund Broder und bekam gerade noch leise die Worte »Leute? Ich glaube, ich kriege einen Anfall« raus. Wir waren alle ein wenig im Hundewahn, und Broder blieb erst mal mit einem Grinsen im Gesicht auf dem Boden im Zwinger sitzen, kuschelte weiter mit den Hunden und antwortete: »Ich weiß, die Hunde sind alle so süß.« Hätte ich da nicht schon so extreme Schmerzen gehabt, hätte ich auf jeden Fall laut gelacht.

Aber es dauerte keine Sekunde, und ich war komplett neben der Spur. Innerhalb weniger Augenblicke, nachdem ich den Satz gesagt hatte, kickte die Aura so schnell, dass ich direkt auf dem linken Auge meine ganze Sehkraft verlor. In mir drehte sich alles. Mir war so schwindelig, dass ich mein Gleichgewicht verlor und mir übel wurde. Meine linke Gesichtshälfte und auch mein linker Arm hingen mit einem Mal schlapp herunter. Ich befand mich wieder im Tunnel, und ich hörte jetzt alles nur noch wie ein Echo. Jedes einzelne Bellen der Hunde war wie ein Baseballschläger, den ich mit voller Wucht gegen meinen Kopf bekam.

Während Malte sofort gecheckt hatte, was bei mir abging, routiniert reagierte und mich vor das Tierheim brachte, raffte nach einem Blick auf mein leeres Gesicht jetzt auch Broder, was mit mir los war. Ich stützte mich bei Malte ab und probierte, so weit weg vom Tierheim zu kommen wie nur möglich, und dann war es so weit. Ich kotzte mir die Seele aus dem Leib. Ich hockte mich auf den Boden, stützte mich mit meinen Händen auf meinen Knien ab, während Malte meine Haare nach hinten hielt und ich weinte und kotzte.

Der Schmerz war schon so stark, dass ich nicht einmal mehr genau wusste, wo sich er sich eigentlich befand. Als Malte mich vom Boden aufkratzte, trug er mich ins Auto, gab mir meine Triptane, Vomex und ein Wasser und versuchte, mich zu beruhigen. Mein ganzer Körper zitterte. Ich war erschöpft, aber zugleich auch so aufgewühlt, dass mein Herz sich tausendfach überschlug. Ich bin mir bis heute nicht sicher, aber ich vermute, dass ich während meiner Migräneattacke auch eine Panikattacke hatte.

Mein Kopf und mein Körper wussten ganz genau, dass meine persönliche Hölle gerade beginnt. Ich befand mich in einem mir immer noch fremden Land, mitten im Nirgendwo, ohne Möglichkeit, mich auszuruhen, ohne meine Wärmflasche, mit viel zu wenigen Tabletten, weil ich meine volle Packung Triptane anscheinend am Tag zuvor verlegt hatte, und mit dem Wissen, dass ich in einigen Stunden den Flieger nach Deutschland nehmen und deshalb funktionieren musste.

Und ich bin ehrlich: Mit diesen krassen Schmerzen, die ich hatte, wäre es fast schon verlockender gewesen, wäre mir ein LKW über meinen Kopf gefahren. Klingt brutal, ist brutal. Aber das waren meine Gedanken in dem Moment.

Klar war: Ich musste dringend weg von hier. Als Broder uns zu Bekannten fuhr und Malte sich um mich kümmerte und mir einen Schal über die Augen legte, damit ich das Licht besser ausblenden konnte, stresste ich keine fünf Minuten später damit, dass wir halten müssten.

Da saß ich also, in einer Grube neben der Autobahn, auf irgendeinem Acker, halbseitig gelähmt und blind, und kotzte, was das Zeug hielt. Malte erzählte mir später, dass ich immer wieder um Hilfe gefleht, unverständliches Zeug geredet und halluziniert hätte.

Natürlich weiß ich durch die drei Millionen Attacken, die ich in meinem Leben schon gehabt habe, dass nichts hilft, außer Zeit. Zeit, bis die Tabletten wirken. Zeit, in der ich Reize reduzieren muss. Zeit, damit mein Körper sich erholt. Und trotzdem, bis heute, hungere ich in solchen Momenten nur noch nach Hilfe. Ich wollte nur noch zu Hause in meinem Bett liegen, mit einer Wärmflasche im Nacken und einer anderen auf der Stirn, und schlafen.

Stattdessen fuhren wir weiter, über schlechte und kaputte Straßen, über Schlaglöcher noch eine Stunde im Auto, und ich schlief erschöpft ein.

Wie du an dieser Stelle wahrscheinlich schon weißt, schlafe ich nicht einfach, wenn ich einen Anfall habe. Kennst du das, wenn man ein Problem hat und sich schlafen legt, in der Hoffnung, dass man kurz abschalten kann, weil man dann weit weg ist und vielleicht was Schönes träumt? Tja, so ist das bei mir einfach nicht. Ich nehme mein Problem mit in den Schlaf. Fieberträume tauchen auf, die meinen Körper nicht einmal herunterfahren lassen, wenn er es am meisten bräuchte. Ich träume, während ich den Schmerz habe, auch von dem Schmerz.

Als wir endlich bei den Bekannten ankamen, sah ich immer noch nichts auf meinem linken Auge. Dafür brachte ich als Gastgeschenk andauerndes Übergeben mit.

Nach einem Anfall kriege ich viele Dinge nicht mehr zusammen. Ich denke, dass das Verdrängen meines Anfalls mein Abwehrmechanismus ist. Manchmal ist es vielleicht auch besser so.

Denn im Nachgang wurde mir erzählt, dass wir zwar bei den Bekannten einigermaßen gut angekommen seien und ich mich freundlicherweise mit nach Hundekot stinkenden Klamotten in das Bett der Tochter hätte legen dürfen, aber eigentlich zeitgleich eine Geburtstagsparty mit vielen anderen Menschen gefeiert worden sei. Als alle Gäste genüsslich Pizza in sich reinstopften, hing ich eine Tür weiter heulend über der Kloschüssel und bekam Halluzinationen. Ich flehte Malte an, mir zu helfen, irgendwie den Schmerz zu stoppen. Nachdem er mir die Haare aus dem Gesicht gehalten und mir über den Rücken gestrichen hatte, brachte er mich wieder ins Bett und legte sich stundenlang neben mich. Davon weiß ich aber rein gar nichts mehr. Ich weiß nicht einmal, wie ich überhaupt von der Stelle im Graben neben der Autobahn zurück ins Auto kam ...

Nach einem stundenlangen Höllentrip wachte ich irgendwann völlig verschwitzt auf und kam wieder zu Bewusstsein. Mein Anfall war zumindest ein bisschen abgeflaut, ich hatte nur noch mittelstarke Kopfschmerzen und ein flaues Gefühl im Bauch. Pure Erleichterung für mich. Damit kam ich klar.

Malte lächelte mich an: »Wir sind übern Berg, oder?«

Ich nickte leicht, aber blieb noch liegen. Mein Kreislauf war komplett runtergefahren. Ich blieb noch weitere zehn Minuten im Bett. Dann ging es los für uns, auf zum Flughafen. Wer hätte das gedacht. Ich zumindest nicht. Noch im Tierheim war ich mir zu 100 Prozent sicher gewesen, dass der Anfall über Tage anhalten würde und ich noch einige Tage mit Malte in Ungarn bleiben müsste.

Jetzt könnte man meinen, dass ich vielleicht keine Luftsprünge machte, weil ich keine Kraft mehr dafür hatte, mich aber zumindest freute, endlich wieder so etwas Ähnliches wie ich selbst zu sein. Endlich wieder die Kontrolle über meinen eigenen Körper zu haben. Und das war ich auch. Aber nicht nur.

Mein erster Gedanke war ein anderer: Schuld.

Ich kämpfte mit Schuldgefühlen gegenüber meinen Mitmenschen, die sich zwar großartig um mich gekümmert hatten, aber auch alle Pläne hatten umschmeißen müssen, weil sie sich um mich kümmerten. Schuldgefühle gegenüber den Hunden, die dringend unsere Hilfe gebraucht hätten. Schuldgefühle gegenüber dem Verein, der mich extra mit ins Tierheim genommen hatte, damit ich helfen konnte, nur um dann selbst auf Hilfe angewiesen zu sein und eine zusätzliche Last zu werden. Schuldgefühle gegenüber Malte, dem es selbst schlecht an dem Tag ging – und der trotzdem wieder einmal wegen mir funktionieren und auch noch mir helfen musste.

Wer Malte und mir auf unseren Social-Media-Kanälen folgt, wird den oben beschriebenen Anfall vielleicht schon gesehen haben, weil wir ihn festgehalten und veröffentlicht haben. Ich habe es mir bis heute nicht angesehen, ohne eine Träne dabei zu verdrücken. Einerseits, weil ich mich selbst kaum so sehen kann oder lange dafür brauche, um einen Anfall zu verarbeiten, andererseits und vor allem aber wegen der Schuldgefühle. Egal, wie oft meine Mitmenschen sagen, dass ich keine Last sei, kann ich den Gedanken nicht loslassen. Für mich ist es nicht selbstverständlich, dass meine Krankheit, mein Schmerz und ich akzeptiert und wahrgenommen werden.

Ich habe bis heute das Gefühl, dass ich den Menschen nach einem Anfall etwas schuldig bin. Dass ich mich rechtfertigen muss, obwohl ich mich vor diesen Menschen nicht rechtfertigen müsste.

Damit will ich sagen, dass betroffene Menschen mit Migräne nicht nur mit den schlimmen Schmerzen leben müssen – sondern auch mit den Gefühlen und Gedanken, die sie danach haben. Mit Versagensängsten, Panik und ja, vielleicht auch mit einer Portion Selbstmitleid. Umso wichtiger ist es, dass Nicht-Betroffene die Migräne zu 100 Prozent ernst nehmen. Bitte, bitte – macht das nicht auch noch zu unserem Job. Deshalb zeige ich mich so, wie ich lebe, im Internet. Weinend und kotzend über der Kloschüssel. Halluzinierend. Wahnhaft. Am Boden.

Ich erzähle euch diese Geschichte aber nicht nur aus diesem Grund. Sondern auch noch aus einem anderen. Denn sie zeigt, dass, egal, wie alt ich werde, egal, wie viel ich lerne, egal, wie stark ich kämpfe – es am Ende manchmal doch nicht reicht. Und das ist auch okay. Es ist okay, mal in Selbstmitleid zu versinken. Es ist okay, mal keine Kraft mehr zu haben. Es ist okay, wenn man doch nicht alles über die eigene Krankheit weiß.

Die Hauptsache ist nur, irgendwann wieder weiterzumachen. Weiterzukämpfen. Und nicht aufzugeben. Also abgesehen davon, dass ich halbseitig erblinde, wenn ich einen Anfall habe, kann ich dich dahingehend beruhigen: Den Durchblick, was meine Migräne betrifft, werde ich nie haben. Und das ist okay so.

WUSSTEST DU SCHON ...

D... dass du die Nr. 1 bist, wenn du Migräne hast? Yay, herzlichen Glückwunsch: Du leidest nämlich laut WHO unter der am häufigsten auftretenden chronischen Erkrankung bei Menschen unter 50 Jahren. Trotzdem ist deine Erkrankung unsichtbar. Deshalb werden wir Migräniker:innen in der Gesellschaft auch oft nicht ernst genommen – sei es bei der Arbeit, von den eigenen Freund:innen, der eigenen Familie und sogar den Expert:innen.

Du leidest unter einer Krankheit, die so wenig erforscht und dazu noch so unfassbar individuell ist, dass du selbst dein eigenes Versuchskaninchen sein musst. Ah, und natürlich ist die Erkrankung unheilbar. Jetzt, so als Sahnehäubchen obendrauf, ist es auch noch so, dass du bei alldem finanziell wenig bis gar nicht unterstützt wirst. Außer, du leidest so sehr darunter, dass dein Leben nachweislich keinerlei Lebensqualität mehr besitzt. Ob das jetzt so erstrebenswert ist, lasse ich mal unkommentiert.

Dennoch gibt es ein ganz klein wenig Hoffnung. Denn trotz alledem gibt es auch Hilfe. Es gibt Angebote, die du nutzen kannst, damit sich dein Alltag ein ganz kleines bisschen verbessert. Es gibt Medikamente, Expert:innen und Therapieformen, die deine Migräne erleichtern können, und es gibt auch Wege, wie du als Migräniker:in finanzielle Hilfe bekommst. Manchmal sind es Umwege, aber es sind Wege. Als Migräniker:in ist es dabei nur deine Aufgabe, diese auch zu finden. Mir raucht da gern mal der Kopf, und das ist gar nicht mal so praktisch als Migräne-Patient:in. Nichtsdestotrotz möchte ich dir einige Dinge, Fakten und Optionen auflisten, die dir bei deiner Migräne eventuell weiterhelfen könnten. Und ja, das hier wird jetzt ein sehr informatives Kapitel, aber das muss manchmal eben auch sein.

FINANZIELLE ANGELEGENHEITEN:

Migräne ist lebenseinschränkend. So einschränkend, dass du als Patient:in manchmal die alltäglichsten Dinge nicht mehr machen kannst. Dazu zählt teilweise leider auch die Arbeit. Falls dieser Fall eintreten sollte, gibt es folgende Angebote zu deiner Unterstützung:

1. **Entgeltfortzahlung:** Im Krankheitsfall kannst du als arbeitnehmende Person bis zu sechs Wochen Entgeltfortzahlung erhalten, wenn du aufgrund von Migräne nicht arbeiten kannst.
2. **Krankengeld:** Wenn du länger als sechs Wochen arbeitsunfähig bist, endet leider die Entgeltfortzahlung, und die Krankenkasse zahlt dafür Krankengeld. Hier gilt: Innerhalb von drei Jahren gibt es höchstens 78 Wochen lang Krankengeld für dieselbe Krankheit.
3. **Arbeitslosengeld:** Wenn dein Krankengeld endet, erhältst du Arbeitslosengeld, was über die Agentur für Arbeit läuft.
4. **Kinderpflege-Krankengeld:** Solltest du ein Kind haben, das unter Migräne leidet und betreut werden muss, du aber berufstätig bist, hast du jährlich 30 Tage lang Anspruch auf Kinderpflege-Geld. Dies gilt übrigens pro Elternteil, solltet ihr beide berufstätig sein.
5. **Zuzahlungsbefreiung Krankenversicherung:** Als Migräniker:in musst du bei zahlreichen Medikamenten, Therapien und Klinikaufenthalten dazuzahlen. Wenn du aber im Laufe eines Kalenderjahres eine bestimmte Belastungsgrenze erreichst, kannst du dich von solchen Zuzahlungen von der

Krankenkasse befreien lassen. Sobald deine Migräne als chronisch eingestuft wird, verringert das die Belastungsgrenze.

6. **Übergangsgeld:** Das Übergangsgeld kann eine einkommenslose Zeit während einer Reha überbrücken. Das kannst du allerdings nur beziehen, wenn du zu dem Zeitpunkt keine Entgeltfortzahlung erhältst.
7. **Erwerbsminderungsrente:** Ist deine Arbeitsfähigkeit aufgrund deiner Migräne dauerhaft eingeschränkt, kannst du unter bestimmten Voraussetzungen Erwerbsminderungsrente beziehen.
8. **Schwerbehinderung:** Bei besonders schweren Verlaufsformen von Migräne kann dir ein Grad der Behinderung (GdB) zugesprochen werden. Je nach Höhe des GdB kannst du verschiedene Nachteilsausgleiche in Anspruch nehmen.

MIGRÄNE UND KRANKENKASSE:

Finanziell betrachtet habe ich auch hier leider schlechte Nachrichten für dich – vor allem, wenn du gesetzlich versichert bist. Die Deutsche Migräne- und Kopfschmerzgesellschaft beobachtet mit Sorge, dass Medikamente zur Akuttherapie und zur Prophylaxe der Migräne vom Betroffenen komplett – oder mit Zuzahlung – selbst zu übernehmen seien. Leistungsangebote für Kopfschmerz-Patient:innen in Form von spezialisierten Behandlungen durch tagesklinische Programme seien auf wenige Kopfschmerzzentren in Deutschland konzentriert und würden nur von wenigen Kassen unterstützt. Das lasse es für Betroffene deutlich teurer werden, an Migräne zu leiden.

Tatsächlich ist es so, dass sich in Deutschland nur wenige Migräniker:innen akut gegen ihre Krankheit behandeln lassen – laut Krankenkasse. Das liegt natürlich daran, dass eventuell helfende Therapieformen und Medikamente kaum bis gar nicht von Krankenkassen getragen werden.

Bei Tabletten gegen leichte bis mittelstarke Migräne wird von der Krankenkasse nichts übernommen, nicht einmal rezeptfreie Migränetabletten wie Suma- und Naratriptane. Bei allen weiteren Triptanen übernimmt die Krankenkasse zumindest einen kleinen Festbetrag. Auch weitere unterstützende Therapiemaßnahmen werden selten übernommen. Daher fallen viele Maßnahmen, die sehr gut vorbeugend gegen die Migräne wirken könnten, für viele Betroffene weg. Physiotherapie hingegen wird häufig übernommen, wenn auch für eine begrenzte Stundenanzahl.

Finanziell betrachtet ist es für mich kein Wunder, dass viele sich nicht oder nicht richtig gegen die eigene Migräne behandeln lassen. Daran merke ich auch immer wieder aufs Neue, dass die Krankheit nicht nur maßlos ätzend ist, sondern die Gesellschaft diese nicht für ganz voll nimmt.

Auch zwischen den Krankenkassen gibt es starke Unterschiede. Manche von ihnen eignen sich für Migräniker:innen besser als andere. Laut Schmerzklinik Kiel ist die Technikerkrankenkasse einer der Spitzenreiter für Kopfschmerz- und Migräne-Patient:innen. Andere Krankenkassen bieten zumindest sogenannte Kopfschmerzprogramme an, die teilweise sogar bis zu zwölf Monate andauern. Dabei erhalten Migräniker:innen ein individuelles und persönliches Coaching von Psycholog:innen. Daher hier mein Tipp: Informier dich noch mal bei deiner Krankenkasse, ob sie etwas Vergleichbares anbietet!

MIGRÄNE UND SCHMERZKLINIKEN:

Schmerzkliniken sind wohl eine der bekanntesten Behandlungsstätten für Krankheiten. Das gilt auch für die Migräne. Dort kann man die verschiedensten Therapieformen ausprobieren. Ziel ist es, die individuellen Ursachen deiner Migräne zu ermitteln und einen passenden Behandlungsansatz zu finden, ambulant oder stationär. Stationär dauert der Aufenthalt meist zwei bis drei Wochen. Ansprechpartner:innen hierfür sind die Neurolog:innen, die eine solche stationäre Behandlung verschreiben können. Doch auch hierbei musst du mehrere Kriterien erfüllen. Diese findest du häufig auf den Webseiten der jeweiligen Schmerzklinik.

In meinen Augen kann eine Klinik einige Vorteile haben, unter anderem:

1. Du wirst rund um die Uhr von Expert:innen begleitet und probierst verschiedene Therapieformen aus.
2. Diese Expert:innen stammen aus ganz verschiedenen Bereichen (Neurologie, Psychologie, Physiotherapie ...).
3. Die Trainingseinheiten und Therapieformen werden individuell auf dich zugeschnitten.

Ich glaube, dass eine Schmerztherapie vor allem bei chronischen Schmerzen sinnvoll ist, aber auch bei episodischer Migräne infrage kommt, weil so vielleicht noch verhindert werden kann, dass deine Migräne chronisch wird.

MIGRÄNE UND REHA:

Zusätzlich kann man nach der Schmerzklinik in einer Rehabilitationsstätte unterkommen. Die Reha kommt infrage, wenn du durch deine Migräne nicht mehr gesellschafts- und berufsfähig bist. So wird es jedenfalls formuliert. Durch die therapeutische Unterstützung sollst du schneller wieder zurückfinden.

MIGRÄNE UND SCHWERBEHINDERUNG:

Da Migräne das Leben stark bis komplett dominieren kann, kann sie auch als Behinderung eingestuft werden. Da zwischen einer Behinderung und einer Schwerbehinderung unterschieden wird, wird der Grad der Behinderung (GdB) von betroffenen Menschen nach den Vorgaben der versorgungsmedizinischen Grundsätze (VersMedV) festgelegt. Dabei wird untersucht, wie stark, wie häufig und wie lange die Beschwerden das Leben einschränken. Je nach GdB erfolgt bei besonders schweren Fällen ein Nachteilsausgleich im Berufs- und Arbeitsleben (stärkerer Kündigungsschutz/Sonderurlaub etc.). Der VersMedV des Bundesministeriums für Arbeit und Soziales kategorisiert und wertet den Grad der Behinderung in drei Stufen aus:

1. GdB 0 bis 10: leichte Verlaufsform (im Durchschnitt eine Migräneattacke pro Monat)
2. GdB 20 bis 40: mittlere Verlaufsform (die häufiger auftretenden Attacken halten jeweils einen oder mehrere Tage an)
3. GdB 50 bis 60: schwere Verlaufsform (langandauernde Attacken mit stark ausgeprägten Begleitsymptomen, zwischen den einzelnen Migräneattacken liegen nur wenige Tage)

Allgemein wird hier noch einmal zwischen episodischer und chronischer Migräne unterschieden. Eine Schwerbehinderung liegt erst vor, wenn der Grad der Behinderung bei 50 oder mehr liegt. Wenn das bei dir der Fall ist, kannst du einen Schwerbehindertenausweis beantragen.

Auch das kann hilfreich sein:

1. Schwerbehinderteneigenschaft
2. Steuerfreibetrag in unterschiedlicher Höhe, abhängig vom GdB
3. Sonderkündigungsschutz
4. Bevorzugte Einstellung
5. Freistellung von Mehrarbeit
6. Zusatzurlaub
7. Vorgezogene Rente wegen Alters
8. Wohnungskündigungsschutz
9. Besondere Fürsorge im Öffentlichen Dienst

Auch Menschen mit Behinderung und einem Grad von mindestens 30 können mit schwerbehinderten Menschen gleichgestellt werden. Das bedeutet einen besonderen Kündigungsschutz sowie Hilfe bei der Arbeitsplatzgestaltung, Betreuung durch spezielle Fachdienste, Lohnkostenzuschüsse für den Arbeitgeber und weitere Anreize zur Beschäftigung und Wahlberechtigung für die Wahl der Schwerbehindertenvertretung im Unternehmen.

Bei der Gleichstellung liegt also der Fokus auf dem Nachteilsausgleich auf dem Arbeitsmarkt. Daher ist der Antrag auf eine Gleichstellung nur möglich, wenn aufgrund der Behinderung der eigene Arbeitsplatz gefährdet oder deswegen kein geeigneter Platz zu finden ist.

MIGRÄNE UND APPS:

Dein Migränetagebuch musst du heutzutage nicht mehr old school analog gestalten. Es gibt mittlerweile viele Möglichkeiten, eins zu führen:

1. Du kannst dir ein eigenes Buch designen mit den Punkten, die für dich wichtig sind.
2. Du kannst dir ein vorgefertigtes Migränetagebuch kaufen.
3. Du kannst dein Migränetagebuch digital – beispielsweise via App – führen.

Die letztgenannte Variante kommt mittlerweile sehr häufig vor. Der Vorteil eines digitalen Migränetagebuchs ist, dass du dein Handy oft sowieso dabeihast und auf diese Weise den Anfall direkt eintragen kannst. Manche Apps bieten sogar die Funktion eines Schnelleintrages an. Dort können dann fix alle wichtigen Punkte ausgefüllt werden.

Außerdem können manche Apps direkt deine Anfälle pro Monat und pro Jahr auswerten. Dadurch haben die Expert:innen und du einen schnelleren Überblick über deine Migräne. Zudem senden manche Apps eine Warnung aus, wenn es zu Medikamentenübergebrauch gekommen ist und du deshalb Expert:innen aufsuchen solltest.

Viele Apps bieten dir auch mehr Wissen über deine Krankheit an. Andere wiederum spezialisieren sich auf mögliche Therapieformen wie zum Beispiel Entspannungsverfahren, Muskelrelaxation und neurologische Übungen. Ich selbst benutze nur eine App, bei der ich mir vor allem die Auswertungen pro Monat anschaue. Wenn du eher auf old school stehst, findest du hinten im Buch ein von mir angefertigtes Migränetagebuch mit den Punkten, die mir sehr wichtig sind, bezogen auf meine Migräne.

MIGRÄNE UND EXPERT:INNEN:

Abgesehen von einem Neurologen oder einer Neurologin kannst du dich auch von anderen Expert:innen behandeln lassen. Das ist zwar kein Geheimnis, ich selbst habe mich aber viel zu spät mit anderen Ärzt:innen auseinandergesetzt, weshalb ich noch einmal darauf hinweisen möchte. Es gibt natürlich die Option, stationär in einer spezialisierten Klinik aufgenommen zu werden. Du kannst dich aber auch psychosomatisch behandeln lassen. Wenn du also merkst, dass der Hauptauslöser deiner Migräne Stress ist, kann eine psychologische Behandlung eine gute Anlaufstelle für dich sein – ganz davon abgesehen, dass sie ohnehin eine tolle Ergänzung darstellt.

Und dann gibt es noch die Anästhesiologie. Eigentlich verbindet man diesen Bereich vor allem mit der Narkose. Tatsächlich sind Expert:innen dieses Fachbereichs aber auch für Schmerztherapie bei akuten oder chronischen Schmerzen zuständig.

Ich weiß. Ganz schön viele Informationen auf einmal. Das muss eben auch sein. Wer weiß, vielleicht hilft dir ja die ein oder andere Information hier früher oder später mal …

HAPPY NEW YEAR

2023 wird mein Jahr, habe ich 2022 beschlossen, nachdem ich in dem Jahr an Silvester pünktlich um null Uhr bewusstlos in einem Hotel in Bremen lag. Malte und ich waren mit Freund:innen in Hamburg verabredet. Leider haben wir nur die Hälfte der Strecke von Ostfriesland nach Hamburg geschafft. Während andere sich küssten, umarmten und anstießen, hat Malte mir wieder einmal die Haare beim Kotzen zurückgehalten. Ich war ausgeknockt. Happy New Year to us.

Also würde 2023 mein Jahr werden, habe ich mir gesagt. 2023 erscheint mein Buch. 2023 habe ich vielleicht Lesungen. 2023 wird anders. New Year, new me, sagt man doch immer so schön.

Wir waren auch dieses Mal bei Freund:innen eingeladen, unser erstes Jahr mit Silvester in Hamburg. Da wir in der Corona-Zeit in die Stadt gezogen sind, hat es ein bisschen gedauert, hier einen festen Kreis an Freund:innen zu finden. Jedenfalls habe ich mich gefreut, als ich mich für die Silvesterparty fertigmachte und wusste, dass wir mit den Leuten feiern können, die wir hier gefunden haben. Ich meine mit Fertigmachen übrigens nicht, dass ich noch etwas zu trinken für uns besorgte, mich schminkte oder meine Haare stylte. Damit ich länger ohne Schlaf auskommen konnte, machte ich etwas, das wahrscheinlich an dem Tag nur Leute machten, die ein paar Jahrzehnte vor mir geboren sind: Ich schlief für den Abend vor.

Nach ein paar Stunden Schlaf machte ich mich dann wirklich für die Party fertig, und Malte und ich gingen los. Die Gastgeber:innen hatten sich wahnsinnig viel Mühe gegeben und extra eine besondere Beleuchtung nur für den Abend gekauft, die Lichtpunkte an die Decke warf, ein DJ-Pult und drei Millionen Lagen Lametta. Alles sah unfassbar schön aus. Für mich der blanke Horror.

Die vielen Metallstreifen warfen das blitzartige Licht wellenförmig zurück. Ein kompletter Raum war von innen vollständig verkleidet mit den Lagen. Dazu die laute Musik aus den Boxen mit dem wahrscheinlich krassesten Bass überhaupt. Diskokugeln, die Lichtpunkte warfen. Ein gesamter Flur mit Lichtern, die zum Beat blinkten. Perfekt. Ich weiß, dass das super undankbar und nach jemandem klingt, der sich über alles beschwert. Dabei war es so schön, wie viel Mühe sich die WG mit der Deko gegeben hat. Als wahnsinnig reizsensible Person nehme ich solche Eindrücke aber einfach noch viel stärker wahr.

Für mich ist es so: Fast alles, was das Leben für gesunde Menschen noch schöner macht, verschlimmert es für mich. Ich würde jedoch niemals verlangen, dass sich andere nach mir richten. Ich versuche lieber, mich an alles anzupassen.

Und an diesem Abend hatte ich auch richtig viel Spaß, der Puffer mit dem Voraus-Schlaf schien zu wirken. Ich brüllte sogar mit meinen Freund:innen zu *Mr. Brightside* und tanzte zu Edwin Rosen, bis ich schwitzte (was wirklich nie vorkommt, weil ich, wie schon gesagt, keinen Sport mehr mache, außer, wenn ich die Treppen zur Wohnung hochlaufe).

Und dieses Jahr schaffte ich es sogar, mit Malte um null Uhr zwischen meinen Freund:innen zu sein und alle zu umarmen.

Irgendwann unterhielt ich mich mit neuen Leuten und sprach mit einem Dude in der Küche. Ich erzählte ihm von dem Buch, wir redeten übers Schreiben und den Prozess.

»Also, wenn du Tipps hast, gern her damit, ich schreibe gerade meine Bachelorarbeit«, sagte er.

»Ich bin mir wirklich nicht sicher, ob man das vergleichen

kann, wissenschaftlich habe ich noch nicht gearbeitet und mache ich jetzt definitiv auch nicht«, gab ich zurück, und wir lachten.

»Aber läuft es gut? Kommst du voran?«, fragte er, Sekt-Mate in der Hand.

Ich blickte auf meine Cola und dachte nach. »Läuft eigentlich ziemlich gut, aber es ist auch ziemlich intensiv. Dabei kommt automatisch viel aus meiner Kindheit und Jugend hoch, und dabei registriere ich erst, was dieses kleine Wesen alles schon durchgemacht und wie sehr es sich von anderen Kindern unterschieden hat.«

Der Dude schaute mich an und zögerte. Dann sagte er einen Satz, der mich immer noch zum Nachdenken bringt: »Dir fällt schon auf, dass du gerade von dir in der dritten Person gesprochen hast, oder?« Ich lächelte leicht ertappt. »Abwehrmechanismus«, schob ich nach.

Ich bahnte mir meinen Weg zurück in das Lametta-Zimmer, in dem Zeck und Malte auflegten und unser bester Freund Broder und alle anderen tanzten. Dabei schossen mir Gedanken durch den Kopf. Selbstmitleid – aber nicht für mein jetziges Ich. Sondern für das junge Mädchen, das ich mal war und das sich schon viel zu früh mit viel zu vielen Schmerzen auseinandergesetzt hat. Im anderen Raum spürte ich, wie der Kopfschmerz im Nacken anfing und sich langsam über die gesamte linke Gesichtshälfte ausbreitete. Malte, der das sofort registrierte, folgte mir in einen ruhigeren Raum und setzte sich mit mir aufs Sofa. Ich versuchte, mich am Gespräch der anderen zu beteiligen, aber driftete immer wieder ab. Während die anderen weiter Sekt-Mate tranken, nahm ich meine letzten Triptane fürs Jahr.

»Schmeißt du jetzt schon?«, fragte wer und lachte. So, als ob ich Drogen für eine Party im Kopf bräuchte. Eine halbe Stunde später gingen wir nach Hause – was nicht schlimm war, denn ich hatte mein Ziel erreicht:

Ich war um null Uhr bei Bewusstsein.

SCHREIBT EINE MIGRÄNIKERIN EIN BUCH

D ... das könnte der Anfang eines schlechten Witzes sein. Vielleicht fange ich doch noch mit Stand-up-Comedy an. Okay, wir wissen alle, dass das nicht passieren wird. Also das mit der Comedy. Das mit dem Buch ist kein Witz.

Heute ist der 3. Januar 2023. Heute ist der dritte Tag in Folge, an dem ich mit Schmerzen eingeschlafen und aufgewacht bin. Laut der 10/20-Regel aus der Neurologie sollten Betroffene mindestens 20 Tage lang ohne Medikamente auskommen und nur an zehn Tagen welche einnehmen. Läuft also. Ich darf diesen Januar nur noch an sieben Tagen meine Triptane nehmen.

Mittlerweile sind es nur noch ein paar Wochen bis zur Manuskriptabgabe. Während ich an Silvester bei den Temperaturen noch im Bikini hätte herumlaufen können, ist es heute in Hamburg schlagartig kalt geworden. Schon auf dem Weg ins Studio, wo ich zusammen mit meiner Co-Autorin an dem Buch schreibe, merke ich, dass ich mich schlapp fühle und die Kälte definitiv nicht positiv für meinen Kopf ist.

Auf der To-do-List steht: Expert:innen kontaktieren, Texte einordnen und die Kapitel unterfüttern, mit Verlagen sprechen und schreiben. Beim letzten Treffen hatten wir uns einen groben Fahrplan dafür überlegt, was ich erzählen möchte. Es gibt so viele wichtige Themen, die ich unbedingt unterbringen möchte, so viele Erfahrungen, die ich gesammelt habe und teilen möchte. Ich brenne für das Buch. Ich möchte die Öffentlichkeit für das Thema nutzen, möchte die Erkrankung so sichtbar wie möglich machen und zudem Betroffenen helfen. Ich möchte das schreiben, was ich gern lesen würde. Termine zum Schreiben, so wie heute, blocken wir Wochen im Voraus im Kalender. Das klappt easy. Eigentlich.

Ich, 9:44 Uhr: Hab ich dir gestern noch gesagt, dass wir heute schreiben?
Co-Autorin, 9:44 Uhr: Ja, bin schon in der Bahn und auf dem Weg.
Ich, 9:55 Uhr: kurze vorwarnung: kurz vor anfall, tabletten intus, die knallen bestimmt gleich, hoffentlich ...

Spoiler: Sie haben nicht geknallt. Als die Co-Autorin im Studio ankommt, stehe ich in der Küche und mache mir schon eine Wärmflasche. Verschiedene Menschen kommen herein und gehen wieder raus. Viele von ihnen haben Termine im Studio mit den anderen, die hier arbeiten, und begrüßen mich. »Frohes Neues«, sagt eine Freundin. »Frohes Neues«, antworte ich, will fragen, wie sie gefeiert habe, und drücke gegen die Stelle über meiner linken Augenbraue. Ich vergesse zu fragen. Ein paar umarmen mich zur Begrüßung. Ich mache Small Talk und werde auf einem Auge blind.

»Dauert nur kurz, bis die Tabletten wirken, ja?«, sage ich zu meiner Co-Autorin.

»Mach dir keinen Kopf, ich habe genug zu tun, leg dich einfach hin«, gibt sie zurück und macht die Wärmflasche für mich fertig, aber ich höre sie gar nicht mehr richtig.

Im Studio läuft Musik, um mich herum sind zwei Leute. Mishka, ein Hund, streicht zwischen meinen Beinen umher. Malte hat einen Call im Zimmer nebenan. »Können wir was für dich tun?«, fragt Zeck leise, einer der Freunde, die hier sind.

Ich will den Kopf schütteln, mich aber nicht bewegen. Ich reibe mir die Augenbraue. Öffne und schließe meine Augen. Mir ist heiß. Die anderen reden miteinander. Ich liege reglos neben ihnen auf dem Sofa und probiere, dem Gespräch zu folgen, aber ich bin schon mitten im Gedankenstrudel: Ich muss kotzen, oder doch nicht, nee, einfach kurz durchatmen und beruhigen, ok, nee, lieber nicht so rum, andere Seite, alles klar, auch nicht, Hauptsache, ich behalte die Tablette drin, reiß dich zusammen – okay, nope. Ich muss wirklich kotzen.

»Ich muss kotzen«, sage ich und stürze aufs Klo. Ich schließe ab, falle auf die Knie und übergebe mich. Der Raum ist hoch und hallt. Nice. Klingt, als ob die Dinosaurier wieder zum Leben erweckt worden sind, denke ich.

Ich höre, wie jemand reinkommt und an der Tür rüttelt, die ich abgeschlossen habe. Malte, der irgendwas sagt. Ich bekomme sie erst nicht auf. Meine Ellenbogen stützen sich auf der Kloschüssel ab, ich kann meinen Kopf kaum noch oben halten und lege ihn auf meinen Armen ab. Ich denke besser nicht darüber nach, wer hier schon gesessen hat. Mein Nacken knackt, als ich kotze. Perfekt. Da wird meine Migräne gleich besser. Nicht.

Als ich die Tür nach ein paar Minuten öffne, spült Malte für mich, streicht mir über den Rücken, stützt mich, trägt mich zum Sofa in den ruhigen und menschenlosen Raum und deckt mich zu. Ich bekomme meine zweite Triptane und meine Wärmflasche. Bevor ich mein Bewusstsein verliere, leckt mir irgendwer quer übers Gesicht. Ich hoffe, dass es Mishka, Broders Hund, ist. Alles andere wäre schwierig.

Tja, schreibt eine Migränikerin ein Buch.

Die Lacher habe ich sicher.

ENTSCHEIDUNGEN

Menschen treffen circa 20.000 Entscheidungen am Tag. Wir entscheiden, wann wir aufstehen, ob wir den Wecker gekonnt ignorieren und die Schlummertaste drücken oder direkt aufspringen, was wir essen und wenn ja, wie viel davon, und dann kommt auch noch die Zahnseide-Frage obendrauf und natürlich die Klamotten-Frage – und wir sind noch nicht einmal aus dem Haus. Auf Schritt und Tritt begleitet uns dieses Ja-Nein-Spiel. Das kann unter Umständen ganz schön stressig werden.

Es ist nur so: Wenn du Migräne hast, gibt es kein Ja-Nein-Spiel. Du triffst Entscheidungen nicht aus einem Bauchgefühl heraus. Es bleibt nie bei einem einfachen Ja oder Nein. Du fragst dich nicht nur, ob du etwas willst. Du fragst dich zusätzlich, ob du das, was du willst, auch *kannst.*

Ich hatte erst spät Haustiere, und als ich welche bekam, waren es Zwergkaninchen, die ich mir mit meinen Geschwistern geteilt habe. Früher war ich immer neidisch auf diejenigen, die mit einem Hund aufgewachsen sind. Das war immer mein größter Wunsch. Durch unsere ehrenamtliche Arbeit mit dem Tierheim in der Ukraine bin ich dem vielleicht so nah wie noch nie gekommen.

Ich habe Ma gesehen und war verliebt. Ma hat graues Fell und sieht aus wie ein kleiner Wolf. Als wir sie das erste Mal gesehen haben, schlich sie die ganze Zeit vorsichtig um mich herum. Sie mochte Malte und mich und hat uns quasi ausgesucht. Eigentlich war die Entscheidung gefallen. Das wäre sie zumindest gewesen, hätte ich keine Migräne mit Aura.

Ich habe dir bereits von Triggern erzählt und dass ich versuche, sie zu vermeiden. Das klappt ganz gut. Zumindest dann, wenn es welche sind, die sich vermeiden lassen. Wenn ich zum Beispiel zu einem Festival fahre, auf dem es viele Lichtreize, Lärm und Menschen gibt, dann muss ich in Kauf nehmen, dass ich vermutlich einen Anfall haben werde, wenn ich trotzdem hinfahre. Doch auch hier gibt es keine Garantie dafür, dass ich einen bekomme, wenn ich da bin – und genauso wenig eine dafür, dass ich keinen habe, wenn ich doch zu Hause bleibe. Ich kann mich höchstens besser vorbereiten und mich bis an die Zähne mit Medikamenten bewaffnen. Immerhin entsteht so eine Festivalsituation maximal drei- bis viermal im Jahr.

Schlimm wird es, wenn es die weniger offensichtlichen Situationen in meinem Leben betrifft, sich Verhaltensmuster einschleichen und ich das nicht einmal wahrnehme. Bei mir fing es mit den kleinsten Details an, die sich verändert haben, bis die Einschnitte immer größer wurden. Und das alles nur, weil sich mein Gehirn antrainiert hat, Panik bei bestimmten Dingen zu kriegen, die es mit einem vergangenen Anfall verbindet.

Letztens ließ ich mir eine Knirschschiene zum Schlafen anfertigen, damit ich nachts meinen Kiefer nicht mehr so doll zusammenpresse und morgens vielleicht weniger Schmerzen habe. In der ersten Nacht mit der Schiene im Mund hatte ich einen Anfall. Dreimal darfst du raten, wer bis heute Angst hat, die Schiene wieder zu tragen. Im Fall der Schiene ist das allerdings noch nicht ganz so wild.

Teilweise ging es bei mir aber schon so weit, dass ich mir bei einem Anfall gemerkt habe, was ich trage. Im Anschluss habe ich die Klamotten nie wieder aus meinem Kleiderschrank geholt, weil ich wirklich Angst hatte, dass ich wieder einen Anfall bekomme. Das klingt jetzt genauso verrückt, wie es ist. Zum Teil bin ich fast paranoid geworden, was Trigger betrifft.

Doch nicht alle möglichen Trigger lassen sich so leicht vermeiden wie ein T-Shirt. Vor einiger Zeit saß ich allerdings allein in der Bahn und bekam einen Anfall. Die vielen Menschen nach Feierabend, das Licht, der Lärm, mir war alles zu viel. Kaum dass ich saß: einseitige Erblindung, Lähmungserscheinung, Sprachstörung – und eine Panikattacke obendrauf. Ich habe mich maximal hilflos gefühlt. Seitdem habe ich Probleme, allein Bahn zu fahren.

Im Alltag kann das schon sehr einschränkend für mich sein. Leider ist es bei mir mit dem Autofahren genauso. Währenddessen muss ich mich die ganze Fahrt lang auch noch auf potenzielle Trigger konzentrieren, irgendwo läuft immer Musik, und natürlich hatte ich als Fahrerin vor einiger Zeit einen starken Anfall deshalb. Gerade beim Autofahren jagt mir meine Migräne eine Höllenangst ein, dort trage ich ja nicht nur die Verantwortung für mich und meine Gesundheit, sondern auch für alle anderen im Straßenverkehr, die mir begegnen.

Das hat zur Folge, dass ich momentan ziemlich unselbstständig bin. Gerade in einer Stadt wie Hamburg, in der du auf Bus und Bahn angewiesen bist, nimmt mir das wahnsinnig viel Flexibilität. Und das in einem Job, der davon lebt, flexibel zu sein. Und das alles, weil ich meinem Gehirn, meinem Körper und mir selbst antrainiert habe, dann Panik und Migräne zu bekommen, wenn ich Dinge mit einem vergangenen Anfall verbinden kann.

Doch zurück zu Ma und dem Thema »Entscheidungen treffen mit Migräne«. Wenn ich mich frage, ob ich einen Hund in meinem Leben haben möchte, frage ich mich nicht nur, ob ich einen Hund in meinem Leben haben möchte. Ich frage mich, ob ich einen Hund in meinem Leben haben *kann*. Wie gelange ich mit Ma in die Natur, dahin, wo es schön ist, wenn ich nicht vom Fleck komme? Wer kümmert sich um Ma, wenn ich einen Anfall habe und Malte nicht da ist? Was, wenn ich einen Anfall in der Natur habe und ich mit Ma allein bin? Wie kümmere ich mich um einen Hund, wenn ich mich manchmal nicht um mich selbst kümmern kann?

Wenn ein gesunder Mensch 20.000 Entscheidungen am Tag fällt, treffen wir Migräniker:innen mindestens doppelt so viele. Auf jede Entscheidung kommt noch eine obendrauf, jede kleine Abwägung zieht einen ewigen Rattenschwanz hinterher. Du fragst dich nicht nur, ob du etwas willst. Du fragst dich zusätzlich, ob du das, was du willst, auch schaffst.

In diesem Fall will ich Ma. Ich möchte gern für sie da sein. Und in diesem Fall will ich es *können*. Egal, ob ich drei Millionen Entscheidungen zusätzlich treffen muss – weil ich leben möchte.

DER SPUK

Ich war elf Jahre alt, als mir ein Arzt das erste Mal dazu riet, schwanger zu werden. Das war zu der Zeit, als wir noch in dem Dorf Much lebten. Die Zeit, in der ich ein knallpinkes Kinderzimmer besaß, vollbehangen mit Postern von Sarah Connor und LaFee. Ich hörte manchmal auch Tokio Hotel. Damals verbrachten wir die Nachmittage draußen, meine Geschwister und ich trafen uns mit den Nachbarskindern am Kreisel vor unserer Auffahrt und spielten Verstecken oder stundenlang Fußball auf dem Spielplatz hinter unserem Haus. Eigentlich lebten wir so, wie es fast alle Kinder in der Gegend getan haben.

Nur war das eben auch die Zeit, als ein Arzt mir das erste Mal dazu riet, schwanger zu werden: »Wenn du erst einmal schwanger wirst, bist du die Kopfschmerzen los, wenn das mit den Hormonen erst mal losgeht.«

Was soll ich sagen: Seltsame Empfehlung, wenn du noch nicht einmal deine Menstruation ausgebildet, geschweige denn Geschlechtsverkehr hast. Ich hatte in meinem Leben lange vor dem peinlichen Gespräch mit meinen Eltern über das Thema Verhütung das Gespräch über Schwangerschaft.

Ich traute meinen eigenen Ohren nicht, als ich in der Praxis saß und diesen Satz vor den Kopf geknallt bekam. Ich war ein Kind, wieso redete der Mann im weißen Kittel vor mir über die Kinder, die ich nicht hatte und vielleicht auch nie haben würde? Wie konnte er als Experte denken, dass das die Lösung für meine Erkrankung, ja, für mein Leben sein konnte?

Ich war elf Jahre alt.

Ich meine, jede Frau begegnet dem Thema Schwangerschaft wahrscheinlich früher oder später im Laufe ihres Lebens. Gerade junge Frauen können sich nicht davor retten, gefragt zu werden, »wann es denn endlich so weit ist«. So, als ob es normal wäre, über die eigene Gebärfähigkeit mit Menschen zu sprechen, die man eigentlich nur in der Bäckerei trifft. Doch selbst, wenn es wieder mal beim Familientreffen passiert, macht es das nicht besser. Denn genau genommen geht das Thema niemanden etwas an außer einen selbst.

Was ist eigentlich, wenn ich gar keine Kinder würde haben wollen? Was, wenn ich gar keine Kinder kriegen kann? Und was ist eigentlich mit den Menschen, die gar keine Gebärmutter haben? Wie müssen sich solche Äußerungen dann anfühlen?

Du merkst vielleicht: Das Thema macht mich sauer, und die meisten Frauen teilen wahrscheinlich diese Wut mit mir. Dass mir das Thema aber als Elfjährige als potenzielle Lösung von einem Experten präsentiert worden ist, sprengt den Rahmen.

Leider sollte das nicht das letzte Mal sein, dass es mir im Zusammenhang mit meiner Erkrankung begegnete – und nicht nur in der Bäckerei, bei der Familienfeier oder beim Arzt.

»Tue dir selbst und deinen potenziellen Kindern den Gefallen und kriege niemals welche ...« Abgesehen von den vielen tollen Nachrichten bekomme ich eben auch solche Nachrichten auf Social Media. Dabei soll es sich nicht einmal mehr um einen lustig gemeinten Spruch oder einen nett gemeinten Rat handeln. Ein Schlag in die Fresse wäre wahrscheinlich weniger schmerzhaft.

Sie schreiben, es sei egoistisch von mir, überhaupt darüber nachzudenken, weil ich meinen Kindern nur Leid zufügen würde, weil ich meine Migräne vererben könnte. Anderen Menschen wiederum geht es nicht um die Gesundheit meiner zukünftigen Kinder, sondern darum, dass ich mit meiner Migräne so krank sei, dass ich nicht das Zeug dazu hätte, eine gute Mutter zu sein. Auch das lese ich oft: »Die armen Kinder.«

Das schrieb mir jemand an einem Montagabend – über die Kinder, die ich gar nicht habe. Ich lebe in einem Umfeld, das solche übergriffigen Fragen wie die Kinderfrage nicht mehr stellt, weil alle sensibilisiert genug sind.

Das Schlimme ist, dass es sich dabei manchmal um Aussagen handelt, die mich sowieso beschäftigen und über die ich selbst schon nachgedacht habe. Klar, einfacher wäre es, wenn ich gar nicht erst drauf eingehen und mich nicht weiter damit beschäftigen würde. Nur sind das eben Aussagen, die man nicht mal eben da rein und da wieder raus lässt. Ganz im Gegenteil.

Natürlich nehme ich solche Sachen selbst mit ins Bett, ob ich will oder nicht. Ich bin schon mal so weit gegangen, dass ich mir beinah selbst eingeredet habe, dass es egoistisch von mir wäre, sollte ich mich für Kinder entscheiden. Mir würde das Herz bluten, meine Kinder so leiden zu sehen. Ich möchte auch nicht, dass meine Kinder sehen, wie die eigene Mutter so leidet. Ich möchte, dass nie irgendjemand leidet.

Aber so läuft der Hase nicht. Ja, ich habe Migräne. Ja, es wird mit Sicherheit noch Tage geben, an denen mich die Migräne mal wieder komplett umhaut. In meinem Leben gibt es, vielleicht noch mehr als bei anderen, keine Garantie für irgendetwas. Eins steht aber fest: Ich werde dadurch keine schlechtere Mutter sein. Trotz Krankheit möchte ich eine tolle Mama für meine vielleicht zukünftigen Kinder sein. Und das kann ich auch. Auch wenn ich krank bin.

IST MIGRÄNE ERBLICH BEDINGT?

Ja. Migräne ist vererbbar – aber mit Sicherheit lässt sich das nicht vorhersagen, ob meine Krankheit weitergegeben wird oder nicht, denn die gibt es nicht. Davon abgesehen haben meine Eltern übrigens beide keine Migräne. Trotzdem habe ich sie.

Vielleicht überspringt es also manchmal eine Generation. Oder gleich mehrere. Vielleicht ist es in künftigen Generationen nicht so ausgeprägt wie bei mir. Und wie wir von Herrn Kasten und dem Reframing gelernt haben: Sollte es doch so kommen, haben meine zukünftigen Kinder immerhin einen Vollprofi an ihrer Seite, der ihnen mit Rat und Tat beistehen kann.

Wer wäre ich, wenn ich der Meinung wäre, ich könnte die Zukunft voraussehen? Was bringt es mir, jetzt schon alles kaputtzudenken, wenn ich noch nicht einmal darüber nachdenke, eine Familie zu gründen? Ja, ich kann mir in Ruhe darüber Gedanken machen. Ich kann meine Ängste und meine Sorgen mit anderen teilen, und ich kann mich auch dafür und auch dagegen entscheiden. Nur entscheiden das eben ich und mein Partner – aber ganz bestimmt keine Wildfremden im Internet.

Als ich damals mit elf Jahren in der Praxis saß, dachte ich, ich müsse schwanger werden, damit es mir besser gehe. Einige Jahre später saß ich bei meiner Frauenärztin und war der festen Überzeugung, ich müsse das Gegenteil machen und nur jeden Abend diese kleine weiße Antibabypille schlucken, die verhindert, dass ich schwanger werde, und ich sei geheilt.

Ein Neurologe sagte mir dann mit 22 Jahren, ich müsse nur bis zu den Wechseljahren warten, und dann sei der Spuk vorbei. Und mittlerweile frage ich mich wirklich: Was genau meinte der Arzt damit, als er sagte, der Spuk sei dann vorbei? Meinte er damit meine Migräne oder meinte er mein Leben?

Meine Migräne hat mir viele Lektionen unfreiwillig aufgedrückt. Wenn sie mich aber eine Sache insbesondere gelehrt hat, für die ich dankbar bin, dann ist es folgende: Ich kann nicht darauf warten, dass irgendwas passiert oder eintritt, damit ich mein Leben leben kann.

Ich muss es genau dann leben, wenn es da ist.

Und ich entscheide, wie ich es mache.

NEUROLOGE PROF. DR. GEREON NELLES MIT SCHMERZKLINIK KIEL

MIGRÄNE IM LEBEN DER FRAU

Migräne – ausschließlich eine Frauenkrankheit? Keinesfalls. Doch tatsächlich fielen solche Sätze über Jahrzehnte hinweg völlig selbstverständlich in Praxen. Der Begriff der menstruellen Migräne findet sich in allerlei Texten rund ums Thema Kopfschmerzen wieder. Lange Zeit stellte das kaum wer infrage. Neueste Ergebnisse aus der Forschung liefern dabei ganz andere Hinweise. Die Verbindung zwischen Hormonen, Menstruation, Schwangerschaft, Menopause, Antibabypille und Migräne scheint gar nicht so deutlich zu sein, wie es oft geschildert wird.

MENSTRUATION UND MIGRÄNE

Die Wissenschaft sieht derzeit den Auslöser einer menstruellen Migräne in einem Absinken des Östrogenspiegels. Östrogen ist auch gemeinhin bekannt als weibliches Geschlechtshormon. Bleibt der Hormonspiegel konstant, scheint sich das wenig auszuwirken. Analysen anderer Hormonkonzentrationen sind derzeit noch wenig aufschlussreich, hierbei konnten wenig Unterschiede zwischen menstruellen Migräniker:innen und gesunden Proband:innen ausgemacht werden.

Um einen zeitlichen Zusammenhang zwischen Migräne und Menstruation zu skizzieren, ist es üblich, den Zeitraum der Periode um drei Tage vor dem Zeitraum und drei Tage danach festzusetzen. Folgt man aber dieser Voraussetzung, fällt nur noch eine von 20 erkrankten Frauen in diese Kategorie. Der Begriff der menstruellen Migräne, der also so weitläufig Verwendung findet, gilt demnach nur für einen sehr geringen Anteil an Frauen.

BEHANDLUNG DER MENSTRUELLEN MIGRÄNE

Ausschließlich hormonelle Therapieverfahren wie ein Gel, Hormonpflaster oder Östrogene in Tablettenform waren wenig erfolgreich. Durch den zeitlichen Zusammenhang zwischen Menstruation und Migräne hatte man angenommen, diese so therapieren zu können. Die Ergebnisse waren dabei wenig konstant. So gelten auch bei der menstruellen Migräne die gängigen Behandlungsansätze, die bis hierhin schon erwähnt worden sind.

SCHWANGERSCHAFT UND MIGRÄNE

»Wenn du erst einmal schwanger wirst, bist du die Kopfschmerzen los, wenn das mit den Hormonen erst mal losgeht.«

Eine Schwangerschaft im Horizont des Satzes aus dem beschriebenen Beispiel dürfte aus offensichtlichen Gründen wohl kaum für alle Migräniker:innen die Lösung sein. Dennoch spielt die Migräne für eine mögliche oder bestehende Schwangerschaft eine große Rolle. Dabei ergibt sich die Frage, ob Migräne eine Bedrohung darstellt, aber auch, wie eine Migräne während der Schwangerschaft zu behandeln ist – und welche Medikamente überhaupt noch eingenommen werden dürfen.

Jetzt ist der im Arztgespräch gefallene Satz bei einer Elfjährigen natürlich völlig fehlplatziert. Es ist aber so, dass die Schwangerschaft in der Tat für die meisten Frauen eine unbeschwerte und schmerzfreie

Zeit bedeutet. Studien zufolge ist es so, dass bei fast 70 Prozent der betroffenen Migräniker:innen eine deutliche Verbesserung bis hin zu völligem Ausbleiben der Migräne währenddessen festzustellen ist. Besonders auffällig wird dieser Effekt in den letzten zwei Dritteln der Schwangerschaft.

So mag der Arzt zumindest für den Zeitraum der Schwangerschaft zwar recht gehabt haben, viel bringt das der Patientin wahrscheinlich trotzdem nicht: Dazu muss die Patientin natürlich erst einmal Kinder kriegen können und auch wollen, weshalb der Satz ohnehin schon von wenig Einfühlungsvermögen zeugt.

Doch auch wenn dies der Fall sein sollte, ist die Schwangerschaft keine Lösung – zumindest keine auf Dauer. Schon in der ersten Woche nach der Geburt des Kindes klagt knapp die Hälfte der Migräniker:innen bereits wieder über Spannungskopfschmerzen und Migräne. Auch, welche Ursache die Spontanheilung hat, ist völlig unklar. In Betracht gezogen werden dabei die erhöhten Konzentrationen von Östrogen und Progesteron bei konstantem Spiegel, ein veränderter Serotoninstoffwechsel oder aber eine erhöhte Konzentration von endogenen Opioiden (Endorphinen).

Nicht außer Acht gelassen werden darf aber vor allem eine Tatsache: Die Lebensumstände der meisten Frauen verändern sich mit Beginn einer Schwangerschaft zum Positiven hin. Sie verzichten auf Alkohol und Nikotin, ernähren sich meist bewusster, besitzen einen regelmäßigeren Schlaf-Wach-Rhythmus und leben stressfreier.

DIE AKUTTHERAPIE

Lange Zeit galt Paracetamol aufgrund früherer Datenlagen als die sichere Bank bei der Akuttherapie der Migräne während der Schwangerschaft, besonders mit Fokus auf die Geburt und den Stillvorgang. Aktuelle Studien regen eine andere Sichtweise an. Neuesten Ergebnissen nach soll das Arzneimittel später das Risiko für Atemwegserkrankungen wie Asthma oder eine Unfruchtbarkeit bei Jungen erhöhen. Selbiges gilt für die Kombination verschiedener Schmerzpräparate. All dies ist nicht nur für den Zeitraum der Schwangerschaft zu bedenken, sondern auch bei einer geplanten Schwangerschaft und für die Stillzeit. Akute Hilfen können sich lebenslang auf ein Kind auswirken. Unter keinen Umständen eingenommen werden dürfen Ergotamine wie Ergotamintartrat und Dihydroergotamin, da die Substanzen während der Schwangerschaft zu einer Verkrampfung der Gebärmutter führen und embryoschädigend sein können. Zum Einsatz von Triptanen ist derzeit noch nicht genügend geforscht worden, weshalb nach aktuellem Stand keine Triptane während Schwangerschaft und Stillzeit eingesetzt werden.

BEHANDLUNG WÄHREND DER SCHWANGERSCHAFT

Wie bei anderen Medikamenten gilt auch für Migränemedikamente, diese nach Möglichkeit zu vermeiden. Insbesondere vorbeugende Mittel wie Betarezeptorenblocker, Flunarizin und die Serotoninantagonisten sollten gänzlich ausgelassen werden. Als vorbeugende Maßnahme eignen sich vorrangig Entspannungsübungen und natürlich die Vermeidung von Triggern. Bei extrem schweren Migräneverläufen während der Schwangerschaft – insbesondere bei der Migräne mit Aura – kann Magnesium bei der Vorbeugung hilfreich sein. Obwohl der Effekt von Magnesium in Studien überwiegend gering war, zeigte er in Einzelfällen massive Verbesserungen. In Maßen einsetzbar, als gleichsam letzter Ausweg, ist auch das prophylaktische Mittel Propranolol.

WECHSELJAHRE UND MIGRÄNE

»Warte einfach bis zu den Wechseljahren, dann ist der Spuk vorbei!« – Schön wäre es.

Auch diese Meinung ist landläufig verbreitet, so als würde die Migräne im höheren Lebensalter verschwinden. Gemäß aktueller Studien zeigt sich bei mehr als 50 Prozent der Betroffenen während der Wechseljahre und auch danach noch keine Veränderung des Migräneverlaufs. Ganz im Gegenteil: Bei etwa 47 Prozent der Patient:innen zeigt sich sogar eine Verschlechterung.

So wird sogar heute noch bei schweren Verläufen eine Gebärmutterentfernung oder eine Eierstockentfernung empfohlen. Hierbei ist außerordentlich wichtig: Derartige Eingriffe haben nachweislich keinerlei Einfluss auf den Verlauf einer Migräne. Auch Hormontherapien im höheren Lebensalter können die Migräne nicht verbessern. Die bisherige Migränetherapie sollte weiter angewendet werden.

BOMBENKOPF

Vor zehn Stunden hing ich noch kotzend über der Kloschüssel. Im Anschluss stand ich Stunden am Set und habe eine Reihe von Outfits durchgeshootet. Gerade eben bin ich nach Wochen, in denen ich zu viel Angst davor hatte, das erste Mal wieder mit der Bahn gefahren.

Ich biege nach der Haltestelle in die Straße zu unserer Wohnung ab. In der Hand halte ich das Mittagessen, das ich vom Kunden bekommen habe. Ich schaffe nie die gesamte Portion, weil es immer zu viel ist. Malte weiß genau, dass ich ihm die Reste mitbringe. Er freut sich mit Sicherheit schon drauf. Es besteht eine Fifty-fifty-Chance, dass Malte mich in unserer Wohnung an der Tür empfängt. Anderenfalls klebt er sehr wahrscheinlich am Badezimmerfenster und füttert seine Taube Oßkar.

Vor ein paar Tagen war ich einen Tag lang anfallsfrei. An schmerzfreien Tagen habe ich immer Energie für zehn. Mein Kopf fühlt sich dann so leicht an. Dadurch fällt mir dann selbst auf, dass ich gar keine Schmerzen habe – was für ein Erfolgserlebnis für mich!

Vielleicht ist das der Deal, den ich eingehen muss.

Ich bin nun fast angekommen und drehe meinen Kopf leicht nach rechts und danach nach links. Ich versuche so, meine noch vorhandenen Nackenschmerzen ein bisschen zu lindern. Mein Kopf fühlt sich nach meinem Anfall von heute Morgen und den vielen Tabletten noch etwas dumpf und schwer an, aber er funktioniert wieder.

Ich krame den Schlüssel aus meiner Handtasche zwischen

den vielen Tabletten hervor und nehme die Treppen zu unserer Haustür.

Manchmal verfluche ich ihn, meinen Kopf. Ich verfluche die Explosionen hinter meiner Stirn. Dieses ständige Auf und Ab. Das ständige Hoffen und Bangen auf eine Besserung. Und die Enttäuschung, wenn eine weitere Therapiemöglichkeit mal wieder nicht anschlägt. Die Enttäuschung in den Gesichtern, wenn ich wieder einmal absagen muss. Meine Enttäuschung darüber, wenn ich etwas absagen muss. Wenn ich einen Job nicht bekomme. Wenn ich nicht so leben kann, wie ich es möchte.

Dann fällt es mir schwer, nicht all die verpassten Chancen zu sehen. Vor allem aber verfluche ich manchmal das Unkontrollierbare. Dass ich nie weiß, wann die nächste Bombe in meinem Kopf hochgeht.

»Man kann sich mit Schmerzen und Migräne nicht abfinden.
An Schmerzen gewöhnt man sich nicht.
Im Gegenteil: Schmerz macht noch mehr Schmerz.«

Andererseits: Wer weiß schon, was kommt? Wer weiß schon, was noch passiert? Und wann? Vielleicht ist das einfach das Leben. Niemand weiß genau, was kommt. Und vielleicht stimmt es wirklich: Hätte ich all diese zahlreichen Tiefpunkte nicht, könnte ich auch die Höhepunkte nicht so intensiv spüren, wie ich es tue. Vielleicht würde ich an meinen guten Tagen nicht vor Energie überschäumen. Ich wäre nicht so, wie ich bin. Ich wäre nicht ich.

Wenn ich ein Fazit in diesem Buch formulieren soll, würde ich dir in jedem Fall sagen, dass es keine Heilung für ein Migräne-Gehirn gibt. Es existiert kein Wundermittel, und ich bezweifle, dass es das jemals geben wird. Was es aber gibt – ist Akzeptanz. Versteh mich hier bitte nicht falsch. Ich sage damit nicht, dass du so eine Krankheit einfach hinnehmen und nichts dagegen machen sollst. Ganz im Gegenteil. Damit meine ich nur, dass du akzeptieren solltest, dass Migräne eine Erkrankung bleibt. Denn das ist es, was uns als Betroffenen am Ende bleibt. Doch auch ich hadere immer noch damit, auch mir fällt es manchmal schwer zu akzeptieren, dass ich wieder krank bin, wieder nicht kann, wieder absagen muss.

Doch die Einsicht, dass manchmal nichts anderes als die Akzeptanz bleibt, hat eine positive Konsequenz: Es nimmt den Druck raus. Und in meinem Leben zählt jedes kleine bisschen Druck. Es wird nicht perfekt, es wird nicht beschwerdefrei – aber so ist das eben. Mir persönlich hat dieser Gedanke eine ordentliche Prise Verzweiflung genommen.

Und ich würde dir eben mitgeben wollen, dass es verdammt wichtig ist, Expert:in für die eigene Erkrankung zu werden. Häufig merke ich, dass ich anfange, wie ein Wasserfall zu reden, wenn andere das Thema Migräne ansprechen. An der Stelle übrigens: Dickes Sorry an alle Menschen, die nur Small Talk mit mir halten wollten und plötzlich doch über Stunden in ein Gespräch über Migräne verwickelt worden sind. Aber es ist nun mal so wichtig für mich, so viel darüber zu wissen, wie ich kann. Auch wenn ich selbst auf meinem Weg mit Migräne noch nicht am Ende angekommen bin, weil auch ich noch so vieles ausprobieren und dazulernen muss. Ich bin immer noch auf der Suche nach der für mich bestmöglichen Therapieform. Beispielsweise will ich die Migräne-Antikörperspritze noch ausprobieren, Programme austesten – medikamentöse und nicht-medikamentöse.

Meine Reise mit meiner Migräne mit Aura ist auch noch lange nicht vorbei, und selbst wenn es mal bessere Tage geben wird, bin ich doch so realistisch, dass ich weiß, dass es auch wieder schlechtere geben wird. Aber ich resigniere nicht. Und darum geht's. Denn wir haben nur dieses eine Leben. Und bevor ich hier noch YOLO (you only live once) schreibe, höre ich jetzt besser auf.

Ich nehme die letzte Treppenstufe zu unserer Wohnung und

sehe Malte, wie er im Türrahmen auf mich wartet. Ich glaube, heute habe ich einmal gegen Oßkar gewonnen.

Vielleicht ist das also das Leben, denke ich. Zumindest ist es mein Leben.

Mein Leben mit einem Bombenkopf.

MIGRÄNE HAT VIELE GESICHTER

»Danke, dass du uns MigränikerInnen eine Stimme gibst.«
»Danke, dass du zu einer Botschafterin für uns Erkrankte geworden bist.«
»Ich wollte mich bei dir bedanken für deine ganze Aufklärungsarbeit.«
»Danke, dass du für uns Migräneleidende einstehst.«
»Ich hab geflennt, weil das alles endlich publik gemacht wird, wozu ich nie die Kraft gehabt hätte.«
»Du gibst Migräne ein Gesicht.«
»Du sprichst für 18 Millionen Betroffene.«

Das sind Sätze, die ich zugeschickt bekommen habe. Sätze, die mich unfassbar berühren, Sätze, bei denen ich hin und wieder mal mit den Tränen gekämpft habe. Vor Freude natürlich.

Cut: An einem heißen Sommertag war ich bei Freund:innen auf einer Gartenparty. Es war superschön. Zumal diese Freund:innen mitten in Hamburg einen Garten besitzen. Aber ich möchte dir jetzt die Partydetails ersparen.

Nur von einer Unterhaltung muss ich dir erzählen, die mir bis heute nicht aus dem Kopf geht. Ich saß mit meiner kalten Fritz-Cola auf einer Bierbank und genoss die entspannte Musik, die im Hintergrund lief, als mich ein Bekannter ansprach. »Ich habe die Doku mit dir gesehen. Die ist mega gut geworden. Aber dass du so schlimm unter Migräne leidest, ist ganz schön heftig ... Wie ist das eigentlich so? Jetzt, wo dich Menschen wahrscheinlich immer mit Migräne assoziieren?«

Ich war im ersten Moment erst mal überfordert. Nicht, weil ich ohnehin schon nicht mit Komplimenten umgehen kann, sondern weil ich keine Antwort darauf wusste. »Keine Ahnung«, haute ich raus. Dann überlegte ich. Einerseits hatte ich das Gefühl, dass ich mich rechtfertigen müsste. Ich bin halt so viel mehr als nur meine Krankheit. Andererseits war es für mich ein Riesenschritt, und ich brauchte auch mehr als nur eine Handvoll Mut, um meine Migräne mit Aura öffentlich zu machen. Dass meine Sensibilisierungsarbeit, die ich leiste, überhaupt so gut und dankend angenommen wird, damit habe ich nicht gerechnet.

Obwohl ich da schon wusste, dass allein in Deutschland 18 Millionen Menschen unter Migräne leiden, wusste ich nicht, ob die Betroffenen sich auch äußern würden. Ob sie ähnliche Anfälle hätten und mich verstehen könnten. Ob sie sich mit mir und meiner Migräne identifizieren könnten. Das waren alles Dinge, die mir Sorgen bereiteten. Aber die betroffenen Menschen haben es getan. Und sie wurden mit mir laut.

Also war und bin ich zeitgleich auch stolz, wenn Leute mich mit der Migräne in Verbindung bringen.

»Ich bin viel mehr als nur meine Krankheit, und solange ich selbst und mein engster Kreis das auch weiß, bin ich sogar sehr glücklich darüber, wenn andere Leute mich wegen meiner Aufklärungsarbeit kennen. Wenn sie wissen, dass ich die mit Migräne bin«, meinte ich schließlich zu ihm.

Aber ich will mich hier gar nicht heroisieren, ganz im Gegenteil. Denn auch wenn ich die bin, die du kotzend im Internet siehst wegen ihrer Migräneanfälle, so bin ich dennoch nicht die Einzige, die gegen die Stigmatisierung von Migräne kämpft. Denn weitere 18 Millionen Menschen in Deutschland kämpfen auch gegen diese Krankheit an und werden mit mir gemeinsam laut.

Ich erhalte täglich hunderte von Nachrichten von Betroffenen, die mir ihre Geschichten erzählen. Menschen, die öffentlich meine Beiträge kommentieren und mich und andere an ihrem Leidensweg teilhaben lassen. Die ihre Tipps und Tricks aufschreiben. Die sich austauschen und sich untereinander stützen und Mut machen.

Teilweise erhalte ich auch solche Nachrichten:

> Hatte heute ein Gespräch mit meinem Chef, da ich in den ersten Wochen der Ausbildung Migräne-bedingt häufiger ausgefallen bin. Nachdem ich ihm deine Videos gezeigt und ihm erklärt habe, dass ich auch so stark unter Migräne leide, brachte mein Chef mir unheimlich viel Verständnis entgegen.

Spätestens bei dieser Nachricht liefen dann die Tränen bei mir. Ich habe jetzt schon des Öfteren ähnliche Nachrichten erhalten, und mich berührt es so sehr, weil ich sehe, wie viel sich wirklich verändern kann. Wie viele zwar gegen diese scheiß Krankheit kämpfen, aber auch für sich selbst. Dafür, dass Migräne endlich gesehen und ernst genommen wird. Auch wenn sie eine unsichtbare Krankheit ist. Denn für uns Betroffene ist sie mehr als sichtbar und spürbar. Leider.

Worauf ich hinausmöchte, ist, dass mir all diese positiven Nachrichten wirklich viel bedeuten, die Sache aber die ist:

Nicht ich bin das Gesicht von Migräne.

Wir alle sind es!

MIGRÄNE HAT VIELE GESICHTER: QR-CODE

Um dir zu zeigen, dass Migräne viele Gesichter hat, habe ich diesen QR-Code anfertigen lassen.

Die Seite soll zeigen, wie viele Menschen unter Migräne leiden, wie individuell diese Krankheit ist, und sie soll dir als betroffene Person noch einmal klarmachen, dass du nicht allein bist.

MEINE NOTIZEN

Was ich aus dem Buch ausprobieren möchte:

Was ich schon gemacht habe:

Was ich beim Lesen gefühlt habe:

Was ich ändern möchte:

MIGRÄNETAGEBUCH

Datum: ____________________

KOPFSCHMERZTYP

☐ Spannungskopfschmerz ☐ Migräne

☐ Cluster ☐ Anderer

INTENSITÄT

1	2	3	4	5	6	7	8	9	10
☐	☐	☐	☐	☐	☐	☐	☐	☐	☐

DAUER

__________ Stunden __________ Minuten

AUSPRÄGUNG

☐ pulsierend ☐ stechend ☐ drückend

☐ dumpf ☐ einseitig ☐ beidseitig

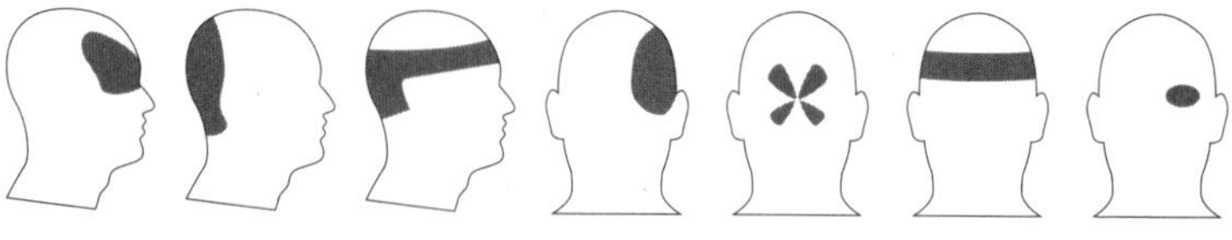

AURA

☐ ja ☐ nein

AKUTMEDIKATION

WIRKUNG DER MEDIKAMENTE

☐ keine Wirkung

☐ leichte Wirkung

☐ mittlere Wirkung

☐ gute Wirkung

☐ sehr gute Wirkung

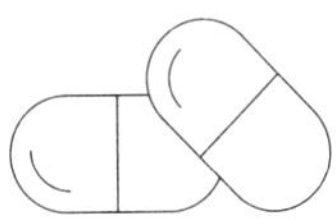

PROPHYLAXE

ANDERE SYMPTOME

- ☐ Sehstörung
- ☐ Sprachstörung
- ☐ lichtempfindlich
- ☐ Übelkeit
- ☐ geruchsempfindlich
- ☐ Nasenverstopfung
- ☐ Erbrechen
- ☐ geräuschempfindlich
- ☐ Halluzinationen
- ☐ Schwindel
- ☐ Lähmungserscheinungen
- ☐ keine
- ☐ Weitere

AUFFÄLLIGKEITEN

Zum Beispiel viel Stress, wenig Schlaf ...

SONSTIGE BEMERKUNGEN

DIE EXPERT:INNEN DIESES BUCHES

Dieses Buch ist durch die Mitarbeit einiger Expert:innen entstanden. Großer Dank gilt deshalb allen Mitwirkenden. Nachfolgend findest du die drei Beiträger, die zu Wort gekommen sind.

Der Berufsverband Deutscher Psychologinnen und Psychologen vertritt die beruflichen Interessen von Psychologen und Psychologinnen in Deutschland. Die Mitglieder setzen sich ein für die Sicherung und Verbesserung der Arbeitsbedingungen von Psychologinnen und Psychologen. Zu Wort kommen durfte in diesem Buch Prof. Dr. Erich Kasten. Er studierte Psychologie in Kiel, arbeitet an der Medical School Hamburg und ist Vorsitzender der Fachgruppe Neuropsychologie im Berufsverband und Mitglied des Committee Clinical Neuropsychology der European Federation of Psychologists' Associations in Brüssel.

Der Berufsverband Deutscher Neurologen und Neurologinnen ist eine 1998 gegründete Organisation, die die Interessen der Neurologen in Deutschland vertritt. Der Verein arbeitet mit der Deutschen Gesellschaft für Neurologie, dem Berufsverband Deutscher Nervenärzte und dem Berufsverband Deutscher Psychiater zusammen. Stellvertretend kommt der Neurologe Prof. Dr. Gereon Nelles in diesem Buch zu Wort. Prof. Nelles war unter anderem Stipendiat der Harvard Medical School und hat bei seinem Wirken unter anderem den Schwerpunkt auf Hirngefäßerkrankungen gelegt.

Der Bund Deutscher Heilpraktiker und Heilpraktikerinnen wurde 1972 gegründet. Roland Tennie ist seit 1982 in der Medizin tätig. Seit vielen Jahren hat der Heilpraktiker eine Praxis für Komplementärmedizin in Essen. Er setzt auf Naturheilkunde und sieht diese als Ergänzung zur klassischen Medizin. Seine eigene chronische Erkrankung war nur durch die Kombination beider medizinischer Richtungen erfolgreich zu therapieren. Tennie hat Kunden aus der ganzen Welt, zu denen auch Spitzensportler:innen wie Kira Walkenhorst, Olympiasiegerin im Beach-Volleyball, gehören.

MIGRÄNE-EINMALEINS

Egal, ob du von Migräne betroffen bist oder nicht, manche Begriffe und Fachwörter empfinde auch ich als unfassbar kompliziert. Damit du die Wörter nicht noch mal extra nachschlagen musst, stelle ich dir hier das kleine Migräne-Einmaleins vor.

Unsichtbare Krankheiten: Wie der Name schon sagt, handelt es sich hier um nicht von außen erkennbare Krankheiten. Ein gebrochenes Bein zum Beispiel ist zu sehen und somit keine unsichtbare Erkrankung. Es geht hier um Krankheiten wie zum Beispiel: Migräne (mit oder ohne Aura), Depressionen, Diabetes, Epilepsie, Multiple Sklerose und andere mehr. Menschen, die unter unsichtbaren Krankheiten leiden, klagen leider nicht nur über die Symptome, denen sie ausgeliefert sind, sondern oft auch über das Unverständnis von davon nicht-betroffenen Menschen.

Vorboten: Vorboten sind Zeichen des Körpers, die ziemlich treffsicher einen Anfall ankündigen. Ein Vorbote äußert sich sehr unterschiedlich, häufig aber als Stimmungsschwankung, Heißhunger und Müdigkeit.

Trigger (auch: Auslöser): Das sind Zusammenhänge, die deine Migräne zusätzlich auslösen können. Manche Expert:innen gehen davon aus, dass die Auslöser nicht allein dafür verantwortlich sind, dass du einen Migräneanfall bekommst. Sondern viel eher, dass sie einen Anfall zusätzlich begünstigen und/oder auch verstärken können.

WICHTIG: Migräniker:innen können die unterschiedlichsten Trigger haben.

Aura: Die sogenannte Aura beschreibt neurologische Ausfälle wie Sehstörungen, Sprachstörungen, Lähmungen und vieles mehr.

Triptane: Triptane sind Mittel, die zur Behandlung der akuten Migräne eingesetzt werden. Sie verengen die während eines akuten Migräneanfalls erweiterten Gefäße im Gehirn.

Die 10/20-Regelung: Schmerzmittel und spezifische Migränemittel (die sogenannten Triptane) sollten maximal an zehn Tagen pro Monat verwendet werden. 20 von 30 Tagen sollten also frei von deren Einnahme sein. Bei dieser Regel werden nicht die an den zehn Tagen verwendeten Tabletten gezählt, sondern nur der jeweilige Tag, unabhängig von der eingenommenen Menge (nachzulesen auf der Webseite der Schmerzklinik Kiel).

Chronische Migräne: Unter chronischer Migräne können Menschen leiden, die eine Migräne mit, aber auch ohne Aura haben. Expert:innen sprechen von einer chronischen Migräne, wenn die betroffene Person an mindestens fünfzehn Tagen im Monat unter Kopfschmerzen leidet und an mindestens acht Tagen davon Migräne hat. Zusätzlich müssen diese Kriterien drei Monate oder länger anhalten. Achtung: Wer unter Dauerkopfschmerz/Dauermigräne, ausgelöst von Medikamentenüberkonsum, leidet, wird nicht als chronische:r Patient:in eingestuft.

Episodische Migräne: Zwischen Anfällen liegen meist ein paar Tage. Sie kommen unregelmäßig und sind nicht vorherbestimmbar. Zwar existieren schmerzfreie Tage, dennoch müssen Betroffene meist immer mit der Angst leben, eine Attacke zu bekommen (laut Internationaler Kopfschmerzgesellschaft gilt die episodische Migräne ab unter fünfzehn Schmerztagen im Monat).

Migränetagebuch: Ein wichtiges Utensil, das du für die Auswertung deiner Migräne selbst führst. Das Tagebuch soll dir helfen, deine Auslöser zu erkennen und deine Migräne besser zu verstehen. Außerdem ist es vorteilhaft für Neurolog:innen, da man hieran den Verlauf und die Häufigkeit deiner Attacken ablesen kann.

Antikörperspritze (auch: Migränespritze, CGRP-Therapie): Die Antikörperspritze ist eine medikamentöse Prophylaxe, entwickelt für Migräne. Die Spritze beinhaltet Antikörper, die gegen Botenstoffe, welche die Entzündung während des Migräneanfalls bedingen, ankämpfen. Im Mittelpunkt steht dabei das Calcitonin Gene-Related Peptide, kurz CGRP. CGRP zählt zu den stärksten gefäßerweiternden Substanzen und spielt eine wichtige Rolle bei der Entstehung der Migräne.

Den Inhalt der Spritze muss man sich selbst pro Monat einmal injizieren.

Einfache Migräne (auch: Migräne *ohne* Aura): Ist die häufigste Form von Migräne. Meist äußert sie sich über attackenartige, einseitige, mittelstarke bis starke Kopfschmerzen. Sie kann vier bis 72 Stunden anhalten und wird oft von Übelkeit und/oder Licht- und Lärmempfindlichkeit begleitet.

Klassische Migräne (auch: Migräne mit Aura)
Diese äußert sich meist über attackenartige, einseitige, pulsierende, mittel- bis starke Kopfschmerzen, gerne begleitet von Übelkeit, Erbrechen, Licht- und Lärmempfindlichkeit, und neurologischen Ausfällen wie Sehstörungen, Sprachstörungen, Lähmungen und vielem mehr. Auch genannt: Aura. Die Aura geht meist den Kopfschmerzen voraus. Sie kann aber auch während-

dessen da sein oder sogar alleine ohne die Kopfschmerzen auftauchen.

Migräne mit Hirnstammaura (früher: basiläre Migräne)
Ist eine Form von Migräne mit Aura, bei der sich die Aurasymptome eindeutig dem Hirnstamm zuordnen lassen. Typische Symptome der Hirnstammaura können Sprechstörungen, Schwindel, Doppelbilder, Störung der Bewegungskoordination und vieles mehr sein.

Hemiplegische Migräne
Erkennt man meist an der körperlichen Schwäche, die als typisches Begleitsymptom bei einer hemiplegischen Migräne auftaucht. Zusätzlich können durch die Schwäche Symptome wie Verwirrung und Sprachstörungen vorkommen. Die Symptome vergehen in der Regel innerhalb von 72 Stunden. Hier kann man auch noch mal zwischen zwei Unterformen unterscheiden. Einmal die familiäre hemiplegische Migräne und die sporadische hemiplegische Migräne. Die familiäre bedeutet nichts anderes, als dass mindestens zwei Verwandte ersten oder zweiten Grades Migräneauren mit motorischer Schwäche aufweisen. Die sporadische hemiplegische Migräne liegt vor, wenn keine Verwandten ersten oder zweiten Grades ebenfalls unter ihr leiden.

Retinale Migräne (auch: Netzhautmigräne)
Diese Augenmigräne ist selten und äußert sich in einseitigen Sehstörungen, Gesichtsfeldausfall oder sogar vorrübergehender Blindheit. Bei dieser Migräneform entwickeln sich die Symptome über fünf Minuten oder mehr hinweg, sie halten fünf Minuten bis eine Stunde lang an, und/oder begleitend oder innerhalb von einer Stunde treten Migränekopfschmerzen auf. Mindestens eins dieser Kriterien muss hier erfüllt werden für eine retinale Migräne.

Abdominelle Migräne
Darunter versteht man eine wiederkehrende Magen-Darm-Störung, die häufig bei Kindern auftaucht. Erschreckend hierbei ist, dass sich diese Art von Migräne eher über den Bauch äußert, weshalb viele eine Migräne schnell ausschließen, obwohl es sich um eine handelt. Weitere Symptome können sein: Schlafstörungen, Sprechen im Schlaf, Schlafwandeln, Übelkeit und Bauchkrämpfe.

Vestibuläre Migräne
Erkennst du an den starken Gleichgewichtsproblemen. Dadurch kannst du zusätzlich unter Drehschwindel und an mangelnder räumlicher Orientierung leiden. Auch diese Symptome können wenige Minuten bis zu 72 Stunden andauern und werden oft von Kopfschmerzen begleitet.

Status migraenosus
Der Status migraenosus ist eine Migränekomplikation, die Migräniker:innen sowohl mit als auch ohne Aura betreffen kann. Dieser Status sagt aus, dass migränebetroffene Personen unter einer Migräneattacke leiden, die länger als 72 Stunden anhält.

MIGRÄNE-APPS

Sinnvoll sind diese Apps vor allem für Menschen, die häufig unter Beschwerden leiden. Denn die Apps bieten sowohl ihnen als auch den Expert:innen einen Überblick über den Verlauf der Migräne. Die eingegebenen Daten zeigen mitunter, ob ein verwendetes Medikament die Schmerzen ausreichend verringert. Die besten unter ihnen informieren Nutzer:innen, wenn sie an zu vielen Tagen im Monat Schmerzmittel genommen haben, sofern diese zuvor dokumentiert worden sind.

Einige führen digitale Migränetagebücher, die es dir erleichtern, diese in deinen Alltag zu integrieren. Frag in jedem Fall in deiner Praxis nach, welche App von deiner Krankenkasse unterstützt wird. So hilfreich eine App zur Beobachtung und Dokumentation von Kopfschmerzen auch sein kann, den Besuch bei Ärzt:innen ersetzt sie nicht.

Migräne-App der Schmerzklinik Kiel:
Im Menü findest du Unterpunkte wie »Schmerzkalender« und »Medikamenteneinnahme«, wo du auf die Schnelle eintippen kannst, was für Symptome du hattest und was du dagegen unternommen hast. Automatisch wird bei den Daten auch das Wetter aufgelistet, was ich superpraktisch finde.

Außerdem stößt du in der App auf Hintergrundwissen rund um das Thema Migräne, kannst passende Expert:innen finden oder sogar Trainings zur Muskelentspannung durchführen. Diese App begleitet deinen persönlichen Behandlungsverlauf. Zusätzlich gibt es die Funktion des Migränetagebuches und die

Schnelleingabe eines Anfalls. Auch findest du dort viel Wissen über die neurologische Erkrankung und die Funktion der digitalen Vernetzung für Betroffene untereinander. Kostenlos. Plus: warnt bei übermäßiger Schmerzmitteleinnahme.

Headache Hurts:
Kostenfrei. Headache Hurts möchte über Ursachen von Kopfschmerzen aufklären und zeigen, was dabei helfen kann, sie zu vermeiden. Die App unterscheidet zwischen drei verschiedenen Kopfschmerzarten. Dazu gibt es verschiedene vorbeugende Maßnahmen. Warnt bei übermäßiger Schmerzmitteleinnahme.

M-sense Migräne:
Basic-Version kostenfrei. Therapiebegleitung kostet Geld. Die M-sense-App möchte bei Migräne und Spannungskopfschmerz helfen, indem sie die individuellen Ursachen für die Beschwerden analysiert. Droht eine Kopfschmerzattacke, schlägt die App Gegenstrategien vor.

Migraine Buddy:
Entwickelt von Neurolog:innen und Datenwissenschaftler:innen. Diese App misst automatisch den Luftdruck, das Wetter und deinen Schlaf. Kosten- und werbefrei. Das Migränetagebuch Migraine Buddy eignet sich, um Migräne- und Kopfschmerzattacken zu dokumentieren. Alle Berichte werden gesammelt und können in einer Übersicht eingesehen werden.

Migräne-Entspannung:
Eine weitere App, entwickelt von der Schmerzklinik Kiel, konzentriert sich auf Verhaltensmaßnamen von migräneerkrankten Personen. Wie der Name der App schon verrät, geht es hier viel um Entspannungsverfahren zur Vorbeugung von Migräne.

DMKG-App:
Die DMKG-App ist von Expert:innen der Deutschen Migräne- und Kopfschmerzgesellschaft e. V. entwickelt worden und beinhaltet einen digitalen Schmerzkalender.

WEITERE MIGRÄNE-BEITRÄGE VON UND MIT MIR

Wenn du Bock hast, nicht nur von mir zu lesen, sondern auch mehr von mir zum Thema Migräne zu sehen und zu hören, dann schau gern in folgende Medien rein.

Mein Instagram-Account:
Phia_quantius

DEEP UND DEUTLICH Mediathek:
https://www.youtube.com/watch?v=KbQIiesDZgY

Wissen Weekly:
https://open.spotify.com/episode/4vZJ387TW35qivb0u-z1wky?si=4lygeCYNQ4qswJtjd_qyYA

ZDF »37 Grad«-Dokumentation:
https://www.youtube.com/watch?v=kLKg8ftAzY0

JUSTGAEDIT- Podcast:
https://open.spotify.com/episode/6SUu1b6mKn-055rJr29xUgR?si=41MJnA75QSuulav8MfGSRw

WDR 1-LIVE Podcast:
https://www1.wdr.de/mediathek/audio/1live/f__k-forward/audio-das-hat-uns-zusammengeschweisst---phia--malte-ueber-migraene-100.html

Stern-TV-Fernsehauftritt:
https://www.youtube.com/watch?v=BZEFtEQFyOw

Funk MÄDELSABENDE der Podcast:
https://open.spotify.com/episode/1KwBO2GIi5N-bQg0HewGsIF?si=NqpZYww8R4etJA-ma5NaNg

Funk MÄDELSABENDE der Instagram-Beitrag:
https://www.instagram.com/p/Cdz7f4bMmNv/?igshid=YmMyMTA2M2Y=

MOMENTS Magazine:
https://epaper.momentsmagazin.at/2022/STMK/mm0522/70/?fbclid=PAAaYupDyWelduMd8XUA2sKG-KFQVeX6hiduGZ9Lmgh2PsaPE2zjd93cQijp70

Bremen NEXT Interview Instagram Beitrag:
https://www.instagram.com/p/CikDKVnrdl6/?igshid=YmMyMTA2M2Y=

SWR-Interview:
https://m.youtube.com/watch?v=Iz8h-ENhJMQ&fbclid=PAAabgrp8UAhAsxQ7QsZ-K4qBm1dvrxcarPOiIkR0dldY0C-P7YKtaDZgb9Hl0

Deine Lieblingsmenschen Interview Instagram-Beitrag:
https://www.instagram.com/tv/CYwClKwBr7O/?igshid=YmMyMTA2M2Y=

LINKS ZUM WEITERLESEN

Schmerzklinik Kiel:
www.schmerzklinik.de

Migräne- und Kopfschmerz-Community der Schmerzklinik Kiel:
www.headbook.me

Deutsche Migräne- und Kopfschmerzgesellschaft e.V. (DMKG):
www.dmkg.de/startseite

Kopfschmerzregister der DMKG:
www.kopfschmerzregister.de

Selbsthilfegruppe Kopfweh:
www.shgkopfweh.at

Migräneliga e.V. Deutschland:
www.migraeneliga.de

European Migraine and Headache Alliance:
www.emhalliance.org

Deutsche Schmerzgesellschaft:
www.schmerzgesellschaft.de

Bundesverband der Clusterkopf-Selbsthilfe-Gruppen (CSG):
www.clusterkopf.de

Unabhängige Vereinigung aktiver Schmerzpatienten in Deutschland (UVSD) SchmerzLOS e. V.:
www.uvsd-schmerzlos.de

Bundesinstitut für Arzneimittel und Medikamente:
www.bfarm.de

Deutsche Gesellschaft für Neurologie:
www.dgn.org

Migräne Community (englischsprachig):
www.migraine.com